U0554661

权威·前沿·原创

皮书系列为
"十二五""十三五""十四五"时期国家重点出版物出版专项规划项目

餐饮产业蓝皮书

BLUE BOOK OF CATERING INDUSTRY

中国餐饮产业发展报告（2022）

ANNUAL REPORT ON CATERING INDUSTRY DEVELOPMENT OF CHINA (2022)

主　编／邢　颖

执行主编／于干千

社会科学文献出版社

SOCIAL SCIENCES ACADEMIC PRESS (CHINA)

图书在版编目（CIP）数据

中国餐饮产业发展报告.2022/邢颖主编.--北京：
社会科学文献出版社，2022.9
（餐饮产业蓝皮书）
ISBN 978-7-5228-0539-9

Ⅰ.①中… Ⅱ.①邢… Ⅲ.①饮食业-产业发展-研
究报告-中国-2022 Ⅳ.①F726.93

中国版本图书馆 CIP 数据核字（2022）第 143199 号

餐饮产业蓝皮书
中国餐饮产业发展报告（2022）

主　　编／邢　颖
执行主编／于干千

出 版 人／王利民
组稿编辑／周　丽
责任编辑／王玉山
文稿编辑／刘　燕
责任印制／王京美

出　　版／社会科学文献出版社·城市和绿色发展分社（010）59367143
　　　　　　地址：北京市北三环中路甲 29 号院华龙大厦　邮编：100029
　　　　　　网址：www.ssap.com.cn
发　　行／社会科学文献出版社（010）59367028
印　　装／天津千鹤文化传播有限公司

规　　格／开 本：787mm×1092mm　1/16
　　　　　　印 张：18.25　字 数：275 千字
版　　次／2022 年 9 月第 1 版　2022 年 9 月第 1 次印刷
书　　号／ISBN 978-7-5228-0539-9
定　　价／160.00 元

读者服务电话：4008918866

餐饮产业蓝皮书编委会

顾　　问　杨　柳　荆林波

主　　编　邢　颖

执行主编　于干千

副 主 编　赵文珂　陈继扬　张黎明

编　　委　(按姓氏笔画排序)

　　　　　丁玉勇　于干千　于学荣　王文江　王喜庆
　　　　　云　程　邢　颖　刘贵阳　安　神　李　琦
　　　　　邱泽忠　张黎明　陈　恒　陈　晨　陈继扬
　　　　　尚哈玲　周家萌　屈燕林　赵文珂　赵京桥
　　　　　唐继宗　梁顺俭　程　钢

主要编撰者简介

杨　柳　博士，正高级经济师、研究生导师，中国医药集团党委副书记、国药励展董事长，兼任中国烹饪协会会长、世界中餐业联合会监事会主席、中国商业联合会副会长、全国妇联常委。曾主编餐饮管理专业系列教材，出版餐饮专著，主持多项省部级课题，在国家一级刊物发表多篇学术论文。曾获第二届中国出版政府奖、全国商业科技进步一等奖等多个奖项。

荆林波　博士，中国社会科学评价研究院党委书记、院长，二级研究员，享受国务院政府特殊津贴专家，21世纪"百千万人才工程"国家级人选，国家标准化管理委员会委员，商务部现代供应链专家委员会委员，八部委特聘电子商务专家。参与多项国家和部委的重大课题研究。获得孙冶方经济科学奖、万典武商业经济学奖、"有突出贡献中青年专家"等多项荣誉。

邢　颖　副教授，世界中餐业联合会会长，原任中国全聚德（集团）股份有限公司董事长。主编高等教育自学考试《餐饮经济学导论》、《餐饮企业战略管理》等教材及《中国餐饮产业发展报告》（餐饮产业蓝皮书）等书，曾获"中国餐饮业年度十大人物"等奖项。

于干干　博士，二级教授，红河学院校长，世界中餐业联合会国际烹饪教育委员会副主席，云南省哲学社会科学创新团队（餐饮文化与产业升级）首席专家。

摘　要

《餐饮产业蓝皮书》自 2006 年创立以来，始终坚持聚焦餐饮产业发展的前沿和热点问题，深入准确地分析行业发展状态，已经成为餐饮行业研究成果的重要载体和传播中国饮食文化的重要媒介。经皮书学术评审委员会审议，中国社会科学院批准，《餐饮产业蓝皮书》连续多年入选"中国社会科学院创新工程学术出版项目"。

《餐饮产业蓝皮书：中国餐饮产业发展报告（2022）》分为总报告、地区发展篇、专题报告篇及附录四个部分。本书第一篇总报告对 2021 年餐饮业运行情况进行了宏观分析并指出，2021 年，我国尽管面临国际环境日趋复杂、新冠肺炎疫情影响广泛深远的挑战，但得益于成功的疫情防控以及富有韧性的经济，餐饮业整体逐渐恢复。上半年餐饮业复苏态势明显，市场规模恢复至 4.69 万亿元。下半年，多地疫情散发，管控措施日趋严格，旅游及外出就餐锐减，外卖行业日益成为"主角"，餐饮业在困难中曲折前行，复苏势头日趋减弱。截至 12 月 31 日，限额以上企业餐饮收入总额达10434.3 亿元，同比增长 23.5%，是 2019 年同期的 110.48%。2022 年以来，疫情防控形势日趋复杂，餐饮业复苏势头不再，整体受到较大影响。国家统计局数据显示，2022 年 1~4 月餐饮收入 13262 亿元，占社会消费品零售总额的 9.6%，同比下降 5.1%。随着疫情的持续，餐饮业势必会受到更大影响。加快转型发展、创新发展，适应疫情防控下的"新常态"是餐饮业生存下去的希望所在。各地相继出台纾困措施帮助餐饮业生存发展，中国餐饮业需要创新纾困措施，更需要落实具体措施。只有在各方面的倾力帮助下，

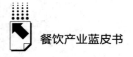

餐饮业才能加快转型发展，发挥稳就业、稳民生的重要作用。第二篇总报告认为疫情防控常态化时期，坚定文化自信、抢抓转型机遇是地方特色餐饮业高质量发展的前提，指出聚焦产品供给质量、实现地方特色餐饮业结构升级、统筹优化地方特色餐饮业布局、重点发展品牌连锁企业、发展好旅游餐饮是促进地方特色餐饮业高质量发展的路径。

本书第二部分为地区发展篇，重点关注了北京、广东、江苏、陕西、澳门和海南等地餐饮产业运行数据，对各地餐饮产业运行特点进行客观盘点和分析。收录了海外中餐业发展调研概况，在对海外 23 个国家和地区中餐业发展情况调研的基础上，根据不同地区中餐业发展存在的问题提出了有针对性的发展建议。

本书第三部分为专题报告篇，选取了具有典型意义的地方特色餐饮产业沙县小吃、兰州拉面、蒙自过桥米线，在对其发展现状进行剖析的基础上提出了未来发展思路。淮安 2021 年入选联合国教科文组织创意城市网络之"世界美食之都"，备受业界关注，本书对其建设实践进行了经验总结。此外，线上外卖市场、餐饮会员精细化运营管理和《食品安全国家标准　餐饮服务通用卫生规范》的颁布都是行业关心的热点和前沿问题，本书也进行了深入研究。

为践行创新驱动发展理念，鼓励企业原创精神和菜品创新，尊重烹饪工作者劳动成果，引导餐饮企业以市场为导向、研发创新菜品、扩大市场销售，世界中餐业联合会发布了团体标准《原创菜品质量技术规范》。为方便读者查询和使用这份文件，本书收录在附录部分。

关键词： 中国餐饮产业　高质量发展　标准化　转型发展

前　言

在过去的几年，中国餐饮产业经历了严峻的挑战，进入 2022 年，更是受到国内疫情反复、国际局势突变的双重挑战，刚刚复苏的中国餐饮产业在第一季度再次出现大幅度收缩。2021 年 12 月，中央经济工作会议首次提出"我国经济发展面临需求收缩、供给冲击、预期转弱三重压力"，中国餐饮产业将面临更严峻的考验。

但与此同时，广大餐饮人在困境中不断摸索，我们欣喜地看到：中国餐饮产业在产业链升级、数字化转型、标准化推进等方面取得了不断的进步；餐饮领域投资额在 2021 年再创新高，投资热点不断涌现；一些餐饮企业如凤凰涅槃，创造出新的奇迹；一些新的餐饮业态如雨后春笋，孕育着巨大的商机与活力；预制菜产业如火如荼，发展迅速；社区餐饮等传统模式再次爆发出了顽强的生命力……

因此，我更愿意用"风雨送春归，飞雪迎春到"来形容当前的中国餐饮产业现状。这既是对中国餐饮产业美好未来的向往，也是基于对《中国餐饮产业发展报告（2022）》的深度解读所做出的判断。通过这几年的《中国餐饮产业发展报告》，我们可以清晰地发现这些变化，追寻其发展趋势，了解其内在规律和逻辑，"聚焦理论前沿、追求实践价值、引领行业发展"的原则在本书中一以贯之。

当前，我们要重点把握以下发展趋势。一是社区餐饮的兴起。社区餐饮是大众化餐饮，是更多中小餐饮企业的主战场，其具有便利性、高性价比的特点，并解决了"最后一公里"的问题。二是小店时代的到来。小而专、小而特、小而美的小店的生存能力越来越强，其主要的特点就是店铺小型化、投资轻量化、装修简约化、产品特色化、营销网络化、小店铺大连锁。三是特色食品的拓展。餐饮食品化、餐饮零售化将是行业实现增长的重要渠道。四是业态细分的规律。餐饮企业要明确业态定位，实现业态互补，避免业态单一和业态雷同。

2022 年 7 月 28 日，中共中央政治局会议提出"继续以扩大需求作为政策立足点和着力点"，餐饮产业作为扩大内需的重要着力点和支撑点，各地纷纷出台了多种促进扶持政策，力促餐饮产业攻坚克难。我们坚信中国餐饮产业一定会抓住历史机遇，通过不断创新，再次战胜艰难险阻，焕发出新的生机与活力！

世界中餐业联合会　会长

邢颖

2022 年 8 月 30 日

目 录 ⟫

I 总报告

II 地区发展篇

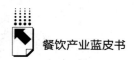

Ⅲ 专题报告篇

Ⅳ 附 录

皮书数据库阅读**使用指南**

总 报 告

General Reports

B.1

中国餐饮产业2021年发展
回顾与2022年展望

——疫情防控常态化下曲折复苏　困难中前行的
中国餐饮业多措并举纾困克难

于干千　屈燕林　赵京桥*

摘　要： 2021年，我国面临国际环境日趋复杂、新冠肺炎疫情影响广泛
深远的挑战，上半年餐饮业呈现复苏态势，全年市场规模恢复至
4.69万亿元。下半年因疫情反复等影响，餐饮业受到较大冲击，
复苏势头日趋减弱。2021年第四季度以来，疫情防控形势日趋
复杂，餐饮业复苏势头逐渐减弱，进入2022年，餐饮业更是受
到较大影响。国家统计局数据显示，2022年1~4月餐饮收入
13262亿元，占社会消费品零售总额的9.6%，同比下降5.1%。

---

* 于干千，博士，二级教授，红河学院校长，主要研究方向为产业经济；屈燕林，红河学院教
授，主要研究方向为产业经济发展；赵京桥，中国社会科学院财经战略研究院服务经济与餐
饮产业研究中心执行主任，主要研究方向为餐饮产业与互联网经济。

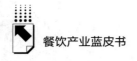
餐饮业势必会随着疫情的持续受到更大的影响。加快转型发展是
餐饮业生存下去的希望所在。餐饮业回暖需要创新纾困措施，更
需要在各方面的帮助下加快转型发展。

关键词： 餐饮业　食品安全　节约型餐饮

2021 年，我国面临国际环境日趋复杂、新冠肺炎疫情反复多点散发、
防控压力日益增加、经济全球化逆流不断升级等风险挑战，[①] 总体上，经济
运行保持发展质量缓慢恢复的态势。就业形势日趋严峻，居民收入增长放
缓，消费能力增长乏力。得益于我国经济继续总体保持稳定，加之疫情防控
转入常态化后的"报复性消费"，上半年餐饮业复苏态势明显，下半年因疫
情反复等原因，餐饮业受到较大冲击，复苏势头日趋减弱。

一　2021年中国餐饮业宏观运行分析

（一）国民经济持续恢复，高质量发展取得新成效

2021 年，我国全年实现国内生产总值（GDP）114.4 万亿元，同比增
长 8.1%，人均 GDP 达到 80976 元，超过全球人均 GDP 水平。社会消费品
零售总额 44.1 万亿元，比上年增长 12.5%（见图 1）。[②] 得益于成功的疫情
防控和总体经济的良好发展，餐饮业在全年保持稳定复苏态势。

总体来看，餐饮业在全社会消费品零售中是比较脆弱的部分。在疫情防
控常态化下，餐饮收入占社会消费品零售总额的比重明显下滑，从 2019 年
的 11.35% 下滑至 2020 年的 10.08%，2021 年小幅回升至 10.64%（见图

---

① 《凝心聚力起好步　乘势而上向未来　十三届全国人大四次会议在京开幕》，《中国科技产
业》2021 年第 3 期。
② 宁吉喆：《国民经济量增质升"十四五"实现良好开局》，《求是》2022 年第 2 期。

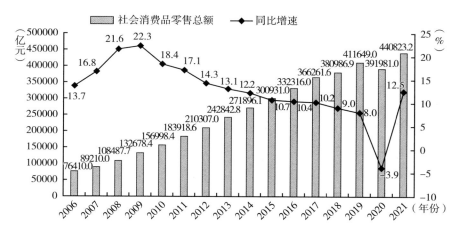

图1　2006~2021年中国社会消费品零售总额及同比增速

注：由于价格等因素的影响，部分年份增速与实际计算结果不一致，但为了保持数据的完整性，本报告对引用的国家统计局数据不做处理。仅供参考，下同。

资料来源：根据国家统计局数据整理。

2）。同比增速方面，餐饮收入增速从2019年的9.4%急速下滑至2020年的-16.6%，2021年恢复至18.6%（见图3）。加之部分餐饮服务转至线上，餐饮业在服务业中受疫情影响最大。

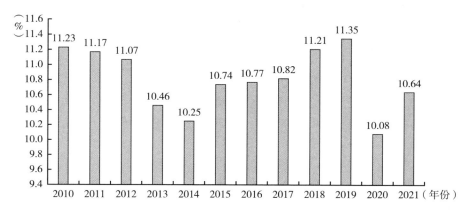

图2　2010~2021年中国餐饮收入占社会消费品零售总额比重

资料来源：根据国家统计局数据整理。

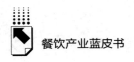

图3　2010~2021年中国餐饮收入及同比增速

资料来源：根据国家统计局数据整理。

（二）疫情影响下餐饮市场复苏道路曲折

政府密集出台纾困政策，餐饮业有所受益。2021年国务院《政府工作报告》提出，宏观政策要继续为市场主体纾困，依形势变化适时调整。[①] 餐饮业作为最重要的民生行业当然也是从中受益的。2021年1~2月，全国餐饮收入、限额以上餐饮收入规模已接近2019年1~2月水平，两者增速分别较上年同期大幅上涨112.0个、101.5个百分点。2021年1~2月，全国餐饮收入增速高于社会消费品零售总额增速（33.8%）35.1个百分点，自2020年初以来再次夺回领先优势。[②] 2021年3月以来，各省区市相继出台纾困措施，但是国内疫情多点散发，疫情防控形势日趋严峻。[③] 疫情反复导致各地防控措施持续收紧，2021年下半年至2022年上半年，餐饮业受到更

[①] 《政府工作报告》，中国政府网，2022年3月12日，http://wwwgov.cn/premier/2022-03/12/content_5678750.htm；《第十三届全国人民代表大会第四次会议关于政府工作报告的决议》，中国政府网，2021年3月11日，http://www.gov.cn/xinwen/2021-03/11/content_5592421.htm。

[②] 徐燕燕、杜川：《宏观政策渐进式回归　加强定向、相机调控》，《第一财经日报》2021年3月8日，第A01版；杜涛：《2021年国家账本》，《经济观察报》2021年3月8日，第7版。

[③] 段思宇：《小微企业再迎大礼包　两项直达货政工具延至年底》，《第一财经日报》2021年3月25日，第A03版。

大的冲击，纾困需不断创新施策。

餐饮市场规模逐渐恢复，2022 年餐饮收入回升势头不再。2021 年全年，限额以上企业餐饮收入总额达 10434.3 亿元，同比增长 23.5%，是 2019 年同期的 110.48%（2020 年 12 月 31 日 8231.8 亿元，2019 年 12 月 31 日 9444.9 亿元）（见图 4）。

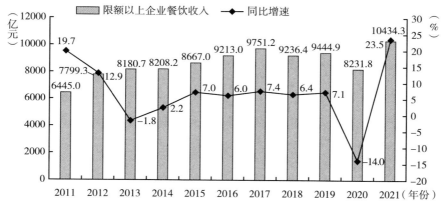

图 4　2011～2021 年中国限额以上企业餐饮收入及同比增速

资料来源：根据国家统计局数据整理。

2021 年第四季度以来，疫情防控形势日趋复杂，餐饮业复苏势头逐渐减弱，进入 2022 年，餐饮业更是受到较大影响。国家统计局数据显示，2022 年 1～5 月餐饮收入 16274 亿元，同比下降 8.5%，占社会消费品零售总额的 9.5%。其中限额以上企业餐饮收入 3906 亿元，同比下降 9.1%。2022 年 5 月，餐饮收入 3012 亿元，同比下降 21.1%，占社会消费品零售总额的 9.0%。其中，限额以上企业餐饮收入 786 亿元，同比下降 20.8%。①

外卖成驱动行业发展新要素。受益于年轻人的线上消费倾向，中国外卖行业不断快速增长。2021 年 4 月 30 日，美团 App 活跃用户高达 5730.4 万

---

① 《5 月份餐饮收入 3012 亿元，同比下降 21.1%》，世界中餐业联合会网站，2022 年 6 月 23 日，https://www.wfcci.cn/news_ 764.html。

人，同比增长 44.62%。① 2022 年 3 月 25 日，美团 2021 年第四季度财报以及全年财报显示，2021 年全年美团实现营收 1791 亿元，同比增长 56%。② 美团发布的 2022 年第一季度财报显示，美团第一季度营收达 463 亿元，同比增长 25%；经调整净亏损收窄至 36 亿元。③ 人们的用餐方式正在疫情的催化下加速转变，餐饮业需要加快转型以适应线上消费。

（三）餐饮上市公司营业收入总体恢复，少数企业下滑明显

2021 年，中国餐饮上市公司平均利润率下降超过 70%，十大上市公司中，营业收入及利润均有所增长的有 4 家。其中，百胜中国实现营业收入 98.53 亿元，同比增长 19.24%；实现利润 9.9 亿元，同比增长 26.28%。新华教育实现营业收入 4.79 亿元，同比增长 9.39%；实现利润 3.25 亿元，同比增长 20.18%。广州酒家实现营业收入 32.87 亿元，同比增长 8.54%；实现利润 4.64 亿元，同比增长 20.69%。九毛九实现营业收入 41.8 亿元，同比增长 53.96%；实现利润 3.4 亿元，同比增长 174%。

其他 6 家餐饮上市公司中，海底捞全年实现营业收入 411.12 亿元，同比增长 43.68%，但亏损 41.63 亿元。呷哺呷哺实现营业收入 54.55 亿元，同比下滑 9.53%；实现利润 0.02 亿元，同比下滑 99.36%。同庆楼实现营业收入 12.96 亿元，同比下滑 11.41%；实现利润 1.85 亿元，同比下滑 6.32%。巴比食品实现营业收入 9.75 亿元，同比下滑 8.35%；实现利润 1.75 亿元，同比增长 13.41%。西安饮食实现营业收入 4.11 亿元，同比下滑 17.90%；实现利润 901.24 万元，同比增长 119.11%。全聚德 2021 年预计实现营业收入 9.2 亿~9.7 亿元，同比增长 17.5%~23.88%；归属于上市公司股东的净利润预计亏损 1.55 亿~1.68 亿元。

---

① Wind 数据库。
② 《专家解读美团 2021 年财报：美团应采取一些策略应对订单量放缓》，快资讯网站，2022 年 3 月 28 日，https://www.360kuai.com/pc/901766c096d71dcf9? cota = 3&kuai _ so = 1&sign = 360_ 57c3bbd1&refer_ scene = so_ 1。
③ 《北京恢复堂食发布稳经济 45 条政策；美团发布 2022 年第一季度财报》，央广网，2022 年 6 月 7 日，http://ent.cnr.cn/canyin/zixun/20220607/t20220607_ 525855122.shtml。

总体上餐饮业的上市公司并不多。但疫情的冲击倒逼更多企业加速资本化进程以便应对疫情下的困境。餐饮企业积极扩张的背后，是连锁化大趋势的到来。疫情反复也促使餐饮企业创新运营模式。周师兄火锅推出了火锅生包外卖和火锅私宴定制化服务等，试图挖掘顾客的个性化需求。① 疫情下为了自救，很多餐饮人被"逼"成了主播，掀起一波餐饮"直播潮"，直播成为很多餐饮品牌持久增收的全新营销渠道。一些餐饮企业直播效果显著，奈雪的茶6周年的促销活动就以72小时售出1.9045亿元的成绩火爆网络，而这个成绩相当于其全国700家门店近一周的业绩。北京老字号紫光园也开启了自己的直播间，在首次直播时创造了高达480万元的日销售额。

二　困难中前行的餐饮业转型发展

（一）餐饮业标准化不断发展

疫情防控常态化为传统餐饮业带来巨大的挑战，但在某种程度上也为标准化中餐的发展带来巨大的机遇。标准化可以降低中餐业整体运营成本，以适应疫情防控常态化时期数字化发展的需要，疫情防控常态化倒逼中餐标准化。

预制菜是标准化中餐的新典型。预制菜由净菜发展而来。净菜是指新鲜蔬菜原料经过分级、清洗、去皮、切分、消毒和包装等处理加工，达到直接烹食或生食的卫生要求。2011~2020年，中国预制菜相关企业注册量呈上升趋势。2015年首次突破4000家，2018年首次突破8000家，尤其是在2020年，新注册1.25万家，同比增长9%。数据显示，我国2021年预制菜市场规模已达近3500亿元，年复合增长率达20%左右。在疫情的持续影响下，预制菜市场需求旺盛，相关餐饮企业和资本不断进入。②

① 陈晴、可杨：《疫情倒逼资本化加速　万亿餐饮市场迎变局头部企业争相上市引连锁反应，第三波上市高峰来袭》，《每日经济新闻》2022年3月30日，第4版。
② 雷雨田：《为预制菜产业发展赋能》，《经济日报》2022年5月30日，第5版。

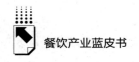

（二）食品安全诉求升级助推餐饮业安全、健康发展

始于 2020 年 1 月的新冠肺炎疫情，让安全、健康在消费者心目中的分量陡增，消费者对餐饮业提出了更高的要求。从吃得饱到吃得好再到吃得美，是这种变化的主题词和大趋势。人们已经越来越不满足于单纯的吃饭，还要吃环境、吃氛围、吃情调。截至 2021 年 11 月，全国披露的食品安全问题频次达 4071 次，同比增长 7.4%。其中，疫情防控常态化下的外卖扩张导致的食品安全问题较多。其中小吃快餐类为 1209 次，饮品类为 469 次，中式正餐类为 425 次。① 移动互联给生活带来了巨大的变化，从生活场景到生活品质再到生活体验，丰富多彩，日新月异。餐饮业的变化正是这种时代的缩影和写照。②

（三）《中华人民共和国反食品浪费法》推动节约型餐饮业发展

受讲排场、爱面子等不良风气和习俗的影响，我国长期存在餐饮浪费现象。习近平总书记多次就制止餐饮浪费行为做出重要批示，要求厉行节约、反对浪费。③ 餐饮浪费加剧了粮食资源的紧张局面。我国人均粮食占有量稳定在 470 千克以上，远高于国际公认的 400 千克粮食安全线，然而我国粮食浪费的问题却较为严重，尤其是在食品利用环节的浪费现象较为突出。食物浪费必然会产生巨量的餐厨垃圾，餐厨垃圾是固体废物污染的一个重要源头。④ 餐饮浪费加剧了环境污染和公共卫生风险。

2021 年 4 月 29 日生效的《中华人民共和国反食品浪费法》（以下简称《反食品浪费法》）分别对反食品浪费的原则和要求、政府及部门职责、各类主体责任、激励和约束措施、法律责任等做出规定。明确各种浪费行为的处罚措施。如：商家诱导、误导超量点餐最高可罚 1 万元；食品生产经营者

---

① 红餐品牌研究院：《2021 中国餐饮品牌力白皮书》，2021 年 12 月。
② 广西壮族自治区市场监管局办公室：《广西餐饮质量安全提升行动工作方案》（节选），《中国食品》2021 年第 1 期。
③ 《习近平要求厉行节约 反对浪费》，人民网，2013 年 1 月 28 日，http://politics.people.com.cn/n/2013/0128/c1024-20352214.html。
④ 贺阳：《餐饮安全 餐饮行业 直面安全与节约大考》，《中国商界》2022 年第 C1 期。

严重食品浪费最高罚 2 万元；制作、发布、传播暴饮暴食节目或者音视频信息的，最高罚 10 万元。食品、餐饮行业协会等依法每年向社会公布反食品浪费情况和监测评估结果。①

随着《反食品浪费法》的公布实施，节约型餐饮逐渐成为新常态。据报道，《反食品浪费法》公布实施仅两个月，北京南锣小吃街餐饮浪费现象明显减少，商家主动增加小份菜和多规格套餐。厨余垃圾总体减少了近 20%。② 同时，"舌尖上的挥霍"在不少餐厅仍很常见。节约型餐饮业发展任重道远。③

（四）成本压力促使餐饮业向管理要效益

2021 年，茶颜悦色、海底捞等头部餐饮企业因成本问题深陷亏损旋涡，肯德基、麦当劳也表示因成本原因集体涨价。头部火锅企业海底捞，2022 年初预警，预亏 45 亿元是由 300 余家经营不达预期门店关停，以及原材料、物业租金大幅增长、疫情反复冲击等原因导致的。餐饮生意越来越难做，成本结构失衡问题越来越凸显。疫情防控常态化时期，降低经营成本是餐饮业以及更多中小商家活下去的关键。其中，房租、原材料、人力三项硬成本，向来被称作线下餐饮经营的"三座大山"。很多头部连锁餐饮企业也难逃房租、原材料、人力上涨压力，甚至陷入生死危机。以海底捞为例，其成本增长曲线斜率已变得非常陡峭：平均每店年租金成本约 59.98 万元；2021 年上半年，员工成本为 71.62 亿元；原材料及易耗品的成本达 85.02 亿元，同比增长 95.5%。茶颜悦色、星巴克、麦当劳等也将涨价主因归为原材料价格上行。有数据显示，中国餐饮业原材料成本占营业收入比例约为 30% ~ 40%，且每年以 2% 的速度增长。近两年在疫情影响下，这一压力更是有增

---

① 周波：《五策并举构建制止餐饮浪费长效机制》，《产业与科技论坛》2021 年第 24 期；李慧斌、刘杰：《为建立制止餐饮浪费长效机制提供有力法治保障——全国人大常委会法工委有关部门负责人答记者问》，《农民日报》2021 年 4 月 30 日，第 3 版。
② 杨天悦：《餐饮单位避免浪费实招多》，《北京日报》2021 年 6 月 29 日，第 9 版。
③ 纪媛萍：《反对食品浪费 保障粮食安全》，《农经》2021 年第 5 期；孙佑海：《〈反食品浪费法〉：统筹推进制止餐饮浪费的制度建设》，《环境保护》2021 年第 10 期。

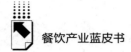

无减。调查显示，2021 年有 77.5% 的餐饮商户表示在门店租金上存在经营压力。而且，这种高租金压力并不只存在于餐饮业，比如线下商超普遍租金比例在 20%~40%，购物百货则收取高额的租金，服饰业另外再收取 18%~25% 的高租金。[1]

"三高"压力显然考验着外卖平台、餐饮商家的综合运营能力。餐饮业线上化、数字化趋势浪潮不可阻挡，外卖对绝大部分商家来说都是至关重要的破局手段，因此单纯普降佣金，并非纾解餐饮业困局的正解。而外卖平台、商家如何合力共赢，也将是长期性的探索课题。

（五）典型带动，地方特色餐饮产业化蓬勃发展

2021 年，在疫情防控常态化和"互联网+"快速发展的大环境下，信息化赋能餐饮业，使众多地方特色小吃走向全国，成为餐饮业的亮点之一。[2] 地方小吃产业的崛起吸引大量资本进入。据不完全统计，2021 年餐饮全行业融资事件超 173 起，融资金额近 500 亿元。其中餐饮品类占 40 起，品类细分赛道中，粉面点心小吃名列前茅。和府捞面完成 8 亿元 E 轮融资，融资轮次最高。遇见小面、五爷拌面、陈香贵、马记永、张拉拉等新贵品牌入局。陈香贵连续两轮融资，拿到 2 亿元以上，已进京开店；张拉拉获得数亿元 B 轮融资。[3] 同时，已经有超过 10 家中式糕点企业获得了融资，至少有 8 个卤味品牌完成了总计 10 轮融资。沙县小吃和广西螺蛳粉是地方小吃产业化发展的典型。

沙县小吃产业在用好政策、实干苦干中实现了高效产业化发展。1999 年 3 月，在福建省工作时，习近平同志就敏锐地发现了这个小产业的大前景，[4] 指出沙县小吃业的成功之处在于定位准确，应当认真进行总结，加强

---

① 李彦臻：《深耕产业链求突围》，《经济日报》2022 年 6 月 2 日，第 8 版。

② 李斌、孔祥鑫、吉宁等：《一头连着"嘴巴"，一头连着"泥巴"——疫情连续冲击下餐饮企业盼精准纾困》，《经济参考报》2022 年 6 月 2 日，第 A04 版。

③ 洪晓文：《舌尖上的非遗：广式早茶进化论》，《21 世纪经济报道》2022 年 5 月 30 日，第 12 版。

④ 陈元邦：《小吃里的为民情怀》，《人民政坛》2021 年第 7 期。

研究和培训，深入挖掘小吃业的拓展空间。① 2020 年 12 月，全县有 6 万多人外出经营小吃，辐射带动 30 万人创业致富。② 门店近 9 万家，遍布全球 62 个国家和地区，年营业额达 500 亿元，沙县小吃早已从一个地方品牌变成了"国民品牌"。③

螺蛳粉产业化发展成效显著。2021 年 1~11 月，袋装柳州螺蛳粉销售收入累计 139.37 亿元，同比增长 45.40%，其中出口额 4308 万元，同比增长 63%，日均超过 550 万袋的柳州螺蛳粉从柳州发往世界各地。2021 年，从柳州发往全国各地甚至世界各地的螺蛳粉快递突破了 1 亿件，带动当地就业和从业岗位超过 30 万个。④

（六）餐饮业充分发扬抗疫精神做出巨大贡献

新冠肺炎疫情发生已经 2 年多，抗疫一直在持续，人们也越来越谨慎和理性。当然，不可避免地，疫情对各大消费类产业产生影响，从餐饮调整堂食改外卖、线下旅游转向网端云游、观展采取线上模式到诊疗通过互联网医院等，各大消费类产业都努力通过各种方式转型，尽量减少损失，甚至创造新的利润增长点。餐饮业在抗疫自救的同时，积极参与应急保供，采取各种形式支持抗疫，践行了伟大的抗疫精神。

2021 年，新冠肺炎疫情主要呈现多点相继暴发的态势，在经营的巨大困难中，餐饮人坚定践行伟大抗疫精神，做出了巨大贡献。8 月 6 日，因疫情反扑，武汉启动全员核酸检测。武汉餐饮业协会向行业发出倡议，号召餐厅给在就近社区做核酸的医生、下沉干部、志愿者们送爱心套餐，立刻得到了 125 家餐厅的积极响应。2021 年底，西安新冠肺炎疫情蔓延，抗疫处于

① 项开来、林超：《沙县小吃：藏富于民的产业奇迹》，《中国食品工业》2021 年第 12 期。
② 《沙县小吃做成大产业的故事（亲历者说）》，"人民网"百家号，2020 年 12 月 17 日，https://baijiahao.baidu.com/s?id=1686275654498908475&wfr=spider&for=pc。
③ 《寻味"沙县小吃"》，"台海网"百家号，2022 年 2 月 22 日，https://baijiahao.baidu.com/s?id=1725425613529960723&wfr=spider&for=pc。
④ 《奋进新征程 建功新时代｜广西柳州螺蛳粉：小米粉大产业》，央视网，2022 年 1 月 1 日，https://news.cctv.com/2022/01/01/ARTI5dQCpmNvNO3BQNRKi4Z9220101.shtml。

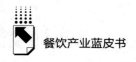

攻坚阶段。陕西省餐饮业商会发出《关于号召会员企业积极行动，支持抗疫防疫一线工作的倡议书》。号召全省会员企业、餐饮企业，积极行动起来，主动担当、勇于奉献，支援抗疫一线人员。组织多家会员企业坚持划片送餐，一周内累计送出近 6 万份餐，有力解决了一线抗疫工作人员和隔离群众吃饭难的问题。还组织捐赠了大量抗疫物资。

2022 年 1 月，突发疫情袭击天津，防控工作迅速全面展开。天津市烹饪协会及时就加强防疫措施、提升防疫管理、参与防控等方面向行业发出倡议，号召餐饮企业结合自身优势，为抗击疫情贡献力量。天津市津南区宝德福酒楼主动承担津南防疫一线每天 5000 份餐食的供应，天津市许多餐饮单位也积极行动起来，为医疗机构和各核酸检测点餐饮供应提供保障，主动慰问一线工作人员。困难中前行的餐饮人用实际行动凝聚起强大抗疫力量。

三 普惠纾困政策出台落地，帮助餐饮业渡过难关

餐饮业是吸纳就业的主力，然而疫情发生以来，餐饮业正在承受越来越大的保工资压力。2021 年下半年至 2022 年上半年，新冠肺炎疫情多点散发，各地被迫收紧疫情防控措施，外出旅游人数锐减，餐饮业客流急剧下滑，餐饮业面临越来越大的困难。国家在严管食品安全及反食品浪费的同时，相继出台多项餐饮业纾困政策，各地也相继跟进，加码纾困政策措施，全力帮助餐饮业渡过难关。

（一）加强食品安全监管，反对食品浪费

众所周知，食品安全是餐饮企业立身之本，保证食品安全也是市场对餐饮企业的最基本的和底线要求。然而，完全的市场化注定了部分餐饮企业有动机偷工减料从而获得收益。历史上，多次食品安全事件的发生已经证明了仅凭借市场的自我调节很难根除食品安全问题。[①] 因此，政府的介入，可以

---

① 姜馨：《保障消费者饮食安全》，《中国消费者报》2021 年 10 月 25 日，第 1 版。

帮助矫正市场中不规范的行为，使企业落实主体责任，加强企业内部的自我管理。

2021年4月29日，十三届全国人大常委会第二十八次会议通过了《反食品浪费法》，针对餐饮业的众多乱象予以治理。例如，可奖励"光盘行动"的消费者，点餐浪费可收厨余垃圾处理费，商家诱导误导超量点餐、食品生产经营者严重浪费、制作发布传播暴饮暴食视频节目等均可罚款。餐饮业的浪费现象若得不到治理，就会存在"劣币驱逐良币的现象"，即部分餐饮从业者为了赚取利润，向消费者推销过多菜品或者为了显示自己的菜品量足以次等原材料制作菜肴，不明真相的消费者会认为这样的餐饮门店更加实惠，就会更多地在这类餐饮门店消费，那些追求更高品质、对菜品研发和餐饮品牌投入更多的餐饮企业的收入反而会受到影响。在《反食品浪费法》出台后，餐饮业局部存在的浪费乱象将得到治理，餐饮业人士也可以更专注于菜品、品牌等核心能力的提升，为消费者提供更好的产品和服务体验。

（二）执法层面对餐饮IP的保护力度加大

餐饮作为一个古老的行业，行业内对IP的保护意识一直不强。就与业内人士的沟通，大多数从业者未考虑过自己企业的IP保护问题，考虑IP保护的企业也大多从门店品牌端思考，只有规模较大的连锁餐饮企业的管理者才会更加细致地在IP保护上做全面的布局。首先是对商标权的保护。这个是有IP保护意识的餐饮从业者比较了解的一个概念，即餐饮企业都有自己的品牌，除了产品以外（一般来说竞对复制产品的难度较低），品牌是一个餐饮企业区别于其他餐饮企业的很重要的标志。其次是餐饮业从业者一般认为菜品制作的方式无法进行保护，因为制作菜品的厨具和菜品的制作方法都是别人可以学习获得的，忽略了该方面的自我保护。但是，在消费行业，尤其是餐饮业，对厨具、餐具、菜品制作的每一步细微的改变都能提升消费者的就餐体验，对这些改变进行专利申请，就有可能得到专利级别的保护。

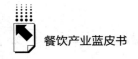

（三）2022年，更多普惠性政策陆续出台

2022 年 2 月 18 日，国家发展改革委等部门联合出台《关于促进服务业领域困难行业恢复发展的若干政策》，除 10 条普惠性政策，针对餐饮业的有 7 条专项政策。7 条专项政策统统都是利好，而且非常细化，其中疫情防控常态化、外卖佣金、金融、保险等均有涉及。餐饮业是吸纳就业最多的行业，关乎国计民生，国家需要稳定"基本盘"。①

一是鼓励有条件的地方对餐饮企业免费开展员工定期核酸检测，对企业防疫、消杀支出给予补贴支持。2022 年原则上应对餐饮企业员工定期核酸检测给予不低于 50% 的补贴支持。餐饮作为"入口"行业，在疫情防控常态化背景下更为敏感。在 2021 年的抗疫中，餐饮、食品企业集中暴发疫情的事件不少。这一政策要求餐饮企业内部绷紧弦，加大疫情防控管理投入力度，同时从政策上缓解餐饮企业成本压力。二是引导互联网平台企业进一步下调餐饮业商户服务费。"十四五"规划中明确指出，深入推进服务业数字化转型，可见数字化、智能化已成为餐饮业发展不可逆转的趋势。加上疫情的反复在某种程度上对线上外卖业的发展起到一定的促进作用，越来越多的餐饮企业将外卖板块作为"救命稻草"。这些新举措，在短期内肯定会影响平台的收益，但从长远看，好的生态一定是多方共赢的，外卖平台与商家是鱼水关系，这一举措有利于外卖生态长期的良性发展。另外，服务费下调，内部竞争加剧，市场对外卖的要求也会更高，尤其体现在品质层面。三是允许失业保险、工伤保险基金结余较多的省份对餐饮企业阶段性实施缓缴失业保险、工伤保险费政策。保民生，稳就业，餐饮先行。餐饮是人力密集型行业，人工成本始终居高不下，是"一座大山"。缓缴失业保险、工伤保险费政策，对于企业来说，可大大缓解现金流压力，将流水用于更加急需的地方。这一政策，对于连锁类型的企业有很大利好。而且从"三高一低"层面来看，食材成本全球上涨是不可逆的大趋势，房租成本也很难降，国家层

---

① 申佳平：《14 部门：引导外卖平台下调餐饮商家服务费》，《上海商业》2022 年第 2 期。

面能快速做的，就是在人力方面给予政策支持。接下来就需要关注各省区市在这个政策基础上采取的更具体的跟进措施。四是引导金融机构加强与餐饮行业主管部门信息共享。现金流是疫情中最受关注的重点，降低贷款门槛其实是疫情发生以来一直在提倡的政策，但对于许多中小企业来说依然有困难。由于规模小，议价能力弱，中小餐饮企业一方面还钱的能力不如大企业，另一方面可能存在不够规范的地方，在传统金额体系中不属于优质稳定客户，从金融机构获得贷款难度较大。五是鼓励政府性融资担保机构为符合条件的餐饮业小微企业提供融资增信支持。数量巨大的小微企业虽然是餐饮业的主体，但是餐饮产业链中实力最弱的。保护小微企业就是稳就业、稳民生。六是鼓励保险机构优化产品和服务，扩大疫情导致的餐饮企业营业中断损失保险的覆盖面，提升理赔效率，提高对餐饮企业的保障程度。七是鼓励餐饮企业为老年人提供助餐服务，地方结合实际因地制宜对老年人助餐服务给予适当支持。不得强制餐饮企业给予配套优惠措施。针对老人餐这一市场，目前仅有一些"社区老人食堂"等半公益性质的门店存在，少有专门为解决老年人餐饮需求经营的餐饮品牌，目前这一市场还处于蓝海阶段，竞争尚不激烈。若有优秀的餐饮创业团队针对老年人餐饮开发优质的服务，预计可以成长为细分领域规模较大的龙头公司，其社会价值也会高于一般餐饮企业。

2022年3月17日，云南率先印发《关于落实促进服务业领域困难行业恢复发展的若干政策》。针对餐饮业出台一系列纾困扶持措施，包括对从业人员核酸检测给予不低于50%的补贴，降低平台服务费，对失业保险经批准后予以缓缴，提供融资增信支持，扩大疫情导致的餐饮企业营业中断损失保险的覆盖面，鼓励餐饮企业开展新时代"老年幸福食堂"建设等。① 6月3日，云南省人民政府办公厅印发《云南省进一步帮扶中小微企业纾困发展工作方案》，包含十大专项行动和五方面的加力政策。明确到2022年底前，

---

① 廖兴阳：《提高中小微企业失业保险费返还比例》，《昆明日报》2022年4月4日，第A02版。

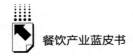

排除其他因素，确保受疫情影响的中小微企业复工复产率达到95%以上，争取中小微企业亏损面控制在12%以内。"2022年将餐饮企业、零售企业员工纳入免费核酸检测人群，按照重点人员核酸检测要求定期开展核酸检测。省财政统筹安排资金，对各州、市按照标准支持批发零售、住宿餐饮企业开展定期核酸检测发生费用给予补助。"扩大实施社保缓缴政策，养老保险费缓交期限阶段性延长至2022年底，缓缴期间不收滞纳金。① 中小微企业迎来"及时雨"，云南成为为中小微企业纾困的"标杆"。

杭州于2021年3月26日发布《杭州市人民政府关于促进服务业领域困难行业恢复发展的政策意见》。对餐饮业实施纳税减免，对受新冠肺炎疫情影响缴费有困难的企业，职工医疗保险费、住房公积金、水气费等，可依法申请缓缴。承租市、区属国有企业房屋的，免除3个月租金，再减半收取3个月租金。小微企业2022年防疫、消杀支出按照企业规模分档补贴，最高不超过50%。减半收取餐饮企业电梯检验检测费用。统筹用好各类市级专项资金，重点向餐饮企业数字化转型、餐饮特色街区改造提升、国家钻级餐饮品牌创建、"百县千碗"特色美食品牌打造、餐饮美食推广促销、地方菜系挖掘和传承等方向倾斜。引导金融机构加强与餐饮行业主管部门、监管部门、税务部门的信息共享，运用中小微企业和个体工商户的交易流水、经营用房租赁以及有关部门掌握的信用信息等数据，提升风险定价能力，采取发放更多信用贷款等纾困措施。相信各省市区也将陆续出台纾困措施。②

（四）疫情防控常态化下餐饮业更应在注重安全的前提下创新发展

疫情冲击之下，餐饮业备受煎熬。数据显示，2022年4月餐饮收入同比下降22.7%。受疫情影响，我国居民饮食偏好与消费观发生一定的变化。一些人消费趋于保守，减少了外出就餐次数，大家也更关注身体健康，对食

---

① 《云南印发纾困方案 中小微企业迎来"及时雨"》，人民网，2022年6月3日，http：//yn. people. com. cn/n2/2022/0603/c378439-35299900. html。
② 获悉：《新一轮服务业纾困利好将集中落地》，《服务外包》2022年第4期。

物的营养、口味等要求随之提高。① 进入 2022 年，国内疫情多点散发，餐饮业等服务类行业再次遭受冲击。餐饮企业关系众多中小微市场主体，是实现就业的重要渠道，经历此次疫情打击，企业生存困境更加严峻，急需更强有力的纾困措施，更需要相关部门进一步综合施策、精准施策，加大扶持力度。②

餐饮业是现代服务业的重要组成部分，为社会贡献了大量就业岗位。餐饮业还是唯一一个连接第一产业、第二产业和第三产业的产业。因此，在保重点、保关键、保核心和保民生中餐饮业具有重要作用。③ 餐饮业是我国的民生行业，是我国的基础产业、先导性产业与战略性产业。当前，疫情对餐饮业的影响是全方位的，客流减少、房租压力大、现金流困难、防疫支出负担重、原材料成本增加等。只有"活着"，才有机会"活好"。餐饮企业拒绝"躺平"，千方百计"自救"，让人们看到了创新的力量，也彰显了服务业的韧性。对广大餐饮企业来说，除了政策帮扶外，自身也要坚定信心，不断提升竞争力。④

疫情防控常态化背景下，一方面，餐饮企业要保证现金流安全，做到精打细算，严格管控成本。增强对消费市场的预判，根据实际情况及时调整经营策略，拓展业务范围。特别是要严格按照疫情防控政策，加强员工健康管理和个人防护。另一方面，餐饮企业更要严格落实《食品安全法》等法律法规要求，防范食品安全风险。严格食品原料管理。及时清点库存，全面清理过期、变质食材，严禁加工经营腐败变质、油脂酸败、霉变生虫或感官性状异常的食品。严格环境清洁消杀。提供用餐服务前对加工操作间、就餐场所、仓库、卫生间等进行清洁和消杀，保持经营场所清洁、卫生和空气流

---

① 《餐饮业困局备受关注，专家建议——深耕产业链求突围》，"经济日报"百家号，2022 年 6 月 2 日，https：//baijiahao.baidu.com/s？id=1734469506957090721&wfr=spider&for=pc。
② 《一头连着"嘴巴"，一头连着"泥巴"——疫情连续冲击下餐饮企业盼精准纾困》，"新华网"百家号，2022 年 6 月 2 日，https：//baijiahao.baidu.com/s？id=1734480454813543885&wfr=spider&for=pc。
③ 荆林波：《谁来拯救我国餐饮企业？》，《餐饮世界》2022 年第 5 期。
④ 杨富：《四川出台 43 项措施为服务业纾困》，《成都日报》2022 年 3 月 10 日，第 7 版；牛海：《安徽多举措帮服务业渡难关》，《安徽经济报》2022 年 4 月 7 日，第 1 版。

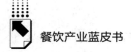

通，防止细菌滋生。严格设施设备管理。对食品冷冻、冷藏、消毒等设施设备进行清洗和维护，确保其运转正常。对锅灶、刀具、案板等炊具、用具进行清洗消毒，建议采用蒸煮方式消毒。集体用餐配送单位、中央厨房还要加强包装环节卫生和食品安全管理，严格装车前后车厢内及运输容器的清洗消毒。严格规范加工制作。严格按照《餐饮服务食品安全操作规范》加工制作食物，确保熟食烧熟煮透，做到生、熟分开，防止交叉污染。严格冷链食品管理。采购使用进口冷链食品的应进行明示，实施专区或分区存放，落实冷链食品疫情防控要求。严格人员卫生管理。从事接触直接入口食品工作的人员取得健康证明后方可上岗。严禁患有发热、腹泻等病症的人员接触及加工食品。从业人员应佩戴口罩，保持手部清洁。严格学生用餐管理。学校食堂、校外供餐单位除落实以上要求外，还要全面开展自查，加强日常管理，及时消除食品安全隐患。①

2022 年，餐饮业势必随着疫情的持续受到更大影响。"人间烟火气，最抚凡人心"是中国餐饮业最真实的写照，加快转型发展是在困难中前行的中国餐饮业生存下去的希望所在。餐饮业回暖需要创新纾困措施，更需要在各方面的帮助下加快转型发展。

---

① 《山西省人民政府办公厅关于印发山西省促进服务业领域困难行业恢复发展若干措施的通知》，《山西财税》2022 年第 4 期。

B.2
地方特色餐饮业高质量发展报告

于干千　张黎明*

摘　要： 地方特色餐饮业是餐饮经济的重要组成部分，是地方文化经济
特色所在。疫情防控常态化时期，坚定文化自信、抢抓转型机
遇，是地方特色餐饮业高质量发展的前提。地方特色餐饮业经
历曲折，特色化发展之路明晰，餐饮品质与技艺有保障、有提
升，全天候经营、全面融入地方建设，是当前地方特色餐饮业
发展态势。产业发展不平衡、不充分，产业发展自信不足、文
化创造力不强，有实力、引领能力的品牌连锁企业少，基础设
施薄弱、业态融合不畅，特色弱化、产业培育踯躅前行，是当
前地方特色餐饮业发展中存在的主要问题。聚焦产品供给质
量、实现结构优化升级，统筹优化地方特色餐饮业布局，重点
发展品牌连锁企业，发展好旅游餐饮，为地方文旅融合赋能，
推动数字化、智能化、全产业链建设，鼓励地方特色餐饮业优
化特色、"走出去"，搭建好公共服务平台等都是推动地方特色
餐饮业高质量发展的路径。

关键词： 地方特色餐饮业　文化自信　高质量发展

地方特色餐饮业是地方文化经济的重要组成部分，是推动地方饮食文化
传承、特色经济发展的重要产业。地方特色餐饮业历经数千年发展，与地方

* 于干千，博士，二级教授，红河学院校长，主要研究方向为产业经济；张黎明，博士，红河
学院民族研究院副教授，主要研究方向为民族文化产业。

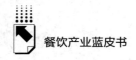

同呼吸、共命运，是保民生、稳就业的产业，能有效解决就业问题。地方特色餐饮业彰显着地方食材种植、饮食文化特色，与地方文化经济生态、民风民俗有广泛联系，其良好发展态势，有利于地方原材料供销体系的完善、实现地方可持续发展。地方特色餐饮业是区域文化经济不断交流、交融的产物，它多由富有地域特色的美食、小吃、饮品等组成，以小作坊、小企业经营为主。从食材种植、生产到产品进入市场销售等环节，多在本地进行，这也决定了其产品是以新鲜、新奇、生动展现地方烹饪技艺来吸引消费者的，有大众化的消费群体。其发展有巨大的产业空间，能为地方产品走向标准化、连锁化、便利化提供有力支撑。然而，在面对外来连锁企业麦当劳、肯德基等世界知名饮食品牌时，地方特色餐饮业在文化植入、资本运营、经营管理、市场占有等方面难有优势。地方特色餐饮业既是经济实力的体现，也是文化软实力的展示，是地方竞争优势所在。地方特色餐饮业发展与民心相通，是根植文化自信的载体与平台，是讲好中国故事、提供中国方案，推动中国文化"走出去"的重要内容。疫情防控常态化时期，坚定文化自信、抢抓转型机遇，是推动地方特色餐饮业高质量发展的有力杠杆，能有效促进地方文化建设与经济发展。

一　坚定文化自信是地方特色餐饮业
高质量发展的前提

文化自信是地方文化经济发展的底气与禀赋，是对当地文化价值、文化发展道路的肯定，是来自地方最深层次、永葆发展生机和活力的力量。地方任何行业发展，坚定文化自信、抢抓转型机遇是首要前提，唯有拥有文化自信方能克服发展道路上的困难和险阻，地方特色餐饮业发展亦如此。中国餐饮业、中国饮食文化是文化软实力与经济硬实力的体现，塑造着中国人的文化自信力。多元、丰富多彩的地方特色餐饮业共同组成了中华饮食文化，是为世界所认可、充满生机的产业。文化自信力不仅关乎地方发展前景，地方特色餐饮业能否提档升级，也是国家发展命脉、发展战略的重要关切点。

文化自信是对自身文化的自觉，对自身文化有自知之明，进而转变为促进发展的文化力。地方特色餐饮业烹饪技艺独特、品类众多，凸显着浓郁的地方、民族文化气息，是非物质文化遗产体系、特色文化产业的一部分，是地方文化自觉、文化自信力所在。费孝通曾说："文化自觉，意思是生活在既定文化中的人对其文化有'自知之明'，明白它的来历、形成的过程、所具有的特色和它发展的趋向。自知之明是为了加强对文化转型的自主能力，取得决定适应环境、新时代文化选择的自主地位。"① 因此，地方特色餐饮业发展的首要关切是对地方饮食文化谱系有较为完整的认知，对地方饮食文化发展变化及其趋势做出较为准确的把握，进而生成地方餐饮文化发展的内生动力。然而，地方特色餐饮业，长期存在饮食文化资源保护、挖掘整理、创造性发展不足，对传统烹饪技艺传承重视不够，人才缺乏等问题。地方特色餐饮业长期游离于民俗文化、旅游业之外，在新品类研究和技术运用、推广上，力度欠缺。这些都限制了地方特色餐饮业文化自觉意识的形成，制约了文化自信力发挥、束缚了地方特色餐饮业高质量发展与实践。

文化自信来自对自我历史文化的认知、反省，其能影响人们的思想意识与实践的动力。地方特色餐饮业与群众生活联系密切，满足了地方日常衣食所需，地方特色餐饮业良好的发展态势，是地方群众生存的基本保障，也是地方群众提升生活品质、开创美好生活愿景的永动机，而这无疑需要坚定文化自信。地方特色餐饮业还是地方文脉、经济优势所在，认识到地方餐饮文化历史之悠久、风味技艺之独特，并能付诸自觉的文化创造与经济生产行动，是文化自信的充分体现。有中华传统饮食"活化石"美誉的沙县小吃，正因当年迈出了"闯出去"的坚定步伐，方有今日在地方特色餐饮业中的名气和经济地位。云南过桥米线产业发展明显滞后于广西螺蛳粉产业，表明云南人文化经济开发能力不足，导致过桥米线长期走不出去，在品种、品

① 费孝通：《文化与文化自觉》，群言出版社，2010，第249页。

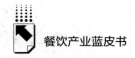

类、新食用方法研发方面滞后。各地地方饮食文化资源富集、历史悠久、人才集聚、特色餐饮遍布城乡、市场需求广泛，这些都是地方特色餐饮业的发展资本、自信所在。开展好地方饮食文化遗产保护与传承工作，凝聚非遗传承人、产业领军人才等人力资源力量，做优做特、做强做大本地市场，不断拓展外地市场，都是地方特色餐饮业推进地方饮食文化认同，发展地方饮食文化自信力的表现。

文化自信来自开放包容、兼收并蓄、不断创新的文化体系，地方特色餐饮业是文化经济不断交融、可持续的产业，发展自信来自不断推陈出新的能力。地方特色餐饮业除食材多产自本地外，其烹饪技艺、产品交换都是在交往场域中实现的。开放性、融合性、创造性构成了地方特色餐饮业的鲜明特质，"我中有你、你中有我"，相互交织的食材配料、烹饪技法，彰显出地方特色餐饮业的文化色彩。当下发展中，有的地方特色餐饮业不断走向特色化、精致化，在传统饮食文化传承与当代饮食需求刺激下，在与高科技、信息化、智能化的结合中，在与其他业态的融合发展中，实现饮食产品创造性转换、产业升级等，这些都是地方特色餐饮业文化自觉、坚定自身发展道路的实践。树立正确的地方特色餐饮业发展理念，有敢为人先的精神与创造性实践，久久为功，打牢地方特色餐饮业文化经济基础，是撬动地方特色餐饮业高质量发展的有力杠杆。坚定文化自信，践行餐饮文化与经济融合发展的道路，是实现地方特色餐饮业高质量发展的前提。

二 地方特色餐饮业发展态势

地方特色餐饮业从业人员多、中小企业占比大，是稳就业、保民生的产业，是地方经济高质量发展主体之一。在有的地方，特色餐饮业占据了当地经济"半壁江山"，解决了就业、温饱等民生问题。地方特色餐饮业传承着地方文脉，能工巧匠、国厨大师等各类人才也在此行当集聚，一批有地方特色的饮食文化博物馆、展览馆得到建设，成为地方文化景观，践行美好生活的创造。在新冠肺炎疫情背景下，地方特色餐饮业为发展内循环经济提供了保障，为经济回暖、提质增效、实现高质量发展打下了基础。

（一）疫情防控常态化时期，地方特色餐饮业历经曲折

餐饮业关乎民生福祉、群众健康，是劳动密集型产业，餐饮店铺分布广泛、门类众多，就业人员多而杂、流动性强，来自五湖四海，饮食场所自然成为防疫重点。以浙江为例，2020 年浙江省餐饮业拥有企业 50 万余家，从业人员 160 万余人。[①] 不难想象，地方特色餐饮业在疫情防控中遭受的重创。各城市之间、城乡之间人员流动减少，地方特色餐饮业流动性减弱、市场缩水，多面向本地食客。疫情防控常态化时期，日常餐饮消费有复苏势头，特别是随着疫情控制的精准化、文化旅游市场的逐步开放，堂食消费、日常餐饮消费有了上升的可能。但是，疫情的不稳定，始终是笼罩着地方特色餐饮业的雾霾。疫情出现、集中的地区，地方特色餐饮业经营惨淡，亟须输血、重塑造血功能。

疫情发生后，地方特色餐饮业加快发展线上服务，各地特色小吃、特色饮品零售化、外卖化、订单式生产倾向明显。品牌企业线上、线下开展生产，半成品、成品配送。"美团""跑腿"等平台已全面介入地方特色餐饮市场。疫情加剧了地方特色餐饮业格局重组，有的餐饮企业应对危机、适应市场变化的能力提高，自觉推出公筷公勺、分餐制、自助餐、机器人送餐、减少接触等服务，地方特色餐饮服务品质实现升级。有的被迫在疫情中关闭、退出市场。总体而言，疫情防控常态化时期，地方特色餐饮业虽有平稳、向好趋势，销售渠道也走向多元，线上、线下发挥着促进地方消费、恢复市场信心的作用，但仍面临不少困难。

（二）特色化发展之路明晰

地方特色餐饮业根据自身优势与饮食特色，出台一系列旨在促进餐

---

① 邢颖主编《中国餐饮产业发展报告（2021）》，社会科学文献出版社，2021，第 101 页。

饮业及其相关行业发展的标准。如上海市先后出台了《餐饮服务单位公筷公勺服务规范》《餐饮服务单位分餐制管理规范》。江苏依据《餐饮业金茉莉品牌评价》及细则，发布金茉莉餐厅、人物等。粤菜制定了"粤菜师傅"工程标准体系框架，绘制了标准化路线图。① 这些政策措施有力保障了地方特色餐饮业的发展质量。地方特色餐饮首重地方食材、饮食文化资源利用，推出的多是能代表当地传统的菜肴、便于利用当地果蔬加工的饮品等。同时，各地餐饮业利用节庆、民俗等文化要素，举办地方美食节，提升消费景气指数。如北京市开展的"放心餐厅""玩转京城美食"系列活动，月月有美食节，上海"环球美食节"等，促进了地方餐饮业特色化发展。各大菜系、菜品、小吃，当地特色食材、饮品，通过节庆活动提升了知名度与市场美誉度，刺激了餐饮业造血功能，营造了地方消费氛围。而在业态多样的地区，地方餐饮及其节庆活动都表现出明显的跨界性、融合性。如广东利用当地瓷砖、陶瓷、家具等业态的优势，已连续举办十多届中国酒店餐饮业博览会。② 地方特色餐饮业试图利用节庆、展示活动来显示当地饮食文化的地域属性，让消费者大饱眼福、口福，推动了餐饮市场回暖。

（三）品质与技艺有保障、有提升

在国家绿色发展的引领下，地方特色餐饮业正逐渐向内涵式、集约式发展转变，注重生态、环保、卫生，坚守好"菜篮子""米袋子"，让人们食得放心。新鲜、绿色、保质、保量都是人们对地方餐饮品质的基本要求。包容创新的地方特色餐饮理念，在各地得到实践，食品颜值、味道有保障，工匠精神激励很多优秀的地方特色餐饮企业推陈出新，烹饪技艺、品质品类、吃法多样化、精致化。各地推出的地方特色菜品、菜系成为消费者的选择。地方美食与康养融合，建构起地方大健康产业。医食同源、

---

① 邢颖主编《中国餐饮产业发展报告（2021）》，社会科学文献出版社，2021。
② 邢颖主编《中国餐饮产业发展报告（2021）》，社会科学文献出版社，2021。

食重时辰、养生理念，在有的特色饮食上得以彰显，激发了菜品的探索、烹饪。如海南注重生态食材和南药食材资源的开发，形成主题性康养餐饮，融入"度假天堂、康养天堂"建设。今日的地方特色餐饮业，着手打造"互联网+"智能生产、管理系统，机器人点餐、送餐正成为普遍现象。智慧餐厅、沉浸式主题餐厅，正满足中高端消费群体的需求，抖音、微信正成为地方美食的宣传、推荐平台。"无接触"取单正成为地方特色餐饮业新营销模式。这些都是地方特色餐饮业中涌现的新技术，为保品质、高质量发展奠定了基础。

（四）全天候经营，全面融入地方建设

地方特色餐饮业受到时间、生活习俗的限制，经营时间、空间有限，但随着"夜间经济"、美食街区等项目开展，地方特色餐饮业正打破时间制约，展示出灵活性，不再拘泥于饭点经营，全天候经营、多时段经营，以时间来赢得市场的趋势正在形成。此外，地方特色餐饮业在经营场所空间上更有规划性、更聚集。地方特色餐饮业融入街区文化、街区景观建设，使街区更有活力，更有烟火气息，业态更多样。各地美食街区成为当地网红打卡地，形成以小吃、美食为中心的新商圈。美食街区推动着城市新一轮更新与建设，在历史文化氛围浓烈的街区，传统市井风貌、民居建筑风格得以恢复，美食街区成为休闲旅游、文化体验的重要地点。

三 地方特色餐饮业发展困境

进入疫情防控常态化时期，地方特色餐饮业虽面临困境，但仍延续着各地饮食文化传统，始终做着推动地方餐饮业发展的努力。地方特色餐饮业在当前发展中，主要面临发展不平衡、不协调、不充分，文化自信不足、创造力不强，与人民对美好生活的需求有差距，融入地方文化、经济建设不畅，规划滞后，融合度不高等突出问题。

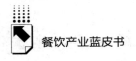

（一）产业发展不平衡、不充分

地方特色餐饮业发展不平衡，鲜明地表现在地方特色餐饮业空间布局及其经济效应上，从餐饮业门店数量、业态、从业人员等分布情况来看，东部城市无论是在数量上还是发展质量上都明显优于西部城市，广州、上海等一线城市，地方特色餐饮业品类、连锁店、品牌店布局、在城市街区的活力，明显优于其他城市。地方特色餐饮业实力差距明显，广州在企业实力、服务质量、经济效益上始终处于第一梯队。地方特色餐饮业向大中城市集聚的趋势未发生改变，品牌店铺、小吃、连锁经营企业多集中在大中城市，对地方经济贡献东高西低。而从城乡格局来看，城市地方特色餐饮业集聚度明显高于乡村地区，小镇、集市、街市多是乡村餐饮业发展的市场，但受到时间、人流量影响，规模较小，西部有的乡镇餐饮业发展相对滞后。从企业生命力来看，老字号与新兴企业之间的竞争激烈。有的老字号更新不足，难以适应现代需求，生存困难；而有的新兴企业经验不足，市场拓展能力不够，品质难以保证，店铺生命周期短暂。

地方特色餐饮业发展不充分，鲜明地表现在与人们对美好生活的需求有差距，与人们对地方美食的色、香、味等形式美感、味觉享受、饮食环境需求上有差距。地方特色餐饮业引发的文化消费效益、可持续不足，文明用餐、餐桌礼仪文明尚未深入人心。餐桌上的文化感、仪式感、敬畏感，仍有待培育。对自身饮食文化历史、饮食文化资源与现代生产关系之间的认识不足，新菜品、菜系、摆台、环境设计不足，未能有效发挥地方资源优势以促进地方特色餐饮业发展。地方特色餐饮业对饮食安全、卫生、环境的认知有待持续提高，经营者忧患意识、对企业可持续发展的认知有待深化，这些都制约着地方特色餐饮业高质量发展。

（二）产业发展自信不足、文化创造力不强

地方特色餐饮业文化自信根基尚需巩固，多数经营者认为能解决温饱、满足生计就行，未能着眼长远，缺乏将幼稚产业培育壮大的眼光、胆

识；未能意识到地方餐饮业也是能壮大、做出特色的产业。在饮食文化类非遗项目上，存在重申报，轻传承、培养现象，对地方特色烹饪技艺、特色食品重视不足。有的地方政府未能将其作为文化事业、文化产业工作来抓。在菜品设计上，多注重凸显地方性、地域性元素，未能积极考虑需求、不同群体的需要，对产品文化内涵与意义缺乏考究。"品的就是文化"，尚未成为一种时尚、一种格调。地方特色餐饮业普遍创造力不足，制约了菜品、菜系研发，制约了地方特色餐饮"走出去"、连锁经营、合作经营等多种模式的探索和地方品牌塑造与成长。饮食具有的文化交流、交换、象征意义等功能未能积极参与饮食文化品牌塑造与市场发展，产品结构单一、品类不足，低端、低廉产品充斥于市场中，都影响着地方特色餐饮业的品质、产业升级换代。

（三）有实力、引领能力的品牌企业少

长期以来，地方特色餐饮业多以家庭经营为主，"散、小、弱"，经营管理现代化水平低，创造力不足成了个体经营者的特点，消费群体以本地消费者为主，市场具有较大的局限性。从本地成长，实现连锁化、跨区域经营的品牌企业少，地域性美食走向全国市场的仅有沙县小吃、兰州拉面、重庆火锅等。然而，即使是这些遍布全国大街小巷的地方美食，与国外品牌相比也有较大差距。地方特色餐饮业中，领军品牌企业匮乏，地方特色餐饮融合发展合力尚未形成，全产业链经营的地方企业凤毛麟角。品牌企业少，根源在于地方人才不足，地方未形成较为完整的行业人才培育、培养体系，复合型、管理型、市场型人才短缺。以云南为例，中国餐饮百强企业名单中，云南餐饮品牌只有云南云海肴餐饮管理有限公司上榜，品牌培育工作亟待加强。品牌培育不足，制约着地方特色餐饮"走出去"，地方特色餐饮能否取得市场的关键在于能否凭借其文化个性转变为大众接受的饮食产品，地方文化经济要素能否成为助推餐饮品牌成长的要素。

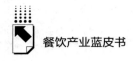

（四）基础设施薄弱、业态融合不畅

地方特色餐饮配套设施建设缓慢，餐饮产业园区、食材配送中心、餐厨垃圾处理站、中央厨房、饮食文化博物馆数量过少，餐盒餐具加工设计、餐饮策划咨询、酱料调料食品加工等领域发展滞后，一站式采购仍处于摸索阶段，农餐对接机制还未真正形成；拥有中央厨房的企业整体占比极低，以"中央厨房"集中加工、配送为主要特点的连锁餐饮尚未全面融入社会餐饮格局之中；社区餐饮、旅游餐饮、学校餐饮等社会餐饮仍以小微企业、个体经营户为主，品牌餐饮企业参与地方餐饮发展较少。

地方特色餐饮业是从日常所需中成长起来的行业，可融合性、适应性强。与互联网、人工智能融合是今后餐饮业的发展趋势，各种互联网平台、App已深度介入地方特色餐饮业。地方特色餐饮业与互联网巨头的利益交织，始终是消费者所关注的。当地方特色餐饮业经营者不能从网络化、智能化中获得盈利时，另选他途、退守传统营销模式势必会成为必然。这导致有的地方特色餐饮业经营者，放弃使用网络平台销售。在与地方旅游、地方街区景观融合中，地方特色餐饮业从中扮演着弱势群体的角色，更多利润可能被其他行业拿走。实现资源配置的优化、利益分配的合理化，是地方特色餐饮业与其他业态融合发展的必要条件。

（五）特色弱化、产业培育踯躅前行

文化同质化是文化经济发展中值得警惕的现象，地方饮食文化亦如此。传统风味、地方美味正遭遇快餐文化、快节奏生活挑战，越来越多的地方风味变成了人们舌尖上的记忆。地方饮食文化具有的多样、多元、细腻、精致等特点正受到批量化、规模化、统一化、标准线生产饮食的挑战。在日常饮食消费中，这些模具化生产的食品正占据人们越来越多的消费，有乡愁记忆的地方特色美食、小吃难有生存、成长、壮大的空间。而一些展现民族习俗的菜品、菜系，民族特有的烹饪技艺也在向城市进军的过程中逐步弱化。在少数民族众多的云南，已很难品尝到民族风味浓郁、

地道的少数民族饮食，如竹筒饭、罐罐米线、酸粑菜正逐渐淡出人们的生活。少数民族饮食文化资源正伴随着城镇化而消逝，更遑论成功转化为民族餐饮品牌。而对于那些在"他乡"经营的美食、地方餐饮，除了凭借原有风味吸引顾客外，也始终面临如何"在地化"再创造，如何烹饪适合当地人口味的菜品佳肴等问题。

地方餐饮市场准入门槛低，无序竞争和低质量发展现象突出；行业自律度和诚信度不高，行业监管难度大；部分企业经营面临行业歧视、人才流失等多方面的困难，合法权益难以保障，营商环境亟待改善；对集团化餐饮企业的扶持政策过少，龙头品牌餐饮企业培育工作进展缓慢，小微餐饮门店依然占较大比重。地方特色餐饮业发展尚未完全纳入当地政府工作规划，大多数餐饮企业经营方式较为传统，组织结构和盈利模式较为单一，专业服务和质量管理能力不强，餐饮布局分散，地域特色不明显，配套设施较为缺乏。由于交通制约、人口稀少、游客罕至、发展落后等原因，各类精美食材无法得到充分利用。美丽县城、美丽乡村建设中，对餐饮业发展规划不突出。这些都制约了地方特色餐饮业高质量发展。

四　推动地方特色餐饮业高质量发展的建议

地方特色餐饮业是地方文化经济的重要组成部分，是人们美好生活中不能缺少的一部分，是地方吸引力、魅力之所在。地方特色餐饮业要深化供给侧结构性改革，推进特色化发展，在菜品、菜系、烹饪技法、饮食文化创意上做足文章，瞄准产业发展目标，贯彻实践好"创新、协调、绿色、共享、开放"新发展理念，遵循地方餐饮发展规律，实践现代市场经营与管理经验，高效推动高质量发展。

（一）统筹优化地方特色餐饮业布局

一是合理布局特色餐饮网点。将餐饮网点普查与规划作为高质量餐饮体系建设的重要抓手，结合地理信息大数据平台，开展地方特色餐饮网点数据

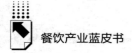

普查，建设适宜地方发展的餐饮网点数据库，科学分析特色餐饮网点的数量和空间分布，协调、引导特色餐厅、主题餐厅、品牌连锁餐厅对旅游景区、交通枢纽、高速公路服务区、机场服务区、社区、医院、养老院、大健康服务等行业领域的全网点覆盖，构建"规模适度、业态先进、布局合理"的现代化餐饮网点体系，形成"层级分明、特色突出"的餐饮空间布局，助力地方"一刻钟便民生活圈"建设。

二是优化城乡特色餐饮网点布局。促进特色餐饮业态在不同区域间的平衡发展，规避由盲目招商引资造成的餐饮商圈过度密集，由餐饮经营主体无序恶意竞争造成的高关门率问题。以旅游重点城市或美丽县城为试点，建设一批高品质的餐饮商业综合体、老字号一条街或民族特色浓郁的主题餐饮街区，如野生菌美食、民族餐饮美食、非遗美食等特色餐饮街区。推广"一刻钟"商业服务示范社区模式，推动集零售、餐饮、文化娱乐、配送等于一体的新型商业中心建设，形成"高品质商圈+特色街区+一刻钟便民生活圈"多层次特色餐饮网点。

（二）聚焦产品供给质量，实现结构优化升级

地方餐饮重在特色，重在以产品为基点的差异化竞争策略。地方特色餐饮业发展的关键在于明白自身文化与产品特色，以此坚定文化自信、促进差异化竞争发展格局形成。火锅、芥菜、凉茶能走遍全国，正是凭借其饮食产品特色及不断"在地化"的创新与优化。地方特色餐饮业在坚守好"老三样""老把式"的同时，应持续推出地方系列风味菜肴。如云南过桥米线不能总是堂食定位，而应有适应现代快节奏、慢生活需求的新品类出现。供给创造需求，是地方特色餐饮业实现品类更新的良方。应注意对消费者消费心理、需求信息的掌握，从顾客喜好出发探索新品类，实现供给质量升级，保障高质量产品供给，形成供给创造需求的大好局面。

疫情发生后，消费者更关注健康、饮食营养、地方美食文化提档升级，更注重饮食场所环境品质，饮食、饮食场所的特色化、美化、安全化。地方特色餐饮业的魅力，除了烹饪技法独特之外，也在于体验式、沉浸式饮食场

景的创建。通过在产品供给侧发力，以色鲜、味美及文化故事来打造地方美食，实现文化、生态、环境赋能地方特色餐饮业含金量提升；通过地方饮食文化博物馆建设来传承文脉，在非遗保护与活态传承上积极实践，都是地方特色餐饮业提高供给质量、优化结构的表现。汲取地方饮食文化资源，不断推陈出新、培育消费热点、以节带展、参与平台展示，都是推动地方特色餐饮业走向全国，助力国内大循环经济、高质量发展的举措。以大数据、人工智能、绿色低碳、共享经济为代表的新技术、新模式与实体产业融合的日益加深将推动地方特色餐饮业结构优化升级，以人工智能为代表的第四次工业革命也将在"十四五"期间展开，更加高质量的产品和服务将优化消费结构，改变消费方式，促进地方特色餐饮业高质量发展。

（三）重点发展品牌连锁企业

地方特色餐饮业发展需要龙头效应。一是加快推动品牌连锁企业发展。鼓励有条件的餐饮企业进行跨行业、跨地区的兼并重组，实现产业链整合、有序扩张，促进企业向规模化、标准化、连锁化、特色化、品牌化和高端化方向发展。各地应积极扶持企业进入中国餐饮企业百强。通过资源整合、扩大连锁规模、改进用工方式、提升消费品质等途径，提高地区餐饮业的集中度，改变企业小、效率低、竞争力不强的局面，引领小微企业扩大经营规模，提升企业竞争力和盈利能力，发挥龙头企业的引领带动作用，推动行业走高质量、可持续化发展之路。

二是重点扶持"老字号"餐饮企业发展。"老字号"所蕴含的餐饮文化、人文历史内涵丰富，引导"老字号"餐饮企业向餐饮精品店转化，通过设计个性化"店招"、优化内部装潢装饰、复古餐具样式、重现时代特色服装等，凸显店铺的文化厚重感和时代气息，增加店铺对老年消费者的亲和力和对年轻消费者的吸引力。引导"老字号"对品牌进行技术分解，固定配方、统一采购配送，推动"老字号"餐饮原材料、工具用具、调味料等的标准制定和标准化研发，实现"老字号"名菜名点的规模化生产。推动"老字号"进入商超卖场，强化连锁经营，打破传统餐饮业无法做大、形成

连锁的桎梏，增强"老字号"餐饮企业市场竞争力。

三是扶持当地名特小吃连锁门店发展。特色小吃在餐饮业占有非常重要的地位，具有重大市场商机。鼓励行业企业及创业者挖掘名特小吃品类，对开办标识统一、标准统一、售价统一、招牌统一、门店统一、产品统一、收银系统统一的特色小吃摊、特色小吃车、特色小吃店、特色早餐店的连锁经营者给予奖励扶持。而在民族集聚地区，应扶持民族特色餐饮企业发展。鼓励企业对民族特色餐饮进行提档升级；鼓励投建主题鲜明、特色凸显、民族风情浓郁的少数民族特色主题餐厅；鼓励初具规模的民族特色餐厅制定少数民族菜品标准；鼓励集民族饰品销售、民族文化传播于一体的民族餐饮品牌走连锁化发展道路。

（四）发展好旅游餐饮，为地方文旅融合赋能

文化旅游是促进地方特色餐饮业发展的利器，但长期以来，地方特色餐饮仅注重物质包装、忽视文化内涵，应挖掘文化力量，实现地方特色餐饮文化赋能，增加附加值。在饮食场景、沉浸式文化体验、美食文化之旅与地域文化融合上，做足创意，不断出彩。在重要景区、景点，凸显地方特色餐饮、美食的重要性。拓展美食与民宿、度假区的合作空间，搭建有地域特色、多业态融合的美食文化空间。发挥地方特色餐饮在乡村旅游、乡村建设中的积极作用，为乡村农特产品"走出去"、乡村业态多样化、乡村文化建设赋能。以地方特色餐饮业发展，带动乡愁文化浓厚的美丽乡村建设，发展一村一品、一村一宴，积极推进"餐饮业+文化创意产业+文化旅游"活动，搞活地方文化与经济，促进餐饮业与文化创意产业、文化旅游业融合，都是撬动地方特色餐饮业发展的杠杆。

抓住文化旅游、区域文化消费新机遇，提升创新能力，能够促进地方特色餐饮提质升级和发展。应在重点旅游城市、重点旅游县区特别是重点旅游景区周边或美食集聚区扶持旅游餐饮门店提档升级。各地应引导乡村餐饮向田园餐饮、度假餐饮转型，引导旅游团队餐向主题特色餐转型，引导低价便餐向品质宴席转型，引导采购使用普通食材向采购使用绿色生态食材转型，

引导观光旅游、短途旅游、休闲度假向美食体验之旅转型，充分发挥地方特色餐饮丰富的绿色食材优势和少数民族饮食特色，多维度、立体化提升地方旅游餐饮品质。同时，针对不同年龄段、不同消费群体，推出预订、预制系列地方美食，以文化创意、设计为手段推进餐饮业相关工艺衍生产品研发，构建以地方特色餐饮业为中心的多业态融合、协调创新机制，都是发展旅游餐饮的举措，能促进地方特色餐饮业高质量发展。地方特色餐饮业与区域文化经济建设、战略定位密不可分，搭建长效融合与协同创新机制，利用好政策、文化消费红利，实践地方特色餐饮业高质量发展是当务之急。

（五）推动数字化、智能化、全产业链建设

疫情已让消费者意识到推进餐饮业数字化、智能化建设的必要性，安全、便捷的特性，正推动地方特色餐饮业迅速变革。地方特色餐饮业一是要加快信息化、自动化流程进度，提升烹饪科技含量，在保留传统烹饪技艺的前提下，实践"传统技艺+技术革新"，实现新烹饪技艺、智能化中央厨房、智慧餐厅建设，以智能化作为自家卖点，吸引消费者；二是要加快线上发展，利用好网络平台，为地方特色餐饮提高知名度、创造更广阔的市场，通过点餐、送餐等服务消费的数字化、智能化介入，来实现地方特色餐饮业的升级换代、地方特色餐饮品质与核心竞争力的提升。

"慢"是中国饮食文化中的原有格调，它注重饮食的慢慢品鉴，把饮食视为美的追求。回归慢生活的呼声，在当下已不绝于耳。追求吃得健康、安全、绿色，注重在地生产、在地消费，注重食品新鲜、生态，都不得不让地方特色餐饮业注重全产业链建设问题。应以"菜篮子""米袋子"工程为契机，推动地方饮食文化生态链、生态圈建设，从源头上保障食材品质。在食品流通环节，加强监管，保证食品新鲜、可食用；在消费中提供优质、特色服务；培育涵盖选种选育、采购、烹饪加工、销售、市场推广的有健全产业链的企业。这些都是地方特色餐饮全产业链建设的内容，可以此来提振地方特色餐饮业竞争力。

地方特色餐饮业高质量发展，离不开高质量产业体系、全产业链建设，

拥有全产业链的地方美食、地方特色餐饮，带动、辐射能力更强，更能为地方创造福祉。高质量餐饮业始终以人民健康、吃得放心为出发点，推进供给侧结构性改革，发挥地方文化优势、食材优势、烹饪技艺优势等核心竞争力，为人们保质、保量地提供安全食品。从田间地头到食物加工、烹饪，从生产基地到营销场所，从餐桌美食到美美与共的场域，无疑都需要通过全产业链建设来进一步完善、提升。地方特色餐饮业应通过全产业链建设，来实践高质量发展、区域带动。如柳州螺蛳粉日趋完善的产业链和多元的产业新业态正在柳州加速形成，带动包括大米、竹笋、豆角、木耳等在内的50万亩原材料基地建设，覆盖农业、食品工业、电子商务等多个领域，发展了工业旅游，开发了文创产品等，实现了一二三产业融合发展。这些不仅进一步增强了螺蛳粉的"吸粉"能力，更为当地农民持续稳定增收提供了保障。①全产业链带动能力更强、产业关联度更高、拓展度更高，更有利于地方特色餐饮资源整合、地方特色餐饮品牌成长。全产业链建设是撬动地方特色餐饮业高质量发展的杠杆。

（六）鼓励地方特色餐饮业优化特色、"走出去"

地方特色餐饮业是扩大内需、发展外向型经济的重要产业。在以国内大循环为主体、国内国际双循环相互促进的新发展格局背景之下，地方特色餐饮业高质量发展，在于融入国际、国内开放格局中。开放是地方特色餐饮业高质量发展的必由之路。食物、饮食文化的流动，历史上都是在全球化、开放社会中实现的，今日我们食用的马铃薯、番茄、葡萄等蔬果都是舶来品。全球化格局中，地方特色餐饮流动性更强，开放、流动也始终让地方美食面对大市场，让地方特色餐饮业更有生机、活力。沙县小吃能成长为"国民小吃"，其策略就在于抓住了国内不断开放的市场，成功实现了烹饪技艺的更新、产业升级。开放度、国际拓展能力也是衡量地方特色餐饮业高质量发

---

① 《跟着总书记长见识丨螺蛳粉"爆红"背后》，"新华社客户端"百家号，2021年4月26日，https：//baijiahao.baidu.com/s? id＝1698110474337386234&wfr＝spider&for＝pc。

展的尺子。地方特色餐饮业高质量发展，关键要能"走出去"。当前共建"一带一路"倡议赋予了地方特色餐饮企业绝佳的机遇。很多地方特色餐饮企业，已采取商标授权、合作经营、力促品牌落地等多种方式拓展海外市场。总体而言，地方特色餐饮业走出国门的力量仍显弱小，与肯德基、麦当劳相比，无论是市场占有率、竞争力，还是绩效收益仍有较大差距。如何通过高质量建设来提升地方特色餐饮业国际竞争力，实现产业在开放中赢利、生命力更强，是发展的关键。

对于经营企业而言，以开放的心态走向开放的市场，始终是不应摒弃的理念。哪怕是百年老店，也应开放有序、兼容并包。从传承传统烹饪技艺到吐故纳新，从实体经营到线上点单，都需要经营理念更新。其实，在开放社会中，消费者对特色、个性化品质、饮食场所环境要求更高。唯有通过高质量发展，方能实现地方特色餐饮业不断提升。沙县小吃、兰州拉面等地方美食，已在共建"一带一路"倡议中有所作为。鼓励有实力、发展态势好的地方特色餐饮业"走出去"，通过民间交流，推动中华饮食文化"走出去"；积极参与为华人华侨、使领馆制作"年夜饭"和节庆活动等；探索中餐海外人才培养机制，加大支持力度；支持地方品牌餐饮业壮大发展，支持地方饮食文化大省向饮食文化强省转变。这些都是地方特色餐饮业"走出去"、高质量发展的"四梁八柱"。

（七）搭建好公共平台，服务地方特色餐饮业

地方特色餐饮业仍然弱小，提供完善的公共服务，是推动地方特色餐饮业高质量发展的关键。在餐饮企业落户、商标标识、市场开拓、产品研发、人才培养、技能培训等方面提供优质服务，是高质量发展所需。地方应通过公共服务平台建设，实施一系列相关扶持政策，引导、促进地方特色餐饮业高质量发展。积极推动国家扶植百年老字号、非遗传承人等政策落地，创新餐饮专业人才选拔机制和培育机制，整合地方特色餐饮资源、为地方企业开拓市场保驾护航，都是促进地方特色餐饮业高质量发展的有效举措。如沙县小吃除了根据自身实际制定行业标准，从配料、店面环境等方面做出相关规

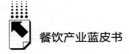
范外，也为从业者提供高质量服务，解决诸如子女外地上学等后顾之忧。因地、因业制宜，开展、实施推动地方特色餐饮业高质量发展的服务保障体系建设，是地方服务建设体系题中应有之义。同时，鼓励引导具有一定规模的个体餐饮经营户注册成立公司，对首次在统计部门的统计联网直报平台上报数据的餐饮企业或年营业收入同比增长 10% 以上的企业给予相应奖励。对餐饮企业负责人及管理人才在人大代表、政协委员选任和劳模等评优评先中给予适当倾斜。良好的公共服务体系建设，是地方特色餐饮业高质量发展的有力保障。

地区发展篇
Regional Development

B.3
2021年北京餐饮产业发展报告[*]

云 程　韩 朔　宗志伟[**]

摘　要： "十四五"开局之年，北京餐饮产业在新冠肺炎疫情影响下砥砺前行，行业整体逐步回暖，首店经济为区域经济发展注入新活力，餐饮业态呈现复苏发展新局面。国际消费中心城市建设、冬奥会和冬残奥会为北京餐饮在国际舞台展现风采提供了全新契机。常态化疫情防控和消费升级下的需求侧变化成为北京餐饮产业面临的新挑战。在政策加持和数字化转型支撑下，2022年，北京餐饮产业将充分聚焦首都功能定位，深耕餐饮产业绿色化、国际化发展，对标消费需求，创新挖掘产业特色化发展新路径，借力数字化变革，助推餐饮产业实现高质量发展。

---

[*] 本报告由北京烹饪协会与民生智库联合推出。

[**] 云程，北京烹饪协会会长，高级政工师，主要研究方向为商业和餐饮服务业管理；韩朔，北京民生智库科技信息咨询有限公司研究总监，主要研究方向为行业研究、政策研究、政府绩效评估等，持续关注餐饮领域研究；宗志伟，北京烹饪协会秘书长，北京市职业技能竞赛高级裁判，国家酒家酒店评审员，餐饮服务量化分级评审员，组织参与多项餐饮大型活动。

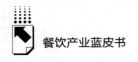
关键词： 餐饮产业　冬奥会　高质量发展　北京

一　北京餐饮产业发展概况

（一）疫情影响历时两载，北京餐饮产业砥砺前行

1. "十四五"开局之年餐饮市场逐步回暖

"十四五"开局之年，国际环境复杂多变，新冠肺炎疫情防控常态化下，国家聚力推进经济恢复，推动形成"双循环"新发展格局。2021年，国内社会消费品零售总额增速由负转正，实现12.5%的增长。在全国不断向好的发展形势下，北京市社会消费品零售总额连续2年保持增长（见图1），2021年零售行业营业收入接近1.5万亿元，较2019年增长20.2%，超出疫情前水平，全市零售行业在2021年迎来较强复苏。

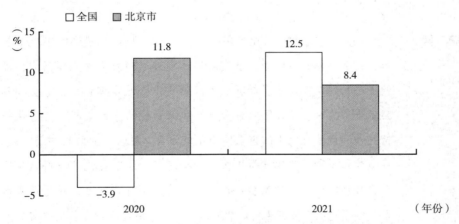

图1　2020~2021年全国及北京市社会消费品零售总额增速

资料来源：国家统计局、北京市统计局。

2021年，北京餐饮收入与全市社会消费品零售总额同频发展，餐饮收入达到1134.6亿元，占社会消费品零售总额的7.6%，比重较上年增长1.3个百分点。餐饮收入实现27.5%的增速，远高于社会消费品零售总额

增速（见图2）。疫情防控常态化下，行业发展逐步回暖，利润总额由2020年超23亿元的负利润转正，发展形势逐步向好。

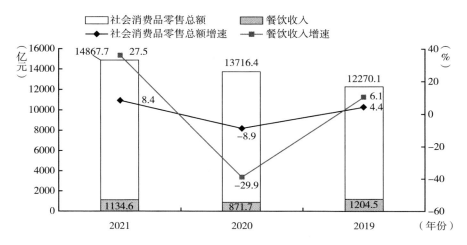

图2　2019~2021年北京市社会消费品零售总额及餐饮收入情况

注：由于价格等因素的影响，部分年份增速与实际计算结果不一致，但为了保持数据的完整性，本报告对引用的北京市统计局数据不做处理。仅供参考，下同。

资料来源：北京市统计局。

数据显示，在经历了2020年疫情最难的时段后，2021年北京市餐饮类企业总量、在业存续数量较2020年均有较大幅度上涨，全年在业存续餐饮类企业数量与2019年的差距逐步缩小。同时餐饮企业吊销注销数量缩减为上年度的47.6%（见图3），餐饮企业逐步恢复至稳定的更替、存续状态。

2.疫情防控常态化下，行业发展压力仍存

在餐饮产业复苏的大趋势下，受多轮疫情影响，2021年餐饮收入占社会消费品零售总额比重暂未恢复到疫情前水平，较2019年低2.2个百分点。作为疫情高敏感行业，疫情防控常态化下，北京餐饮产业复苏脚步相对较缓。从营业收入和成本变化情况看，2021年北京餐饮产业营业收入增速低于营业成本增速。其中，限额以上餐饮配送及外卖送餐服务、其他餐饮业两大细分行业企业营业成本同比增速高于营业收入同比增速，快餐服务和正餐

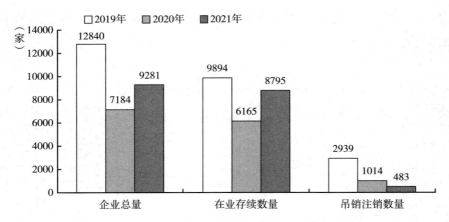

图3 2019~2021年北京新注册餐饮企业情况统计

资料来源：企查查。

服务企业营业成本与营业收入同比增速基本持平，仅饮料及冷饮服务细分行业企业营业收入同比增速明显较快（见图4）。2021年，各类抗疫专项补贴扶持政策明显减少，高额的房租和人员成本成为餐饮产业脱困的主要负担，首都餐饮产业运营面临多重压力，倒逼餐饮企业调整经营模式，探索轻量化发展路径。

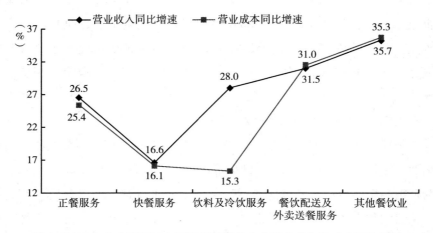

图4 2021年北京限额以上不同类型餐饮企业营业收入及成本同比增速

资料来源：北京市统计局。

2021 年，正餐服务进入发展攻坚期，全市限额以上餐饮企业 2001 家，较上年度减少 65 家，减量峰值出现在正餐服务领域，2021 年正餐服务企业数量减少多达 85 家（见表 1）。受资金链、经营模式等因素影响，在五大细分行业中，正餐服务是利润总额唯一为负且绝对数值较高的领域（见图 5），正餐服务企业利润空间进一步压缩，"微利"时代，首都正餐服务企业存续、发展难度进一步加大。

表 1　2020～2021 年北京限额以上餐饮企业数量

单位：家

类型	2020 年	2021 年
餐饮企业	2066	2001
正餐服务	1741	1656
快餐服务	146	143
饮料及冷饮服务	49	47
餐饮配送及外卖送餐服务	68	72
其他餐饮业	62	83

资料来源：北京市统计局。

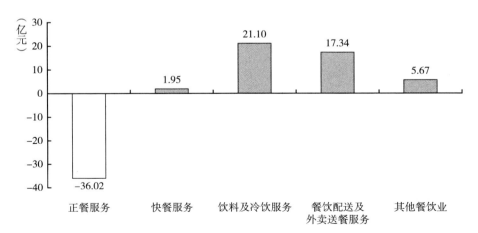

图 5　2021 年北京限额以上不同类型餐饮企业利润情况

资料来源：北京市统计局。

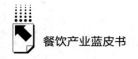

（二）产业发展日趋多元，百花齐放共现发展活力

1. 餐饮首店，为首都经济注入新动能

2021年，国内各大主要城市借力首店经济，不断激发区域经济发展活力。北京作为近年来优化营商环境的前沿城市，积极营造近悦远来的营商氛围，不断吸引知名大牌和传统品牌入驻北京市场，出台鼓励发展商业品牌首店项目支持政策，积极推进"首店引得来、落得下、长得大"。2021年，共有901家首店（含旗舰店）落地北京，是2020年首店数量的近5倍。① 与全国7个主要城市相比，北京首店落地量仅次于上海，领跑国内（见图6）。

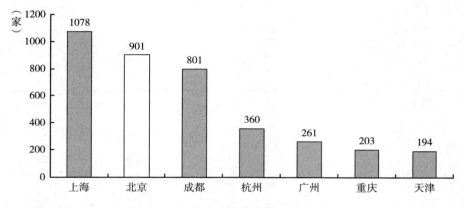

图6 2021年全国主要城市首店量对比

资料来源：企查查。

北京落地的901家首店中，餐饮企业首店数量突破468家，餐饮业态占比高达51.9%（见图7）。除朝阳、海淀等传统优势城区不断释放首店活力外，北京环球度假区的流量效应持续释放，城市副中心全年入驻首店数量激

---

① 《今年901家首店入驻北京》，千龙网，2021年12月31日，http：//beijing.qianlong.com/2021/1231/6712363.shtml。

增至42家，成为首都新兴餐饮首店聚集地。① 2021年，北京餐饮产业稳抓城市副中心建设和环球度假区开业等空间、时间机遇，形成以北京烹饪协会等行业协会搭桥，政府、企业多主体参与的共治发展态势。仅2021年，北京烹饪协会向城市副中心推荐的品牌餐饮企业就达60余家，通过多元共建共赢，利用商业配套反哺产业集聚，实现了品牌价值与区域资源的最优耦合，助力城市副中心生活性服务业品质升级，为建设北京东部商业新中心注入新动能。

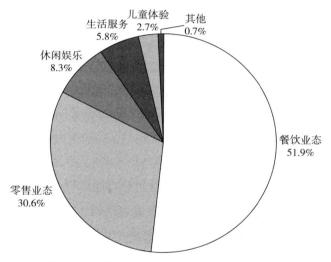

图7 2021年北京市901家首店不同业态分布

资料来源：北京市商务局。

2. 百花齐放，首都餐饮产业发展日趋多元

2021年，全市餐饮业态高质量发展日趋多元，北京餐饮产业年度一百强企业中，除京菜风味企业呈现较大领先优势外，火锅、中式快餐、国际风味业态企业平分秋色，形成多元均衡发展态势（见表2）。部分以单体门店为主的国际风味美食，因在收入上不占优势未能入围，但在品牌、口碑上也已形成颇具魅力的北京特色。

---

① 《今年901家首店入驻北京》，千龙网，2021年12月31日，http：//beijing. qianlong. com/2021/1231/6712363. shtml。

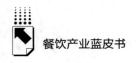

表 2   2021 年北京餐饮产业百强业态分布情况（部分）

单位：家

业态	百强所占数量	代表品牌
京菜风味	21	全聚德、华天、大董、花家怡园等
火锅	15	呷哺呷哺、凑凑、东来顺、阳坊胜利、鸦儿李记、新辣道等
中式快餐	14	和合谷、庆丰包子铺、好适口等
国际风味	12	汉堡王、麦当劳、肯德基、必胜客、达美乐比萨、比格比萨、将太无二、村上一屋等
川菜	7	眉州东坡、峨嵋酒家、龙人居等
鲁菜	5	胜利玉林、汇贤府、萃华楼等
西北风味	5	帕米尔食府、西部马华等
团餐	5	金丰、美食达等
中式休闲餐	5	嘉和一品、宏状元、东方饺子王等

资料来源：北京烹饪协会。

餐饮业态发展多元化的同时，渠道竞争也日趋激烈。从全市餐饮市场结构看，线下餐饮收入下降明显，线上外卖呈现高速上涨势头。受疫情影响，民众的餐饮刚性需求逐步转至线上，需求侧变化带动供给侧调整，2021 年餐饮产业与线上渠道相关的从业人员数量激增。餐饮配送及外卖送餐服务行业从业人员数量大幅上涨，餐饮业态更倾向于轻量化、小型化，线上经营持续扩容增量，疫情防控常态化时期线上餐饮发展初具格局。

二   2021年北京餐饮产业发展特点

（一）荟萃全球美食之都，助力国际消费中心城市建设

2021 年，北京率先协同推进国际消费中心城市建设，力争用 5 年左右的时间，打造彰显时尚的购物之城、荟萃全球风味的美食之都、传统文化和现代文明交相辉映的全球旅游目的地、引领创新生态的数字消费和新型消费标杆城市。作为国际消费中心城市，北京餐饮产业坚持深耕京菜底蕴与建设

全球美食之都双线并进。一是坚持目光向内，做大做强京菜品牌，积极打造首都文化传播新名片。将老字号品牌、北京餐饮十大品牌等发展成北京餐饮的特色成果载体，构建品牌建设、企业家培育、餐饮工匠培养等多元一体的京菜发展体系，大力推进京菜振兴发展。截至2021年，已有32个品牌荣获"北京餐饮十大品牌"称号，27名餐饮企业家登上"北京餐饮十大经济人物"榜单，36名厨师获得"北京餐饮十大工匠"称号，共同为北京餐饮产业发展贡献智慧和经验。

二是积极推进北京餐饮市场国际化发展。随着餐饮消费需求的多元化，本地餐饮品类的丰富性持续提升，国际化特征明显。2021年，在京各类国际美食中，西餐、日本菜、韩国菜占据前3位，西餐商户数量一骑绝尘，韩国菜商户规模大于一线城市平均商户规模，[①] 国际风味备受消费者青睐。在大力推进京菜振兴发展的同时，为适应国际消费中心城市建设要求，北京大力推进本地餐饮国际化。2021年，已举办12年的"北京餐饮品牌大会"首次登上服贸会的国家级、国际性、综合性舞台，面向世界积极展示北京餐饮魅力。在消费升级新机遇下，北京餐饮产业积极构筑"引进来"与"走出去"协同发展的新格局，形成北京消费增长的主引擎。

（二）强化政策加持，多措并举助力首都餐饮产业发展

作为超大城市，北京疫情防控任务始终艰巨，易受国内疫情变化波及，对京内餐饮产业连带影响较为深重。为进一步提升企业的风险应对能力，将疫情对餐饮企业的影响尽可能降至更低，北京持续加强餐饮领域政策扶持和企业培育，多措并举为首都餐饮企业提供保障。

一方面，打出政策"组合拳"，多维度助力餐饮企业生存发展。2021年以来，为支持餐饮企业提高疫情应对和风险抵抗能力，北京市结合自身功能定位和主要发展方向，先后在支持"深夜食堂"特色餐饮街区挖掘培育、

---

① 《北京餐饮业发展趋势报告》，北京商报网，https://www.bbtnews.com.cn/magazine/01/2021/267/。

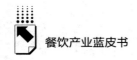

加大连锁企业补贴力度、鼓励首店首发项目、依托"消费季"推进消费升级等领域出台多项扶持政策，携手企业共克困难，谋求发展。用政策"组合拳"为餐饮企业营造更优发展环境，不断激发餐饮消费升级潜力。

另一方面，不断做强"北京消费季"品牌，用贯穿全年的消费季活动，为企业发展积极搭台。2021 年 3 月底至 12 月中旬，北京"玩转京城美食"系列促消费活动，先后完成"春歌京点小吃文化节""第五届中国京菜美食文化节""国潮餐企星厨秀""簋街消夏不夜节""京选餐厅玩转京潮秋季美食推介""北京消费季国际美食荟""京津冀火锅节"7 个主项重点促消费活动，通过政府搭台，为企业更好、更大范围展示品牌价值提供舞台，并以流量加持为更多企业精准推介助力加油。

（三）深化精细管理，数字化建设助推餐饮高质量升级

近年来，北京餐饮市场精细化管理水平持续提升。用户评价结果显示，与一线城市相比，北京 4~5 星评价商户线上规模占比为 21.46%，大于一线城市同星级商户规模。[1] 为帮助餐饮商户更好地懂经营、善营销、做服务，做实精细化管理，持续推进餐饮产业高质量发展，2020 年末，北京市启动"餐饮业数字化升级行动"（以下简称"升级行动"）。升级行动面向全市餐饮商户开展经营管理、营销推广、IT 信息、配送能力、供应链管理和数字化融资等六大方面的数字化改造，为北京市的餐饮商户量身定制涵盖商户培训体系、成长体系、荣誉体系和项目评估体系四大板块的扶持计划，引导餐饮商户参与数字化升级实践，助力北京餐饮业数字化运营水平整体提升。[2] 市商务局联合美团、北京烹饪协会推出的升级行动，借力行业协会和企业的专业力量，为餐饮商户呈现清晰的数字化转型路径。

美团大数据显示，提升靠前的近 6000 家商户单周交易额较 2020 年 10~

---

① 北京烹饪协会及美团汇总统计数据。

② 《本市启动"餐饮业数字化升级行动"》，北京市商务局网站，2020 年 12 月 30 日，http：//sw.beijing.gov.cn/sy/nsjg/fwjy/zhwxx/202012/t20201230_ 2190260.html。

12月单周交易额增长了近25%。① 依托数字化升级的精细化管理，升级行动对提升餐饮企业订单量、优化门店经营产生了积极影响。

（四）冬奥舞台尽显餐饮魅力，书写"双奥之城"新华章

2022年初，世界目光聚焦北京，关注"双奥之城"在世界舞台的全新表现。作为冬奥会举办地，北京承担起冬奥会、冬残奥会餐饮供应服务的责任，在绿色办奥、共享办奥、开放办奥、廉洁办奥的理念指引下，形成由政府、协会、企业共同参与的餐饮保障队伍。冬奥餐饮保障过程中，北京烹饪协会先后在北京冬奥会和冬残奥会菜单编制、餐饮培训、餐饮文化展示中积极贡献力量，推荐餐饮专家资源、支持菜单编制研讨，协助完成400余道冬奥菜品分解和菜品烹饪培训，遵循国际习惯，满足不同国家和地区餐饮需求，助力冬奥餐饮保障实现"两地、三赛区统一标准"。在筹备期间，北京烹饪协会帮助和支持延庆区政府，推荐选拔18位国家级餐饮行业专家组成冬奥餐饮培训专家团，为延庆餐饮产业的发展提供全方位的咨询和指导。支持河北省冬奥餐饮服务工作，输出国家级餐饮行业专家队伍，助力冀菜工程建设。同时，北京烹饪协会会员单位旺顺阁、眉州东坡、金丰、金鼎轩等本地餐饮品牌，借餐饮大师之手，抓住冬奥与中国年携手的最佳时机，用好冬奥会这个向世界展示中国的最亮平台，将品质服务与智慧科技，以及中国博大精深的饮食文化深度融合，让国际友人体验到不一样的中国年，让世界从饮食中了解中国、爱上中国，展现了中国热情好客的大国风范和新时代的文化自信。

三 2022年北京餐饮产业发展趋势

（一）聚焦首都功能定位，深耕餐饮产业发展绿色化、国际化

2022年初，国家发改委等部门联合印发《促进绿色消费实施方案》，提

---

① 《上半年本市餐饮业数字化升级成效明显》，北京市商务局网站，2021年7月21日，http：//sw.beijing.gov.cn/sy/nsjg/fwjy/zhwxx/202107/t20210720_ 2445246.html。

出到 2025 年，绿色消费方式得到普遍推行、绿色低碳循环发展的消费体系初步形成的发展目标。餐饮产业作为消费绿色转型的重点领域，在建立健全餐饮产业相关标准和服务规范，督促餐饮企业、餐饮外卖平台落实好反食品浪费的法律法规和要求，推动餐饮持续向绿色、健康、安全和规模化、标准化、规范化发展等方面责任重大。为高标准落实国家要求，北京市继 2021 年出台《北京市反食品浪费规定》等政策规范后，将深入推进首都绿色餐饮建设。2022 年，将依托行业协会等专业力量，探索在绿色、低碳、节能、清洁生产、反食品浪费、厨余垃圾回收处置和资源化利用等领域进一步深耕，研判行业高质量发展的指标和评价体系，将贯彻新发展理念、实现碳达峰目标与全方位推进首都餐饮产业可持续发展深度融合。

与此同时，北京餐饮产业将继续服务于首都发展功能定位，聚焦国际消费中心城市建设，聚力培育和发展餐饮首店经济，助力餐饮产业布局与全市城市更新、商圈建设同频共振。进一步支持餐饮街区发展，打造富有首都特色的"餐饮消费新名片"，增强商圈街区与餐饮服务之间的黏性。积极鼓励和支持本土化餐饮品牌做优做强，探索餐饮品牌创新孵化，聚焦发展目标国际化，力争打造更具国际影响力的餐饮自主品牌，做强首都餐饮老字号；紧扣消费需求多元化，积极响应需求侧对国内餐饮品牌的新期待，推进供给侧产品、服务迭代升级，对标首都国际消费中心城市建设要求，持续激发北京餐饮消费发展新动能。

（二）注重消费体验，北京餐饮产业不断挖掘特色发展新路径

随着"95 后""00 后"成为消费市场新生力量，消费者对消费过程中"悦己体验"的关注持续走高，消费者愿意为个人兴趣或体验支付较高溢价的消费理念，将带动餐饮产业在特色化、个性化、创新化发展上另觅蹊径。2022 年，北京餐饮产业的特色发展路径将体现在三个主要方面。

餐饮小店经济持续散发魅力。随着行业细分、消费需求升级以及小型商圈活力日益凸显，小店模式在多变市场中的适应优势逐步凸显。疫情防控常态化背景下，消费行为更趋理性化，特色化、低消费的小店更适应市场的变

化。2019年以来，北京市大力推进的"深夜食堂"特色街区建设，为小店经济发展提供了全新舞台。2021年，北京烹饪协会联合美团发布的"餐饮热词看中国"中指出，餐饮街区成为展现地方饮食文化特色的新地标。作为"深夜食堂"和餐饮新地标中的"主角"，小店经济势必将不断迎来新的增长点。

无界餐饮成疫情防控常态化时期发展引擎。随着餐饮场景、业态等发展的多元化，无界餐饮概念日渐兴起。其同时打破产品品类和业态上的界限，成为首都餐饮企业寻求多元成长的新路径。"火锅+奶茶""汉堡+咖啡"的混搭为同一空间内的餐饮服务提供了更多选择；"吃饭+亲子乐园"的场景融合，为场景、渠道、时段上的"破圈"提供了全新可能。"堂食+自营外卖+第三方平台外卖+零售"的联合成为实力餐饮企业的首选，眉州东坡等品牌已在疫情中探索出无界跨域经营的有效实现方式；全时段、新媒体全平台经营，也为消费者提供了更多服务选项。2022年，餐饮企业对自身发展的"不设限"，将不断拓展产业发展的可能性，为区域餐饮产业发展版图绘制上浓墨重彩的一笔。

餐饮零售化成为全新发展趋势。与无界餐饮互为支撑，餐饮零售将成为餐饮企业除堂食和外卖配送之外的全新销售场景，越来越多的餐饮品牌建立以品牌为IP的销售门店。预包装产品、半成品等产品开发，以及各类直播带货、短视频"种草"等宣传销售途径的打通，将为餐饮零售化打造一股不可忽视的力量，成为餐饮产业应对多变疫情，保持自身生命力的新增长极。

（三）数字化变革进入深水区，精细管理助推餐饮产业高质量发展

企查查数据显示，2021年国内餐饮企业新增注册量增速达34.65%，为历年之最，餐饮产业内部竞争加剧。在激烈的行业竞争和复杂的疫情形势双重影响下，餐饮企业想"脱颖而出"，遵循精细化管理是制胜之道，而精细化管理必须依靠数字化加持。传统的餐饮行业，从前端消费者点单、支付等服务，到门店点餐结算、在线预订等运营管理，到后端精细化库存管理、中

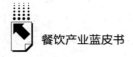

央厨房信息管理等，再到供应商智能协同、智能采购等，数字化程度逐步降低。但随着近两年餐饮企业数字化转型的深化以及数字化原生企业数量的增长，餐饮产业后端数字化程度持续提高。

2020 年以来，北京市先后出台《北京市促进数字经济创新发展行动纲要（2020—2022 年）》《北京市关于加快建设全球数字经济标杆城市的实施方案》等政策，力促以数字化转型为产业发展赋能，全力打造全球数字经济标杆城市。在全市数字经济蓬勃发展的大形势下，餐饮产业也在政策要求与市场需求的双重影响下不断革新，"北京餐饮业数字化升级行动"便为此打下良好基础。依托数字化转型，餐饮企业持续改良传统到店消费等模式，通过线下、线上经营有机结合，依托数字化精细化管理基础，不断降低获客成本，匹配精准服务，提升效率并增强抗风险能力，以适应餐饮结构升级下消费者从"价格导向"向"价值导向"的需求转变。

2022 年，以数字化为驱动的北京餐饮产业，将遵循需求侧导向，加快推进餐饮产业和数字化技术的深度融合，主动探寻与大数据、人工智能、物联网等先进技术的结合点，强化新技术应用，加速餐饮行业全链条、全领域的数字化变革。在疫情防控常态化背景下，依托数字化转型，做好全链条质量管理和风险防控，优化餐饮产业链，降低企业运营管理成本，提高效率效能，加快由外延扩张型向内涵集约型转变，更好地满足新的疫情防控形势下日益个性化、定制化、体验化的新型餐饮消费需求，做精做尖，稳步推进产业高质量发展。

综上所述，北京餐饮产业应立足当下，抓住机遇，深耕绿色化、国际化可持续发展，紧扣消费者体验需求，加速自身产业化转型，挖掘特色发展路径，积极引入数字化变革手段，加强精细化管理，延长生命周期，提升自身竞争力，为产业的高速、优质发展打下坚实基础，推动产业稳步增速、长足发展。

B.4
2021年广东餐饮产业发展报告

程　钢*

摘　要： 随着新冠肺炎疫情防控效果显现，在政府相关政策扶持和促进消费措施的实施下，广东餐饮业逐步回暖。2021年广东餐饮业营收总额为4761亿元，增速达15.4%，以全国餐饮1/10的市场份额稳居省级第一，餐饮经营主体注册量、存量保持高位向上，餐饮百强、老字号企业稳中求进。经历了疫情的"洗礼"，广东餐饮业积极探索发展产业链融合，产业转型逐步升级，供给质量进一步提升；数字化、智能化进程进一步加快，数字餐饮经济蓬勃发展。广东餐饮业面临崭新的时代机遇与挑战，在不确定性日益增强的市场环境中，应练好精益运营的内功，增强自身的反脆弱性，理智审慎地抉择和驾驭新技术、新设备和新模式。

关键词： 餐饮业　数字餐饮经济　餐饮产业链　广东

一　2021年广东餐饮业发展概况

（一）2021年广东餐饮业市场规模

1. 广东餐饮业止跌并大幅回升

2021年广东餐饮业营收总额为4761亿元，相比2020年增收636亿元，增速达15.4%，相比2019年（疫情前）增收453亿元，两年平均增速约5.14%（见图1）。

---

* 程钢，广州市人大代表，广东省餐饮服务行业协会秘书长。

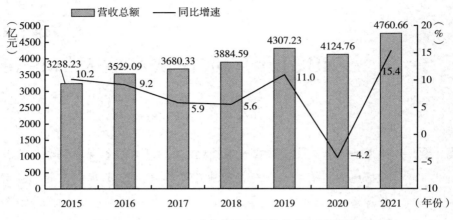

图 1   2015～2021 年广东餐饮业营收总额与同比增速

注：由于价格等因素的影响，部分年份增速与实际计算结果不一致，但为了保持数据的完整性，本报告对引用的广东省统计局数据不做处理。仅供参考，下同。

资料来源：广东省统计局。

2. 广东餐饮消费的韧性较强

2021 年，全国餐饮业营收总额 46895 亿元，增速达 18.6%，相比 2019 年（疫情前）增加 174 亿元，两年平均增速仅 0.2%。2021 年，广东餐饮占全国餐饮份额略有下降，但继续保持在 10% 以上（见图 2）。

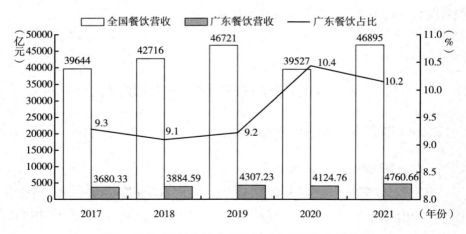

图 2   2017～2021 年广东餐饮对比全国餐饮发展趋势

资料来源：广东省统计局。

3.广东餐饮保持绝对首位优势

2019~2021年，广东餐饮营收持续占据全国省级排名首位，全国占比相较江苏、山东拉开较大差距。鉴于广东2020年增速下滑较小，2021年增速上涨幅度也相对较小。2021年广东餐饮营收净增加值为636亿元，相比山东699亿元、江苏737亿元的较高增加值（见表1），暴露出广东餐饮增长动力不足的问题。

表1   2019~2021年中国三大餐饮大省餐饮发展对比分析

单位：亿元，%

地区	2019年				2020年				2021年			
	营收	增速	全国占比	排名	营收	增速	全国占比	排名	营收	增速	全国占比	排名
全国	46721	9.4	—	—	39527	-15.4	—	—	46895	18.6	—	—
广东	4307	11	9.2	1	4125	-4.2	10.4	1	4761	15.4	10.2	1
山东	4128	9.7	8.8	2	3129	-6.2	7.9	3	3828	22.4	8.2	3
江苏	3727	8.7	8.0	3	3429	-8	8.7	2	4166	21.5	8.9	2

资料来源：国家统计局及各省统计局。

（二）广东餐饮业贡献显著

1.带动社会经济高速发展

2021年，广东社会消费品零售总额为44188亿元，较2020年的40208亿元，上升3980亿元，同比增速为9.9%，增速较2020年上升约16.3个百分点，餐饮营收占社会消费品零售总额份额比重攀升至10.8%（见表2）。

自2019年始，广东餐饮营收增速回复至领跑社会消费品零售总额增速的状态，2021年餐饮营收增长15.4%，更是大幅领先社会消费品零售总额增速9.9%，对社会消费回暖贡献突出。

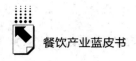

表2　2015~2021年广东餐饮营收与社会消费品零售总额比重

单位：亿元，%

年份	餐饮营收	社会消费品零售总额	餐饮占比
2016	3529	34739	10.2
2017	3680	38200	9.6
2018	3885	41561	9.3
2019	4307	42664	10.1
2020	4125	40208	10.3
2021	4761	44188	10.8

资料来源：广东省统计局。

（三）广东各地市餐饮企业存量与发展分析

1. 餐饮经营主体数量

2021年伊始，广东省在业存续的餐饮经营主体合计约96.48万家，2021年全年广东餐饮新注册经营主体21.8万家。至2021年底，广东省在业存续的餐饮经营主体115.15万家，净增主体数约为18.67万家。充分展现出，广东餐饮市场的繁荣状态。

2. 个体工商户占比逐年下降

广东餐饮业个体工商户占比呈现逐年下降趋势，至2021年底，广东在业存续个体工商户约105万家，占比降至91.2%，较2020年底下降2个百分点。

3. 餐饮经营主体关停情况

2021年全年广东新注册主体与2020年基本持平，约21.8万家，至年底已关停门店约31000家，当年关停率约14.2%。2020年广东省新注册的餐饮商家约22万家，至2021年底关停门店超7.2万家，1~2年关停率达32.7%。2019年广东省新注册餐饮商家26.5万家，至2021年底关停约9.6万家，2~3年关停率约36.2%。

4. 餐饮关停的主要原因

疫情防控常态化、疫情散点式暴发导致客流显著下降，商家坚守的信心不足，尤其体现在购物中心显著萎缩，空铺率大幅提升。疫情对大型带有宴会功能的餐饮冲击巨大，展会、公司年会、婚丧嫁娶规模缩小，甚至完全取消。受经济大环境影响，消费意愿和消费力持续降低，聚会型、家庭型消费疲软，快餐消费受到外卖等新型小微型餐饮低价降维冲击明显。

（四）2020年度广东餐饮百强分析

1. 2020年广东餐饮百强整体规模

根据《餐数》数据，2020年，广东餐饮百强企业整体营收规模下滑6%，缩减至746亿元，是自2016年以来首次下滑。同时，受疫情影响，年度营收下降企业比重显著提高，占63%。

2. 广东百强餐饮多业态、多品牌经营比例持续提升

2020年广东餐饮百强企业中，多业态经营的比例达到34%，拥有两个品牌的占18%，拥有3个及以上品牌的占36%。

3. 广东百强餐饮各业态占比轻微变化，火锅营收逆势上扬

2020年广东餐饮百强企业中，各业态占比相比2019年变化轻微，火锅业态营收增长4%，其他业态均有所减少。

4. 广东籍社会餐饮跨省发展指数较低，"走出去"战略势在必行

2020年广东餐饮百强企业中，广东籍社会餐饮跨省发展指数仅为53%，其中，茶饮烘焙业态占80%，正餐业态仅占32%。

（五）广东餐饮老字号创新发展的时代趋势

1. 老字号创新发展的障碍

广东餐饮老字号虽具有良好的知名度、美誉度，但品牌效应发挥有限，缺乏创新意识，对消费者喜好和消费观念变化研究不够。仅固守产品的传统特色，缺乏合理的品牌延伸，致使品种单一、产品陈旧。普遍存在以"老"自居、"酒香不怕巷子深"等保守思想，缺乏品牌价值提升能力、品牌传播的主观能动性与推广能力。老字号普遍具有浓烈的本地文化色彩，导致无法获得外地消费者的认同，需要淡化品牌的区域差异性，实现跨区域发展。

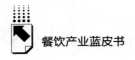

2. 老字号历久弥新方显"老"之价值

"老"是信誉、品牌、文化血脉，决定老字号企业成败的关键在于应对变局的态度与创新能力。今天的老字号必定是创立之时的"网红"，创立品牌时靠的正是比同行更好的产品质量、更新的产品设计、更广的销售渠道以及更优质的服务，传承中的创新才是老字号的"魂"。

3. 老字号创新建设的三大路径

兼容时代文化元素：与时俱进、兼容并蓄地吸收具有时代特征的积极文化元素。

年轻化创新工程：老字号在坚守品牌文化内涵的基础上，改变经营思想和经营方式，通过理念年轻化、体制年轻化、经营方式和服务方式年轻化等方式匹配年轻人的消费需求。

重构品牌商业模式：老字号在产品价格、渠道等方面不存在优势的情况下，必须重视品牌营销模式创变与商业模式重构，进而提升品牌资本价值。

4. 老字号创新思维

消费场景：通过传统文化挖掘与包装，打造令年轻人追捧、具备网红仪式感的消费场景。

老店新开：改变传统的门店经营方式与产品结构，亮相全新品牌 IP。如大白兔奶糖与餐饮集团合作阶段性开设"快闪店"，以大白兔经典元素创意开发出众多网红爆品，吸引了大批消费者排队探秘。

触网曝光：迎合年轻消费群体新兴的消费时间、消费方式，积极进行数字化升级，在各类平台渠道触网布局以提升品牌知名度与美誉度，保持老字号品牌曝光度，设计适合触发消费需求的营销活动。众多老字号企业上线团购、外卖，玩转微博、抖音、小红书等品牌号，争相运营品牌微信公众号，多渠道获取流量，建立私域流量池并利用小程序等信息化工具开展新零售、预售储值卡、自营外卖等新业务。

创意新作：满足年轻消费群体的味蕾探索欲，创意研发适合拍照转发的网红颜值产品。

跨界融合：为提升品牌忠诚度，顶着资深光环的老字号以如何唤醒家乡文化记忆与童年味道作为突破口，秉承传统工艺，优化并呈现加工环节展示，继续提升产品品质与口感，跨界融合不同领域的文化元素与创意思维，不断推陈出新。

二 广东餐饮业融合发展趋势

（一）广东餐饮业分工持续推进，产业生态日益繁荣

广东餐饮业的生态结构受疫情影响，酝酿着一场"产业革命"。品牌餐饮企业发展质量持续提升，连锁发展加快的品牌餐饮企业在市场优胜劣汰中，显现出企业品牌化发展、标准化发展、连锁化发展的品牌优势，以及经营管理优势和效率优势。由纵向餐饮服务商和横向协同产业构成的餐饮业生态日益繁荣。

一方面，随着餐饮业规模的持续扩大和数字化平台经济的快速发展，餐饮业吸引了越来越多的包括食材种养殖、调味料生产、食品加工、设备制造等在内的供应链服务商，人力资源、市场营销、菜品研发设计、食品安全等商务服务商，企业信息化服务、网络平台服务、数据服务等软件和信息服务商进入产业生态发展，产业内专业化分工水平日益提高，产业生产组织从家庭作坊式向现代化产业分工体系发展。

另一方面，随着餐饮业体验消费带来的引流作用越来越重要，零售业、旅游业、文化娱乐业等产业不断深化与餐饮业的融合，推动形成互补的产业协同效应。

（二）广东餐饮产业链结构完整

广东餐饮产业链的各个环节也伴随行业发展呈现规模化、共享化、智能化、标准化与产业一体化的产业经济特点，餐饮企业在快速扩张的发展中，眼光不局限于原先的消费者的偏好选择上，而是扩展到原材料的稳定供给、食品质量安全等后端管理以及与采购、物流、加工、仓储等环节结合在一起的信息化企业发展进程（见图3）。这些问题既是餐饮企业今后发展壮大不得不考虑的方面，也是餐饮产业链不断实现资源与信息整合的集中体现。

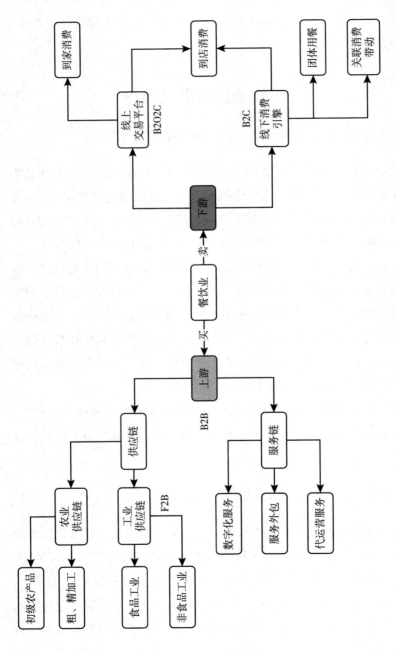

图3　餐饮产业链全景

资料来源：餐数。

　　品牌餐饮企业的快速扩张有利于区域第三产业的健康发展，同时彰显出对配套产业链体系化的依赖与专业化分工的强烈需求。餐饮产业供应链、服务链质量不但直接影响餐饮企业的发展效率、出品水平、成本优化与食品安全管控，也关联影响着终端消费者对餐饮企业的信任度、满意度与忠诚度。

　　餐饮产业供应链和服务链的控制单元与节点越来越多，供应链的匹配度、合作效率与稳定性是重要的制约因素，餐饮业亟须培育更加优秀的专业化、集成化、托管化产业链供应商、服务商。研究优化餐饮产业供应链结构，跨产业整合供应链资源，从根本上解决餐饮业发展的瓶颈问题，帮助餐饮企业甩掉臃肿的"包袱"，从而轻装上阵，将精力更好地集中在出品控制、门店拓展和品牌推广等关键控制点。

　　相对于广东省餐饮业的迅猛发展，广东餐饮产业链相对"多而散"，自然形成的供应链只能称为脆弱的生态系统，无法与餐饮业成长相匹配。另外，餐饮企业试图自建供应链系统，却又因体量受限而深感力不从心。这导致餐饮企业疲于应付后端供应链稳定度、安全性和成本管控等共性问题，严重影响到品牌的快速拓展。

　　餐饮已进入充分市场竞争时代，不再是"麻雀虽小，五脏俱全"的单一品牌实体所能兼顾的，竞争的格局已上升到了区域集约性、产业协同性的竞争，迫切需要政府牵头，以减少重复建设、流转环节与节约降耗为价值评价标准，以建立开放、便捷、透明的产业供应链平台为目标，广泛挖掘、培育当地优势供应链企业，筑巢引凤以吸引国内外具有互补优势的产业供应链优秀企业落地广东，将广东打造成为全国首个贯穿餐饮全链条的产业集群总部基地。

（三）广东餐饮产业链互联百业、优势资源得天独厚

　　餐饮业已成为微利行业，不仅有传统的租金、人工、食材、能耗等四座成本大山压制，各类团购、外卖、营销平台还在不断挤压餐饮业已微不足道的利润空间，成本利润问题挑战成为这个时代餐饮业无法彻底逾越的高山。餐饮业互联百业，产业包罗万象，餐饮食材供应链还可向上游延伸至食

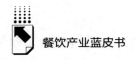

品制造业与农林牧副渔业，餐饮服务供应链涵盖了网络平台、信息技术、智能烹饪等各类新兴科技领域。

广东餐饮业相关的供应链产业资源异常丰富。蔬果、水产、调味品、酒店用品等各类关联专业市场琳琅满目，广东全省与餐饮投资建设相关的工业产品类别丰富多彩，如瓷砖、照明、陶瓷、家具与不锈钢制品等都具有极强的区域性、产地性优势，全国各地的餐饮企业常年慕名来广东批量采购。因此，政府有必要加快广东餐饮业集约化发展进程，通过推进产业资源整合、智能科技赋能、文化创意孵化、股权资本助力、供应链平台串联等产业扶持，推动广东由餐饮消费大省向餐饮供应链产业大省转变。

（四）数字餐饮经济蓬勃发展

当今，餐饮业数字化融合发展已成为大势所趋，对供需两侧都产生了重塑性影响，新型便利化、即时性的数字生活消费需求持续增长，预制菜、自热食品等井喷式增长，推动了餐饮服务向家庭化延伸，搭建全域流量矩阵、打造顾客增长闭环、社群营销等数字化技能已成为餐饮业必修课，线上线下"双主场"是未来餐饮业必争之地。另外，随着日益加剧的行业饱和性竞争，餐饮业迫切需要通过数字化升级提升自身核心竞争力，满足团购、外卖、预订、点赞、支付、评价等精准营销需求；实现收银、外卖接单、供应链、客户关系管理（CRM）等效率提升；达成选品、选址、培训、招聘的经验赋能；智慧餐厅迅猛发展，餐饮生产服务智能化加速，智能厨房、智能厨师、智能服务员等数字化及智能化生产、服务系统和设备的发展与应用，提高了生产标准化、自动化和智能化水平，加快了餐饮业生产、服务智能化进程。这些都是摆在广东餐饮业面前的一系列生存题。

中国餐饮业的数字化场景变革已全面开启，包括但不限于以食客为中心的前厅数字化变革、以厨房为中心的烹饪方式数字化变革、以食材为中心的供应链数字化变革、以数据为中心的运营模型数字化变革。然而，广东餐饮业在数字化方面还相对落后于北京、上海等地区，缺乏餐饮数字化消费平台和 SaaS 数字化服务企业。广东亟须探索并尽快为餐饮业数字化升级与应用提供政策支持，为餐饮企业赋能数字化精益运营管理技术方案。

令广东餐饮业振奋的是，《广州市数字经济促进条例》（以下简称《条例》）中第四十四条专门针对餐饮业系统性地提出了多项促进举措。《条例》明确相关政府应当推进餐饮业数字技术应用、食材溯源供应链数据共享、互联网平台创建、智能化系统与数控化烹饪设施建设等方面的具体工作；加强食品安全数字化监管并对学校食堂等重点场所推行在线监测；鼓励以数字化方式培训粤菜师傅、传播地域餐饮文化，提升广州餐饮业的影响力。

《条例》的实施将有利于推进广州相关政府与餐饮业相关企业统筹运用数字技术、数字思维、数字认知，打造全在线、全连接、全协同的数字化营商环境；有利于通过数字化和智能化的方式重塑餐饮组织关系和生产经营方式，全面提升广州餐饮业的综合竞争力；有利于构建强大的餐饮数字生态系统，打破数字壁垒，消除数字鸿沟，形成全餐饮业共享"数字资产红利"的良好局面。《条例》必将高效推动数字经济和餐饮实体经济深度融合，使"食在广州""食在广东"老金字招牌在数字经济时代焕发出新活力、新魅力、新内涵。

（五）广东餐饮业高质量发展的关键领域

1. 加快完成广东餐饮业经济结构研究课题

首先，研究广东餐饮业链的培育与发展方向，建立科学的餐饮产业链划分系统，根据产业企业分类框架，全面、系统盘点餐饮产业链现存多级结构与关联企业，设计相关数据库结构表单，多维度收集区域内相关企业的运行数据，建立关联产业、企业数据库。

其次，以数据库为基础，设计分类统计模型，评判发展趋势，识别筛选并制定重点培育具有当地优势的关联产业和企业的发展对策。

再次，找出广东当地缺失，但对餐饮业发展必不可少的产业链项目，制定相关引进目录与配套政策。

最后，为实现广东餐饮产业链高效和长期稳定的运作，打造互信、和谐的产业链生态平台，还需要重点研究信息、资金、关系、需求与能力等多方面协调与整合的扶持政策。

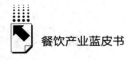

2. 打造规模至大、品类至全的全景式餐饮业博览会

在广东打造全景式餐饮业博览会，全方位链接餐饮业食材与技术等上游市场资源，扩展餐饮应用与新零售下游市场渠道。办好餐饮业博览会能够充分提升餐饮业对经济增长的贡献度，进一步推动产业融合、共享发展，持续降低餐饮企业采购成本；能够通过联合采购、农餐对接等形式多样的链接方式，全面肩负起促进"内循环"与乡村振兴的重要历史使命。

3. 借助"粤菜师傅"工程全面推进粤菜美食文化与产业经济发展

广东省"粤菜师傅"工程自开展以来，在拓宽城乡就业渠道、传承弘扬粤菜文化、带动粤菜产业发展等方面均获得较大成果。广东餐饮业可以高效借助"粤菜师傅"工程的历史性发展机遇，全面推进实施粤菜美食文化导引战略，深入挖掘、支持民间传统工艺美食企业化发展；建立粤菜创业创意园区，辅导、孵化、培育粤菜美食创业企业；大力鼓励、扶持粤菜龙头品牌企业规模化发展，积极推动与粤菜发展相关联的各类产业经济平台创新发展。

广东作为粤菜的大本营，可有效依托"粤菜师傅"工程历史性发展机遇，进一步发展并巩固粤菜的人才体系、产业体系、标准体系和文化体系建设，推动"舌尖产业"全链条式发展，实现资源的有效链接和整合，实现经济、社会、文化的联动发展。

4. 借助粤港澳大湾区美食文化融合发展的时代机遇发挥餐饮产业协同效益

随着国家粤港澳大湾区战略的提出与实施，为将粤港澳大湾区建设成为更具活力的经济区、更能宜居宜业宜游的优质生活圈，构建粤港澳大湾区餐饮服务业发展长效合作机制势在必行。可利用现有条件促进区域产业合作多元化发展，以市场为导向来推进粤港澳大湾区餐饮融合发展。粤港澳大湾区不仅是一个经济上的概念，更是一个文化上的概念。文化是经济崛起的必然产物，也是促进经济融合发展的必要引擎，应充分发挥文化引领功能，将提升广东美食文化软实力上升为区域发展战略决策，确立广东在粤港澳大湾区的美食消费中心定位，提升广东美食在粤港澳大湾区的文化影响力，充分发挥广东餐饮产业协同效益。

三 广东餐饮业发展趋势及路径思考

（一）广东餐饮业发展的时代机遇

1. 餐饮业肩负着促进"双循环"经济发展的重要使命

为应对国内外形势变化，国家明确提出要"加快构建以国内大循环为主体、国内国际双循环相互促进的新发展格局"。一方面，消费作为拉动经济增长的首位驱动因素，在内循环体系中扮演着重要角色。近年来，在疫情防控常态化背景下，民众消费信心下降，消费需求收缩。餐饮业作为拉动内需、促进消费的重要引擎，能通过美食体验"诱惑"消费者走出家门，从根本上提振线下关联商业消费，成为促进内循环的关键抓手。另一方面，餐饮文化在外循环体系中发挥作用。通过发掘发扬广州美食文化，将其作为"一带一路"的重要文化通行证，以"舌尖认同"促进"文化认同"，实现国际大循环经济融合发展。

随着国家粤港澳大湾区战略的提出与实施，粤港澳大湾区已成为中国经济活力最强的地区之一，区域竞争力优势突出，区域产业链、供应链、创新链紧密结合。而餐饮业在其中既能享受红利，又能发挥作用。

广州成为国家首批"国际消费中心城市"之一。广州提出深入实施"尚品""提质""强能""通达""美誉"五大工程，打造"广聚天下客、广卖天下货、广货卖天下"的国际消费高地。首先，可以利用现有条件促进区域产业合作多元化发展，实现区域餐饮产业链融合乃至"餐饮+"产业链延伸，推动广州餐饮业优化升级。另外，广州作为粤港澳大湾区发展的核心引擎，其"食在广州"的美食文化早已深入人心，可以通过文化引领和关联消费充分发挥产业协同效益，汇聚全球消费资源，引领国际消费新潮流，构建新型消费体系。

2. 餐饮业在"六稳六保"中发挥至关重要的作用

餐饮业是巩固脱贫攻坚成果和吸纳稳定社会就业的重要产业，也是满足

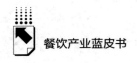

人民美好生活期待的幸福产业。其作为典型的劳动密集型服务行业,在吸纳城镇闲暇劳动力和转移农村劳动力中贡献显著。除了直接就业贡献外,餐饮业还带动围绕餐饮业发展的农业、食品加工业、餐饮设备制造业、餐饮信息服务业等产业的间接就业。面对疫情冲击,就业已经成为关系国计民生的首要内容。大力促进发展餐饮业,将在"稳就业""保民生"方面起到至关重要的作用。此外餐饮业基于长链条属性,在相当程度上维持了供应链的稳定,盘活了广州市场经济。

(二)疫情对广东餐饮业的影响与其发展困境

1. 餐饮企业受冲击巨大、恢复状况不容乐观

据广东省餐饮服务行业协会不完全调查,截至 2021 年底,广东餐饮盈利健康的门店不足 20%,40% 的门店盈利在平衡线上徘徊,40% 多的餐饮门店陷入亏损或严重亏损状态。

在疫情重压之下,即使具备充足现金流的餐饮企业也不堪重负。广东省餐饮服务行业协会在 2020 年疫情发生后的调研发现,2/3 的广东餐饮企业面临现金流瘫痪的困境。5% 的样本企业账上没有现金支撑运营;79% 的样本企业表示,依靠自有现金无法支撑过 3 个月;16% 的样本企业现金流储备丰厚,能支撑 6 个月以上。

2. 广东餐饮消费容量走低、消费信心不足

鉴于新冠肺炎疫情防控的常态化和各类黑天鹅事件的不确定性,广东餐饮消费会逐步缓慢回升,但增速将很难再呈现大幅拉升。另外,不排除个别地区会出现所谓"停摆",而"爆炸式、报复式"消费将鲜见。

餐饮消费具有一定的特点,受限于自身的消化能力,人们无法持续地、大幅度地扩大消费。特别是,现在人们越来越关注饮食健康。餐饮消费不同于服装、首饰与电子产品的消费,它的即时性、无法储存性,决定了它的爆炸式增长不容易实现。尤其是进入新时代,餐饮业的门槛在不断提高,靠爆品、炒作风口可能可以一时走红,却未必能走远。

3.疫情发生后的餐饮消费行为会发生显著变化

第一，房间消费需求将持续稳定增长，私房菜、私人会所等工匠类、私密类餐饮触底反弹。

第二，投资主体发生重大变化趋势。为抵御自营的风控，更多餐饮品牌已采取并长期实施特许经营、合作经营、品牌资产入股、管理输出等多样化投资形式，最大化降低风险。

第三，门店将更趋向以精准化模型展开投资，追求极致的回报周期。体现在精准的选址模型、制式装修配置模型、人力常规与兼职配置模型、设备配置模型、日常接待峰值测算模型等方面。

第四，智能化、一体化烹饪设备将随同大规模、微小型连锁门店广泛普及。

第五，常态化疫情防控措施会影响餐饮分餐模式变革和广泛应用。分派式，菜点上席后由服务人员现场派菜；自助式，菜点上席后由就餐者各自使用公用餐具取用；位上式，菜点在烹饪过程中按人数分装成单人份上席；套餐式，服务人员将分好的不同菜品组合供给就餐者。这些都会给就餐消费者和餐饮经营者带来一定的挑战，产生更多新型餐饮赛道。

第六，用餐体验向小而精方向发展。疫情发生后，消费者变得更加理性，更加注重就餐过程中的环境、口味、品质、特色、健康、安全、服务等综合体验，从吃饱、吃好向吃得更有特色转变。外卖行业已经出现从传统的餐品配送，转为向消费者提供舒适差异化用餐体验发展的趋势。未来中小商户发力外卖的主要方向是做特色品类让大家吃得更丰富、好吃不贵让大家吃得更实惠，注重食品安全让品质有保障，注意食材搭配让大家吃得更健康、更营养。随着"厉行节约，反对浪费"社会新风尚的形成，小份菜会越来越受欢迎。

4.成本结构压力持续扩大，微利已成常态

广东餐饮业的痛点从早年就已凸显，即"三高一低"——房租高、原材料成本高、人力成本高（三项成本在餐饮总成本中所占的比重超过60%）和利润低。近些年，在市场化竞争充分的餐饮业，企业数量大幅度攀升，密度持续增大，营销成本仍在大幅增加。

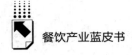

企业可以自主选择不做营销、不上平台，但别的企业都在做引流性营销投入，都在平台做促销、做外卖，加之分摊到的线下自然流量已比较微薄，如果不随大众、不跟"大势"，一味本着"酒香不怕巷子深"的情怀，流量获取的难度系数将迫使企业不得不"就范"。然而，很多企业就算投了流量广告，也会因缺乏专业团队制作具有吸引力的内容而打水漂；就算上了平台的团购和外卖，也会因"大手笔放血"，缺乏私域运营承接转化而最终变成亏本赚吆喝。

广大餐饮企业陷入了流量的"陷阱"，进退维艰，很多企业将营销和平台运营视为"赌博"，押中了可以成为网红，赚到品牌溢价，押不中就面临关门大吉的风险。因此，餐饮业现实的窘境是已然进入了"五高一低"的微利时代。

（三）广东餐饮业的融资需求与创新设计

原本现金流充足的餐饮业在疫情冲击之下普遍出现现金流断流问题的根本原因，主要是餐饮企业缺乏规范的现金流管理体系，没有未雨绸缪，缺乏固定资产以至于难以融资。很多连锁餐饮企业有"拆东墙补西墙"的陋习，为图快速拓店，超前将大批现金流投入新店筹建，没有留够合理的安全预备金。

餐饮业融资需求主要集中在连锁新店拓展和供应链金融配套上，很多企业已开始注意现金流的合理比重。另外，更多企业战略性地选择特许经营，以期最大限度地降低疫情等不确定性事件带来的风险。

1. 供应链金融

透明化供应链结算模式与成本结构，实现"供应链应付账款"流通化，设计"代付现结"的供应链金融结算模式。

扶持食材供应链服务新型平台，推动餐饮食材"动产融资"，开展"保兑仓"等动产融资服务，实现杠杆采购。

2. 无形资产信用贷款

（1）私域流量等数字资产证券化交易

建议政府、金融机构和餐饮企业联手推动餐饮数字资产的确权、变现、交易、融资等进程。

（2）餐饮品牌价值信用抵押融资

广东餐饮服务行业协会与广东商标协会正开展常态化的餐饮品牌价值评价工作，并以此为依托设计针对性融资产品。

3. 开店融资

餐饮连锁快速发展时期长期持续存在庞大的融资需求，主要体现在以下方面。

租赁按金融资：店铺租赁按金一般要占用 2~3 个月的租金成本，大幅度限制了餐饮门店现金流的流动性。

设备融资租赁：餐饮新开门店的设备投资占比越来越高，急需金融接入支持设备厂商开展融资租赁、日常数字化维保等服务。

装修代券融资：餐饮业普遍存在以消费券抵扣装修款的现象，建议金融机构与第三方消费券聚合平台共同设计金融产品替代。

薪酬代发融资：餐饮业员工薪酬代发是银行可以开展的日常多元化业务，并可联合保险机构共同开发薪酬信用融资。

（四）广东餐饮业新共享模式探索

1. 建立防疫与外卖等耗材联合采购平台

因疫情防控需要，各线下餐饮企业常态化消杀防护、外卖运营等已成为必须做好的功课，切实降低企业相关运营成本，可有效保证餐饮企业运营的稳定性、可靠性。

广东餐饮服务行业协会已开展餐饮企业各类耗材用品需求调查，准确掌握企业需求品种、数量、采购价格等数据，汇总统计后，将组织开展联合采购招标，并配置采购小程序、前置云仓、城市物流等必要配套服务，以最低价格、最快响应满足企业常态化需求，最大限度减轻企业负担。

2. 建立门店与员工动态健康数据汇总展示机制

筛选相关具备核酸检测、健康体检的医疗机构，常态化实施网格化、周期性、筛查性检测，为满足门店日常运营需求，以门店为单位开展一周一次

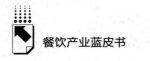

的核酸筛查，完整登记省内餐饮门店从业人员健康信息，全面掌控企业和员工健康安全数据，降低企业和员工检测费用。

3. 建设"餐饮+"消费体系

随着互联网经济的日益繁荣，线下实体商业受到不同程度的影响，而餐饮业始终作为必须到门店体验消费的"引流"行业，持续扮演着线下商业消费核心引擎的领衔角色。此外，餐饮业一日多餐的高频消费属性，在极大程度上高效推动了关联商业消费的快进升温。

应鼓励餐饮消费券多样化置换平台建设，减少餐饮企业现金流压力，全渠道关联相关消费流量，活跃异业互动消费。

2021年江苏餐饮产业发展报告

于学荣*

摘　要： 2021年，江苏餐饮业面对新冠肺炎疫情，沉着应对，加快餐饮行业结构调整、经营模式创新。全省餐饮业负重前行，以坚强决心、坚定意志，用智慧战胜困难，彰显了餐饮人忠于国家、服务人民的精神品格，展现出餐饮业的社会价值和产业价值。2021年江苏餐饮业认真贯彻落实中央和省委、省政府决策部署，坚持稳中求进总基调，实现2021年全省餐饮服务收入重回3000亿元，限额以上餐饮服务收入993.6亿元，增长21.5%。实现乡村休闲餐饮快速发展，区县餐饮恢复较快，餐饮供应链加快融合，推进餐饮标准化、集约化、特色化进程，实现"十四五"良好开局。

关键词： 餐饮业　数字餐饮　江苏

　　2021年，江苏餐饮业面对新冠肺炎疫情，沉着应对，加快餐饮结构调整、经营模式创新，发展动能转换，夯实安全生产基础，提升食品安全水平。全省餐饮业负重前行，以坚强决心、坚定意志，用智慧战胜困难，谱写了人民的餐饮、百姓的美食新食代，彰显了餐饮人忠于国家、服务人民、自信自强、守正创新的精神品格，展现出餐饮业的社会价值、产业价值、文化价值、艺术价值。

---

　　* 于学荣，江苏省餐饮行业协会会长。

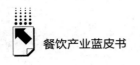

一　2021年江苏餐饮业运行情况

根据江苏省统计局数据，2021年全省第三产业增加值同比增长7.7%，两年平均增长5.6%，其中住宿和餐饮业增长11.9%。2021年，全省社会消费品零售总额达到42702.6亿元，同比增长15.1%，两年平均增长6.4%。分消费形态看，全年限额以上单位商品零售14956.7亿元，增长15.4%；限额以上餐饮服务收入993.6亿元，增长21.5%。以网络购物、"无接触配送"为代表的线上消费快速增长，全年限额以上商品网上零售额比上年增长26.9%。

2021年全省餐饮服务收入重回3000亿元大关。餐饮结构持续优化，大众化餐饮成主流，餐饮消费回归本源；限额以上餐饮企业持续发力，贡献全省近30%的餐饮服务收入。经营模式不断创新，堂食、外卖、餐饮新零售等满足消费者多元化消费需求。绿色餐饮引领健康消费，绿色采购、加工、服务倡导健康生活方式，引导文明餐饮建设。数字餐饮实现发展动能转换，智能运营、精益管理、在线服务提升用户体验度，支撑餐饮业提质增效。乡村休闲餐饮快速发展，乡土地标美食受欢迎，城乡居民收入差距进一步缩小，区县餐饮恢复较快。餐饮供应链加快融合，推进餐饮标准化、集约化、特色化进程。

2021年全省餐饮服务提供者50.1万户，从业者320万人，与2019年基本持平。全省餐饮消费市场中新兴餐饮形态、服务方式不断涌现，央厨产业化、食品加工业、预制菜、餐饮新零售市场快速发展；团餐消费中，高校团餐，中小学、幼儿园食堂团餐，工厂团餐，医疗团餐，社区老年餐饮，月子餐饮，机构养老餐饮，机关团餐等实际餐饮服务收入已超千亿元，但尚未全部纳入统计范围。新型餐饮服务模式带动关联产业增加值显著增加。

二　2021年江苏餐饮业十件大事

（一）厉行节约、反对浪费，引导文明餐饮建设

2021年4月29日，十三届全国人大常委会第二十八次会议审议表决通

过《中华人民共和国反食品浪费法》，自公布之日起施行。10 月 31 日，中共中央办公厅、国务院办公厅印发《粮食节约行动方案》。11 月 30 日，国家发展改革委办公厅、商务部办公厅、市场监管总局办公厅、粮食和储备局办公室印发《反食品浪费工作方案》。江苏餐饮业坚决贯彻落实，江苏省餐饮行业协会配合政府监管，发布行业倡议，加强行业自律，开展"光盘行动""厉行节约、反对浪费"活动，深入开展"文明餐桌"行动，加强行业教育，形成文明习惯，积极培育"文明餐桌示范店"。

（二）江苏餐饮人众志成城、抗疫情勇担责

疫情防控常态化形势下，全省餐饮企业和从业者严格落实疫情防控要求，坚决服从指挥，在南京、扬州、常州出现疫情时，沉着应对，克服困难，积极参与疫情防控，保障群众餐食需求。

（三）江苏餐饮业安全生产巡讲

为全面贯彻习近平总书记关于安全生产重要论述，在省商务厅、应急管理厅、住建厅等政府部门指导下，从 5 月开始，江苏省餐饮行业协会历时半年多分别赴南京溧水、江宁、高淳、秦淮、鼓楼、浦口、栖霞、雨花台，无锡、常州、扬州、镇江、扬中、句容、江都、海安、如皋等地，联合当地商务局、餐饮行业协会共开展了 16 场专题巡讲活动，2380 多家餐饮企业的负责人现场听课，50 多万人次通过线上直播参与。巡讲活动开展树牢"人民至上、生命至上"安全生产理念，压实安全生产责任，筑牢保障餐饮业高质量发展的安全基石。

（四）不购不烹不售不食长江流域非法捕捞渔获物

全省餐饮业贯彻落实长江"十年禁渔"重要精神，不购不烹不售不食长江流域捕捞渔获物。全行业积极配合政府加强监管，省暨各地餐饮行业组织发布行业倡议，要求餐饮服务单位切实履行主体责任，严格落实索票索证和进货查验制度；不采购、不烹制、不销售无法提供合法来源凭证的水产

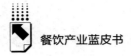

品；在店名、店招、菜单、宣传中不使用"长江野生鱼""野生江鲜"等字样，引领行业遵纪守法经营。

（五）淮安成功申创"世界美食之都"

11月8日，联合国教科文组织官网宣布，49个城市在联合国教科文组织总工事奥黛丽·阿祖莱（Audrey Azoulay）任命后加入了联合国教科文组织创意城市网络。继四川成都、广东顺德、江苏扬州、澳门获得"世界美食之都"称号后，淮安也成功申创"世界美食之都"，成为中国第5个跻身"世界美食之都"之列的城市。多年来，江苏省餐饮行业协会积极支持淮安打造中国（淮安）国际食品博览会，举办中国淮扬菜大师赛、盱眙国际龙虾节、洪泽湖国际大闸蟹节、金湖荷花美食节等节庆品牌活动；深化国际交流，召开淮扬菜国际论坛，举办"亲情中华·魅力江苏"经典淮扬菜海外推广研习班；聚焦产业融合，打造一菜一产业，树立淮扬菜名店名菜名厨形象；加快人才培养，与江苏食品药品职业技术学院共建淮扬菜烹饪学院。淮安获得"世界美食之都"称号后，淮安市人民政府特致信江苏省餐饮行业协会表示感谢。

（六）2021第十一届中国·江苏国际餐饮博览会

10月15~17日，2021第十一届中国·江苏国际餐饮博览会在南京国际展览中心成功举办。本届餐博会以"绿色餐饮、消费促进"为主题，以主题展览、行业峰会、技能竞赛、消费促进、美食展演、产业对接为主线，由线下现场展会、线上平台联动组成。线下展会集展、赛、会、演于一体，展览面积21000平方米，380多家餐饮供应链企业、176家特色餐饮企业参展，688名烹饪高手参加2021江苏省餐饮行业职业技能竞赛总决赛，294家品牌餐饮、星级酒店现场展演各地风味美食，现场展会接待专业观众15000余人次，全国57个城市及区县餐饮行业协会组团观摩，参展商与餐饮服务单位等采购商现场签订意向性协议交易额6亿元，线上签订合同协议交易额突破20亿元。线上餐博会，通过餐博会服务平台，加强线上互动、推介、体验、集采，打造展会经济、平台共享、数字餐饮"3+365"天天餐博会服务新模式，构建餐饮产业链协同、供应链融合、服务链延展、价值链提升、绿色化发展新格局。

（七）第十八届中国·江苏餐饮产业发展大会

12月29日，第十八届中国·江苏餐饮产业发展大会成功召开，大会以行业发布、消费促进、绿色发展为主题，诠释餐饮价值、餐饮精神内涵，以年味江苏、疫情防控、安全生产为重点，引领行业数字餐饮、绿色发展方向。大会认为，餐饮业展现了社会价值、文化价值、艺术价值、产业价值，实现了人民对美好生活的追求和向往，忠于国家、服务为民，自信自强、守正创新。

（八）江苏省数字餐饮产业研究院成立

江苏省数字餐饮产业研究院由江苏省餐饮行业协会、中国科学院苏州地理信息与技术研究院共同发起成立。省餐饮行业协会会长于学荣兼任研究院院长，中国科学院苏州地理信息与技术研究院执行院长从卫兵兼任研究院执行院长。2021中国江苏数字餐饮产业发展大会期间聘请首批院务委员（20位）。发布数字餐饮安全厨房线上评审平台。商有、天财商龙、微盟等分享餐饮数字化解决方案。

（九）"江苏味道"促消费系列主题活动

为贯彻落实省委、省政府关于促消费系列活动的文件精神，按照江苏省商务厅《关于开展"江苏味道"促消费系列活动的通知》，江苏省餐饮行业协会以"满足百姓需求，提振消费信心，打造餐饮品牌，提升服务质量"为主题，自2021年1月28日启动以来，全年共举办12场"江苏味道"促消费主题活动，分别为"江苏味道"年菜到家促消费、特色小吃促消费、名企名店促消费、团餐快餐促消费、老字号餐饮促消费、龙虾美食促消费、羊肉美食促消费、放心餐厅促消费、地标美食促消费、火锅美食促消费、绿色餐饮促消费等，做到月月有活动、季季有特色、处处有热点、人人享优

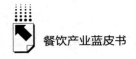

惠。通过政行企银联动、线上线下互动、省市区县贯通、产业全链协同等方式举办，服务民众消费新需求。全年共有 4700 多家餐饮服务单位参加各类促消费活动。"江苏味道"促消费主题活动，还积极融入南京市秦淮区、玄武区，镇江、宿迁等地促消费活动中。

（十）2021 中国江苏乡土人才技艺技能大赛总决赛

12 月 28 日，2021 中国江苏乡土人才技艺技能大赛总决赛在江苏省扬州市举办。大赛由江苏省委人才办、省人社厅会同省农业农村厅、省总工会、团省委、省妇联、省乡村振兴局、扬州市人民政府共同主办，扬州市委人才办、市人社局等部门承办，共设陶刻、玉雕、水晶雕刻、红木雕刻、刺绣、剪（刻）纸、盆景制作、修脚、茶艺、烹饪多个竞赛项目。烹饪项目总决赛由省餐饮行业协会承办、江苏扬州旅游商贸学校协办。大赛分为地方名菜、地方名点两个项目，各地在初赛基础上选拔 64 名地方名菜选手、34 名地方名点选手进入总决赛，选手在规定时间内制作具有地方特色的菜点。地方名菜、地方名点分别设立一等奖 1 名、二等奖 3 名、三等奖 6 名，获得决赛一等奖的选手，由省人社厅授予"江苏省乡土人才技艺技能大师"荣誉称号，直接参评"江苏工匠"，符合条件的选手及其团队优先建立"江苏省乡土人才大师工作室"。其中在职职工选手经综合考察评定合格后，按照规定流程申报"江苏省五一劳动奖章"。

三 2022 年江苏省餐饮业发展趋势

2022 年，江苏餐饮业发展以习近平新时代中国特色社会主义思想为指导，坚持稳中求进、提质增效总目标，坚持数字餐饮、绿色发展新方向，坚持扩大内需、消费促进总要求，坚持安全生产、质量安全不放松，推进餐饮业高质量发展，为"强富美高"新江苏现代化建设贡献力量。

（一）消费升级，满足人民对美好生活的向往

国家"十四五"规划纲要指出，增强消费对经济发展的基础性作用，

顺应消费升级趋势，提升传统消费，培育新兴消费，适当增加公共消费。国家在构建"双循环"新发展格局中，把扩大消费作为战略基点，省委、省政府出台一系列促进消费、支持餐饮业发展的政策措施，坚定了餐饮业发展信心。餐饮市场容量大、业态广、主体多，2021年全省餐饮服务收入同比增长11.9%，重回3000亿元大关。疫情防控常态化下，民众消费观念发生改变，从吃饱、吃好到吃对、吃得健康、吃出特色，消费升级是大势所趋。

（二）数字赋能，引领餐饮业绿色发展

建立健全适应餐饮高质量发展要求的动力机制，推动要素驱动向创新驱动转变，强化数字赋能，引领餐饮业绿色发展。以数据为基础，数字技术为依托，线上线下运营能力为关键，打破餐饮经营边界，实现数据价值化、数字产业化、产业数字化、数字化治理。数字餐饮蕴含发展新动能，要加快江苏省数字餐饮产业研究院建设，依据《绿色餐饮评价通则》标准，加快培育绿色餐饮主体，促进餐饮企业绿色采购、加工、烹饪、服务，引导行业厉行节约、反对浪费，开展"文明餐桌""光盘行动"，倡导健康生活新方式。

（三）市场细分，增量市场发展潜力大

餐饮消费是居民生活的刚性需求，自2020年新冠肺炎疫情发生以来，餐饮业加速创新服务模式，以外卖、餐饮新零售、线上直播等新兴服务方式满足不断变化的消费者需求。餐饮企业在做好堂食市场存量的同时，应更加关注乡村餐饮市场、外卖餐饮市场、早餐市场、预制菜市场、社区餐饮、养生食疗及运动功能性餐饮、特殊人群餐饮，如老年餐饮、月子餐饮、医疗餐饮、婴幼儿餐饮以及餐饮新零售模式。

（四）强链融通，提升餐饮竞争力

围绕餐饮产业链和地标美食，以"链长制"为基础，发挥产业链"链主"企业和平台作用，构建餐饮产业链协同、供应链融合、服务链延展、价值链提升发展新格局，促进餐饮链系统上中下游融通，提升全产业链竞

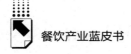

争力。强化标准化建设，制定完善、宣贯实施各类标准，引导集约化加工、集成式平台服务，培育"专精特新"餐饮企业，促进餐饮企业与产业链单位深入开展产品研发、销售，建立研发基地、研发中心、体验中心，支持餐饮企业向产业价值链两端攀升，实现从"小集成"向"大集成"转变。强化空间资源精准和有效配置，推动区域协调发展，建立区域消费联动机制。

（五）经营模式迭代，消费场景多元化

餐饮功能性消费走向品牌式消费、体验式消费，从餐食需求、情感链接走向心理性价值消费、分享消费。消费者更加关注参与度、获得感、仪式感、成就感，形式融合、互动、分享。以到店消费堂食为主的经营模式，将加深与消费者的深度链接，门店将成为复合场。到家消费，更加注重用户价值、线上体验，把握复购提升是关键。全时段消费的兴起，打破三餐服务模式，从早、午、晚市向 24 小时服务场景延伸。

（六）餐饮品牌加速升级，市场下沉

餐饮品牌与消费者建立深度互动，消费者既是餐饮品牌的共创者，又是自媒体，还是新渠道。头部品牌、连锁企业加速数字化运营能力拓展，加速市场下沉，面向社区餐饮。多品牌、全品类新赛道，打破经营边界。中式正餐，拓展包间与文化餐厅场景消费；星级酒店加强与社会品牌的结合；火锅企业，养生锅和单品化、综合类商品将受到欢迎；轻食休闲，增强场景布局，向特色化方向发展，呈现由"快"变"慢"的消费特点；微醺、果酒新品种逐步兴起；小吃连锁化，女性群体成为餐饮主力客群。

（七）味蕾新体验，美味是基础

以味为核心、以养为目的是中餐的根本。酸辣、鲜辣、香麻、椒麻、鱼香、酸甜、蒜茸等复合味型，浓味悠长，消费接受程度高；鲜味、原汁原

味、清淡本味，健康美味，各类甜味小吃、甜品、西点深受 Z 世代消费者欢迎；辣味带动大众化消费，酸味富有变化更有回味、更开胃。

（八）地标美食，健康消费新势力

地标美食是乡味乡情乡愁的体现，是最具烟火气、最自然、最真实的本土生活方式的还原，是民俗情、国潮风最好的诠释与表达。乡土地标菜、地标面食小吃、老字号非遗美食是餐饮文化之根，成为消费新主张。养生突破年龄段，不再是老年人的需要，"银发经济"老年餐饮提出饮食营养新需求，食疗餐饮从"良药苦口"变"良药可口"，冻干食品成行业新风口。

（九）绿色消费，助力实现碳达峰碳中和目标

加快形成简约适度、文明健康、绿色低碳的社会风尚，在餐饮业大力推广环保生活方式，既是传承中华民族勤俭节约的优秀传统，也是社会主义核心价值观的重要体现，更是适应消费体验升级，引领餐饮业高质量发展，推动餐饮业创新改革的重要手段。绿色生活方式将推动餐饮服务方式转变。企业是碳排放的主体，培育绿色消费文化、建立餐饮绿色供应链体系，在绿色设计与装修、绿色采购与烹饪、线上线下绿色服务、绿色包装与配送、餐厨废弃物回收、绿色办公、绿色宣传等方面建设标准化体系，培育绿色餐饮主体，引导全民广泛参与，自觉节水节电，杜绝食物浪费。

（十）品牌活动，助推消费促进

办好 2022 第十二届中国·江苏国际餐饮博览会、第五届中国（淮安）国际食品博览会、第四届大运河文化旅游博览会美食板块，创办江苏伏羊美食文化博览会、中国（泰州）早茶产业博览会。召开第十九届中国·江苏餐饮产业发展大会、2022 金茉莉美食盛典、2022 长三角一体化餐饮产业发展大会暨第十三届中国淮扬菜集聚区年会。

B.6
2021年陕西餐饮产业发展报告

王喜庆　韩　洁　张　艳*

摘　要： 本报告通过陕西餐饮业发展的基础数据，分析了新冠肺炎疫情防
控常态化背景下陕西餐饮市场的生存状态和发展走向。通过对餐
饮运行数据的横向和纵向对比，研究了陕西餐饮业市场的空间构
成和业态布局，从产品开发、餐饮环境、运营模式、品牌传播等
方面对陕西餐饮创新实践进行了评析，研判陕西省餐饮业仍需企
业开源自救，政府层面帮扶政策向餐饮业倾斜，未来"宅"餐
饮需求将继续驱动外卖业务，在疫情防控常态化背景下，规范化
和安全性成为餐饮企业的刚性约束，场景组合模式成为餐饮业发
展的新思路，餐饮企业数智化转型进程将进一步加速。

关键词： 餐饮产业　绿色餐饮　陕西省

一　陕西餐饮业发展概况

在连续 3 年的新冠肺炎疫情冲击的背景下，陕西餐饮业艰难却努力前
行。2021 年是实施"十四五"规划的开局之年，也是餐饮业创新思变、迎
接挑战的关键一年。

---

* 王喜庆，研究员，享受国务院政府特殊津贴专家，中国烹饪协会特邀副会长，中国国际食
学研究所所长；韩洁，西安欧亚学院讲师，中国国际食学研究所研究员，主要研究方向为
旅游及餐饮企业管理；张艳，西安欧亚学院副教授，中国国际食学研究所研究员，主要研
究方向为应用经济学。

2021年陕西省地区生产总值29800.98亿元，比上年增长6.5%，低于全国1.6个百分点。其中，第三产业增加值13589.07亿元，比上年增长7.3%，低于全国0.9个百分点。

2021年新冠肺炎疫情在全球蔓延，消费市场受到重创。从社会消费品零售总额来看，全国社会消费品零售总额440823亿元，比上年增长12.5%。陕西省社会消费品零售总额10250.50亿元，比上年增长6.7%，增长幅度低于全国5.8个百分点。从餐饮收入来看，2021年全国餐饮收入46895亿元，增长18.6%。其中，陕西省餐饮收入1148.76亿元，增长17.4%，增长幅度低于全国1.2个百分点。从2021年陕西省社会消费品零售总额和餐饮收入增长幅度对比来看，餐饮收入增幅高于社会消费品零售总额增幅10.7个百分点。

如图1所示，从2012~2021年陕西省餐饮收入看，除了2020年受疫情影响餐饮收入下降11.9%外，其他年份均稳步增长，尤其是2021年在疫情防控常态化背景下，陕西餐饮市场稳定复苏。从陕西省餐饮收入增长率来看，2015~2019年均保持了两位数的增长率，2020年受疫情影响出现了较大幅度的负增长，2021年实现了近十年来的最高增长率，即17.4%。

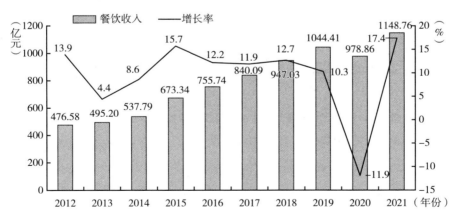

图1　2012~2021年陕西省餐饮收入及增长率

注：由于价格等因素的影响，部分年份增速与实际计算结果不一致，但为了保持数据的完整性，本报告对引用的陕西省统计局数据不做处理。仅供参考，下同。

资料来源：根据陕西省统计局数据整理。

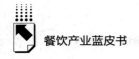

（一）陕西省住宿和餐饮业增加值指数出现有统计历史以来的最低值

如图 2 所示，1992~2020 年，陕西省住宿和餐饮业基本整体呈现稳定增长趋势。从陕西省住宿和餐饮业增加值来看，2019 年住宿和餐饮业增加值为 426.55 亿元，2020 年陕西省住宿和餐饮业增加值为 376.25 亿元，较上一年下降了 50.3 亿元。2020 年陕西省住宿和餐饮业增加值占陕西省各行业增加值总计的 1.4%，比 2019 年下降了 14.2 个百分点。从陕西省住宿和餐饮业增加值指数来看，2020 年为 85.8，是截至 2020 年，陕西省住宿和餐饮业增加值指数有统计历史以来的最低值。陕西省住宿和餐饮业受新冠肺炎疫情影响非常严重。

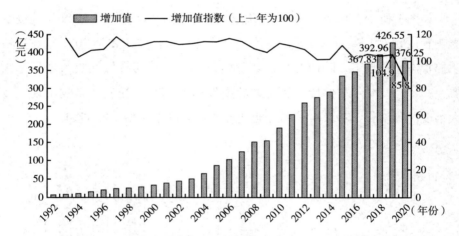

图 2　1992~2020 年陕西省住宿和餐饮业增加值及增加值指数变化

资料来源：根据陕西省统计局数据整理。

（二）陕西省住宿和餐饮业就业情况分析

（1）陕西省住宿和餐饮业就业人员主要属城镇个体性质

2020 年陕西省住宿和餐饮业就业人员人数为 144.3 万人，占陕西省第三产业就业人员的 14.01%。从企业性质来看，国有企业就业人员约 0.7 万人，城镇集体单位就业人员约 0.1 万人，其他单位就业人员 7.9 万人，私营企业就业人员 10 万人，城镇个体就业人员 125.6 万人。城镇个体就业人员占陕西省住宿和餐饮业就业人员的 87.04%。

（2）陕西省住宿和餐饮业就业人员平均工资较低

从陕西省 2020 年城镇非私营单位（国有单位、城镇集体单位和其他单位）在岗职工（含劳务派遣）分行业平均工资来看，各行业平均工资为 87054 元，住宿和餐饮业的平均工资为 42213 元，不足各行业平均工资的一半。从陕西省 2020 年城镇私营单位分行业就业人员平均工资来看，各行业平均工资为 47724 元，住宿和餐饮业的平均工资为 35599 元，低于各行业平均工资 12125 元。

（三）疫情防控常态化背景下餐饮市场稳定复苏

2021 年陕西省餐饮收入增长幅度略低于全国餐饮收入的增长幅度，但是陕西省餐饮收入增幅显著高于社会消费品零售总额增长幅度，在一定程度上说明疫情防控常态化背景下餐饮市场稳定复苏。随着疫情防控形势不断好转以及中央和地方多项政策措施持续显效，陕西省餐饮业响应国家号召积极复工复产复市，市场活力逐渐恢复，消费潜力持续释放，餐饮市场稳步复苏、持续回升。

二　陕西餐饮业环境分析

（一）从政府政策来看，食品卫生安全是重中之重

《中共中央关于制定国民经济和社会发展第十四个五年规划和二〇三五年远景目标的建议》中明确指出，全面推进健康中国建设。党的十九大报告明确提出实施食品安全战略，让人民吃得放心。这是党中央着眼党和国家事业全局，对食品安全工作做出的重大部署。2020 年初发生的新冠肺炎疫情，对我国食品安全体系提出了更高的要求。

陕西省全面落实《中共中央国务院关于深化改革加强食品安全工作的

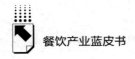

意见》和《地方党政领导干部食品安全责任制规定》，研究出台《中共陕西省委 陕西省人民政府关于深化改革加强食品安全工作的若干措施》，综合运用评议考核、督查督办、履职检查三项机制，全力推动食品安全工作有效落实，食品全链条质量安全保障水平大幅提升。

随着餐饮市场的扩大，与公共餐饮业相关的食品安全和质量问题越来越受到社会的关注。随着互联网外卖平台的兴起，2017年我国颁布了《网络餐饮服务食品安全监督管理办法》。该办法规定，餐饮服务提供者在网络渠道销售的产品必须与门店一致，明确第三方平台和进驻平台的餐饮商户的责任和义务，规范平台外卖人员日常操作行为并提出相关培训管理建议，国家食品监督管理总局负责平台食品安全监管，保障公众身体健康、加强餐饮食品安全建设、规范网络渠道餐饮服务运营。

食品安全形势持续稳中向好。2019年12月，新版《中华人民共和国食品安全法实施条例》开始施行，增加了对食品安全违法行为"处罚到人"、建设职业化食品检查队伍、坚持社会共治、强化内部举报人制度等内容，进一步提升了餐饮业食品安全监管的可依据性。

（二）连续三年的疫情加大了餐饮企业的经营成本

新冠肺炎疫情连续三年的影响给各行各业带来了巨大损失，尤其是餐饮业遭受了沉重打击。餐饮企业无法正常经营，但仍需按时支付房租、员工基本工资、社保费用、贷款本息、日常防疫等刚性费用，严重亏损。甚至有一批餐饮企业将无力生存，面临破产。

疫情发生以来，租金和肉价等成本持续上涨，摊薄餐饮企业利润。餐饮企业面临严峻挑战，需要承担不断上涨的原材料、人工、房租等费用开支，主要成本费用增长。疫情严重时期关闭歇业的门店，也会负担员工的食宿等费用。同时，疫情发生后餐饮企业增加了多项防疫费用支出，为稳定员工队伍和疫情防控付出了更高的成本。企业纷纷采购大量防护物资，保障自身所需的口罩、测温设备、消毒用品等物资的供应，既是为保护企业员工，也是为消费者提供安心的餐饮服务，加大了餐饮企业的经营成本。

本报告旨在全面掌握疫情对陕西省餐饮业的影响，总结分析餐饮业面临的问题和存在的困难，研判行业运行形势，为政府支持餐饮业发展提供决策依据。

（三）多项餐饮业减负、扶持政策持续出台

当前的国家政治环境趋向有利于餐饮业的发展，为大众化餐饮发展创造了相对稳定的外部环境。2015年，商务部在多地开展中小餐饮企业转型试点工作。同年11月，国务院印发《关于加快发展生活性服务业促进消费结构升级的指导意见》，提出加大对餐饮企业的支持力度。

2020年3月，国家市场监督管理总局发布的《食品生产许可管理办法》正式实施，该办法强调优化各类办理流程、提高效率，增加网上办理合规文件的种类，扩大经营主体的选择范围，节省时间和成本。

2020年4月，陕西省市场监管局等部门联合制定《陕西省应对疫情影响加大对个体工商户扶持力度的若干措施》，降低个体工商户经营成本，全力推动其复工复产。

（四）大众化餐饮受到扶持，绿色餐饮成为发展新方向

随着"八项规定""六项禁令"的相继出台，高端餐饮市场份额大幅下降，高端餐饮经营者正积极向大众化餐饮转型升级。2014年，商务部印发《关于加快发展大众化餐饮的指导意见》。2017年，党的十九大强调了推进绿色餐饮发展的重要性，倡导为人民群众提供"放心、健康"的餐饮服务，建立绿色环保节能的餐饮发展模式。2018年《关于推动绿色餐饮发展的若干意见》中提到，要构建绿色餐饮标准化体系，培育绿色餐饮经营主体，弘扬绿色餐饮发展理念，强调要注重多部门联动，引入相应支持，出台相应政策，充分发挥地方行业协会的作用。

（五）互联网技术给餐饮业带来新的机遇

互联网技术的不断进步为餐饮企业打造了外卖、新零售等消费场景，拓

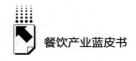

展了盈利模式，提供了大众点评、美团、饿了么等流量曝光平台，拓展了营销渠道。在互联网技术的加持下，24 小时送餐模式帮助餐饮企业打破时空壁垒，成为餐饮企业常态化的盈利模式。美团、大众点评、饿了么等平台的快速发展，加速了餐饮业的信息化进程。

此外，现代服务技术有助于实现门店运营流程的数字化，使采购、仓储、配送等供应链管理流程更加高效，有助于实现用户信息的数据化。餐饮商户也能更精准地洞察消费者的偏好，进而展开更精准的营销行为。

三 陕西餐饮市场空间构成分析

（一）陕西省餐饮业在空间上发展不均衡

如表 1 所示，近年来，从陕西省部分年份的地区生产总值地区结构来看，关中地区占全省地区生产总值的六成以上，陕南和陕北地区占全省地区生产总值的四成以下，与陕西当地经济发展水平正相关。从纵向数据来看，关中地区占比较为稳定，陕南地区占比总体略有增长，陕北地区占比总体下降较为明显。整体区域空间发展不平衡的形势没有本质上的改变，地域间发展差距仍然较大。

表 1 近年来陕西省部分年份的地区生产总值地区结构

单位：%

区域	2010 年	2015 年	2019 年	2020 年
关中	62.5	65.1	63.3	65.0
陕南	11.2	13.6	14.0	13.2
陕北	26.3	21.3	22.7	21.9

资料来源：根据陕西省统计局数据整理。

如表 2 所示，2020 年陕西省关中地区餐饮收入为 7107155 万元，占全省餐饮收入的 72.6%；陕南地区餐饮收入为 1575109 万元，占全省餐饮收入的 16.1%；陕北地区餐饮收入为 1106359 万元，占全省餐饮收入的 11.3%。

表2　2020 年陕西省区域餐饮收入及占比

单位：万元，%

区域	市（区）	餐饮收入	区域餐饮收入	占比
全省	全省	9788623	9788623	100.0
关中	西安市	3527655	7107155	72.6
	铜川市	294872		
	宝鸡市	911257		
	咸阳市	1585079		
	渭南市	717271		
	#韩城市	76514		
	杨凌示范区	71021		
陕南	汉中市	692268	1575109	16.1
	安康市	691841		
	商洛市	191000		
陕北	延安市	367338	1106359	11.3
	榆林市	739021		

资料来源：根据陕西省统计局数据整理。

　　从餐饮收入区域分布状况来看，陕西省餐饮业在空间上发展不均衡。2020 年西安市餐饮收入为 3527655 万元，占全省的 36.0%，超过了全省餐饮收入的 1/3，是陕西餐饮收入的龙头地区；咸阳市、宝鸡市、渭南市依旧是陕西省餐饮收入的核心区域。

　　如图 3 所示，总体来看，2020 年陕西省绝大多数市（区）餐饮业收入呈现同比下降趋势。在陕西省各区域中，韩城市 2019 年餐饮业收入为61390 万元，2020 年餐饮业收入为 76514 万元，是在疫情背景下陕西省唯一出现明显增长的区域。在陕西省各区域中，只有韩城市 2020 年餐饮收入较2019 年有所增长，其他市（区）均呈现负增长。

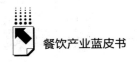
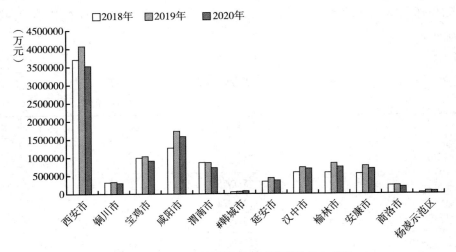

图3　2018~2020年陕西省各区域餐饮收入统计

资料来源：根据陕西省统计局数据整理。

（二）陕西省限额以上餐饮业法人企业数、从业人员数区域分布状况

2020年陕西省限额以上餐饮业法人企业数仅为1419个，陕西省共有餐饮业法人企业8966个，占比为15.8%。陕西省限额以下餐饮业法人企业数占84.2%。如表3所示，2020年，陕西省限额以上批发和零售业、住宿和餐饮业法人企业数9668个，其中餐饮业1419个，占限额以上法人企业数的14.7%。在陕西省限额以上餐饮业法人企业中，关中地区858个，占比为60.5%；陕南地区435个，占比为30.7%；陕北地区126个，占比为8.9%。

如表4所示，2020年，陕西省限额以上批发和零售业、住宿和餐饮业从业人员数455045人，其中餐饮业75223人，占比为16.5%。在陕西省限额以上餐饮业从业人员中，关中地区58970人，占比为78.4%；陕南地区10526人，占比为14.0%；陕北地区5727人，占比为7.6%。

表3　2020年陕西省限额以上批发和零售业、住宿和餐饮业法人企业数

单位：个

区域	市（区）	法人企业数	批发业	零售业	住宿业	餐饮业
全省	全省	9668	82367	4694	1188	1419
关中	西安市	2916	1211	909	441	355
	铜川市	245	81	107	30	27
	宝鸡市	1083	191	609	121	162
	咸阳市	805	71	520	39	175
	渭南市	843	118	521	77	127
	#韩城市	87	7	56	11	13
	杨凌示范区	97	22	52	11	12
陕南	汉中市	925	144	491	118	172
	安康市	1063	129	602	113	219
	商洛市	291	37	171	39	44
陕北	延安市	684	173	319	115	77
	榆林市	716	190	393	84	49

资料来源：根据陕西省统计局数据整理。

表4　2020年陕西省限额以上批发和零售业、住宿和餐饮业从业人员数

单位：人

区域	市（区）	从业人员数	批发业	零售业	住宿业	餐饮业
全省	全省	455045	96610	214238	68974	75223
关中	西安市	233214	54794	104032	33029	41359
	铜川市	7442	1716	3337	1483	906
	宝鸡市	38423	6402	20310	5569	6142
	咸阳市	27054	3364	15642	1787	6261
	渭南市	27434	4380	15428	3656	3970
	#韩城市	3700	510	2043	887	260
	杨凌示范区	2316	547	1009	428	332

续表

区域	市(区)	从业人员数	批发业	零售业	住宿业	餐饮业
陕南	汉中市	29648	5377	14934	5834	3503
	安康市	28512	4163	14822	3807	5720
	商洛市	10191	2232	4411	2245	1303
陕北	延安市	20868	5238	8446	4751	2433
	榆林市	29943	8397	11867	6385	3294

资料来源：根据陕西省统计局数据整理。

如表5所示，2020年陕西省限额以上餐饮业营业额1965235万元，关中地区1582373万元，占比为80.5%；陕南地区293820万元，占比为15.0%；陕北地区89044万元，占比为4.5%。2020年陕西省限额以上餐饮业餐位数751677位，关中地区545265位，占比为72.5%；陕南地区143002位，占比为19.0%；陕北地区63410位，占比为8.4%。2020年陕西省限额以上餐饮业营业面积2499146平方米，关中地区1746849平方米，占比为69.9%；陕南地区504449平方米，占比为20.2%；陕北地区247848平方米，占比为9.9%。

表5　2020年陕西省各市（区）限额以上餐饮业经营情况

区域	市(区)	营业额（万元）	餐位数（位）	营业面积（平方米）
全省	全省	1965235	751677	2499146
关中	西安市	784236	336322	1005530
	铜川市	20694	11806	43722
	宝鸡市	180874	88414	325902
	咸阳市	440744	63621	202700
	渭南市	142316	35047	133496
	#韩城市	6461	4807	5892
	杨凌示范区	13509	10055	35499

区域	市(区)	营业额 (万元)	餐位数 (位)	营业面积 (平方米)
陕南	汉中市	70818	47261	149319
	安康市	202978	75821	290088
	商洛市	20024	19920	65042
陕北	延安市	39511	32621	111585
	榆林市	49533	30789	136263

资料来源：根据陕西省统计局数据整理。

四 陕西餐饮产业业态分析

（一）陕西省限额以上餐饮各业态营业额对比

根据《陕西统计年鉴（2021）》数据，2020年，陕西省实现餐饮收入978.86亿元，同比下降11.9%。如表6所示，其中限额以上产业活动单位和个体户正餐服务营业额较上年下降22.0%，快餐服务营业额增长152.2%，饮料及冷饮服务增长4.1%，其他餐饮服务增长27.2%，其中小吃服务增长45.2%。

表6 2019~2020年陕西省限额以上产业活动单位和个体户餐饮营业额对比

单位：万元

指标	2020年	2019年
总计	222123	278789
正餐服务	213202	273315
快餐服务	4096	1624
饮料及冷饮服务	330	317
其他餐饮服务	4495	3533
#小吃服务	3957	2725

资料来源：陕西省统计局；国家统计局陕西调查总队编《陕西统计年鉴2021》，中国统计出版社，2021。

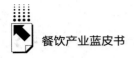

正餐服务营业额占陕西省限额以上产业活动单位和个体户餐饮营业额的96.0%，是陕西省限额以上餐饮业态的主体。2020年受疫情影响，正餐服务企业受到较大冲击，大量的餐饮门店受疫情的影响无法正常营运，甚至出现部分门店关门倒闭的现象，导致陕西省正餐服务营业额比2019年下降22.0%。

与此同时，快餐行业的发展迎来了新的机遇，2020年陕西省限额以上快餐服务实现营业额4096万元，虽然在全省限额以上产业活动单位和个体户餐饮营业额中占比仅为1.8%，但是其相对于2019年增长152.2%，增速迅猛。快餐服务营业额的增势一方面说明由于生活节奏的加快，市场对快餐的需求量日趋增大，快餐市场前景广阔，另一方面也体现了快餐服务，尤其是外卖服务在疫情防控常态化背景下的巨大优越性，其通过"无接触配送"和"智能取餐柜"，既保证了居民一日三餐的正常，又有效地增加了快餐餐饮企业的营业额。

2020年陕西小吃服务营业额增长45.2%，小吃产业具有商户数量多、交易规模大、从业人员多、民生联系紧等特征，在促消费、稳就业和惠民生等方面发挥着巨大作用，疫情发生后表现出较强韧性，恢复及发展情况好于餐饮业整体。

（二）陕西餐饮各业态营业网点数对比

据美团网的不完全统计，如表7及图4所示，2022年3月陕西省小吃快餐店是餐饮各业态中营业网点数量最多的，占总量的31%，显示出小吃业态在陕西餐饮业中仍占据主体地位；火锅店占餐饮营业网点总量的23%，火锅是为数不多的可以满足陕西各类群体味蕾的品类，在陕西餐饮各业态中占有率排名第二；蛋糕甜品店占餐饮营业网点总量的19%，成为最受陕西餐饮消费者欢迎的休闲餐饮业态；烧烤店占陕西餐饮营业网点总量的11%，成为增长最快的品类之一，陕西的烧烤市场以中式烤串为主，在发展过程中，逐渐融入韩式烤肉、拉美烤肉等其他烧烤品类；除此之外，饮品、海鲜、自助餐、食品生鲜等业态的网点数分别占餐饮营业网点总量的9%、3%、2%、2%。

表7　2022年3月陕西各市餐饮各业态营业网点数统计

单位：个

区域	小吃快餐	火锅	自助餐	海鲜	烧烤	蛋糕甜点	饮品	食品生鲜
西安	6208	4039	415	636	2261	3692	1863	367
咸阳	986	876	83	108	326	465	274	31
宝鸡	488	426	46	45	135	347	167	19
延安	350	306	27	17	134	242	145	20
榆林	580	445	68	19	218	317	171	23
渭南	826	609	47	70	194	479	220	22
铜川	95	97	7	11	37	59	18	10
汉中	399	466	55	27	218	347	132	9
安康	291	294	24	22	133	254	114	6
商洛	167	200	21	12	64	138	63	15
合计	10390	7758	793	967	3720	6340	3167	522

资料来源：美团。

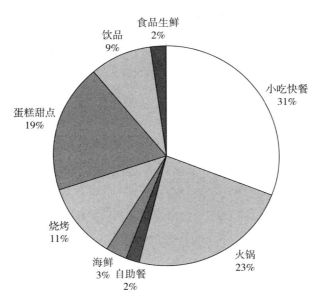

图4　2022年3月陕西餐饮主要业态营业网点数占比

资料来源：美团。

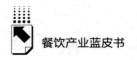

（三）陕西餐饮市场各菜系营业网点数对比

据美团的不完全统计，如表8及图5所示，2022年3月川湘菜系营业网点占陕西餐饮营业网点总量的48%，是各菜系中营业网点数量最多的；西北菜系以24%的市场占有率排名第二；东北菜系占总量的9%，市场占有率排名第三；除此之外，新疆菜、粤菜、江浙菜在陕西餐饮市场也百花齐放，其营业网点分别占餐饮营业网点总量的6%、5%、5%；徽菜、台湾/客家菜、云贵菜的市场占有率较低，三者的营业网点总量占比2%左右。调研结果显示，陕西餐饮菜系日趋多元，除西北菜外，川湘菜系以"香辣"为特色，接近陕西本土的饮食风味习惯，最受餐饮消费群体欢迎；东北菜以经济实惠、滋味浓郁、色鲜味浓的亲民化特征，逐步扩大市场，稳步发展。

表8　2022年3月陕西各市餐饮市场菜系营业网点数统计

单位：个

区域	川湘菜	西北菜	粤菜	江浙菜	东北菜	云贵菜	新疆菜	徽菜	台湾/客家菜
西安	1889	1088	261	267	401	12	297	47	28
咸阳	345	94	24	38	63	1	41	—	2
宝鸡	165	95	7	12	13	—	17	—	1
延安	128	80	15	6	19	1	9	1	—
榆林	111	94	1	9	51	—	21	1	2
渭南	195	107	10	12	50	—	26	1	6
铜川	30	11	1	—	3	—	2	—	—
汉中	201	11	5	6	10	—	10	—	2
安康	157	23	2	12	12	—	3	—	3
商洛	51	25	—	—	6	—	7	—	4
合计	3272	1628	326	360	628	14	433	50	48

资料来源：美团。

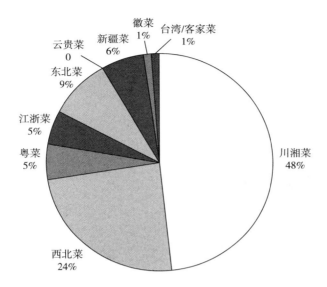

图5 2022年3月陕西餐饮市场主要菜系营业网点数占比

资料来源：美团。

（四）陕西餐饮市场外来餐饮营业网点数对比

2022年3月，美团共统计陕西各市餐饮市场外来餐饮营业网点数1620个，如表9及图6所示，其中西餐833家，日本料理451家，韩国料理301家，东南亚菜35家。调研结果显示，陕西餐饮中外来餐饮以西餐和亚洲餐饮为主。其中西餐市场规模最大，占总量的51%；日本料理占28%，排名第二；韩国料理占19%，排名第三；东南亚菜仅占外来餐饮总量的2%。

表9 2022年3月陕西各市餐饮市场外来餐饮营业网点数统计

单位：个

区域	日本料理	韩国料理	东南亚菜	西餐
西安	332	221	32	571
咸阳	25	29	1	67
宝鸡	25	5	—	32
延安	6	4	—	12
榆林	10	11	—	32

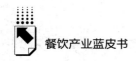

续表

区域	日本料理	韩国料理	东南亚菜	西餐
渭南	18	14	1	48
铜川	4	1	—	11
汉中	17	7	1	29
安康	11	7	—	23
商洛	3	2	—	8
合计	451	301	35	833

资料来源：美团。

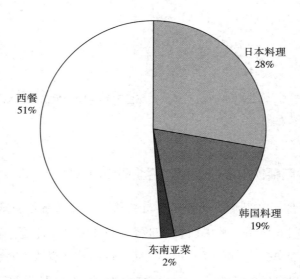

图6　2020年3月陕西餐饮市场外来餐饮营业网点数占比

资料来源：美团。

五　陕西餐饮创新实践评析

（一）产品开发创新

陕西餐饮企业在产品地方性、产品包装、产品命名等方面体现出产品开发层面的创新之处。

产品地方性的创新主要体现在菜品工艺和菜品选材方面，如本土餐饮品牌陕拾叁，充分利用陕西各地农特产品，推出如中华豆腐、油泼辣子、富平柿饼、临潼石榴、韩城花椒、城固柑橘、周至猕猴桃等各种"创奇"口味的冰酪、点心、伴手礼。

陕西餐饮企业从装盘和器皿的选择切入，快速改变菜品形象，形成产品包装创新，如长安大排档的麻将十三幺、毛笔酥、妃子笑等菜品，都依靠独特的出品方式赢得顾客的喜爱，形成传播和影响力扩散。

陕菜在传承文化的同时，结合消费市场热点和潮流，创新菜品名称和呈现形式，如陕西本土饮品品牌茶花弄，借助国潮风，开发文创产品，创新产品名称，打造了诸如桂花引、南山烟雨、梅占摇红等系列餐饮爆品。

（二）餐饮环境创新

陕西餐饮环境营造的创新体现在空间氛围、陈设美学、知觉体验等方面。

大唐博相府以陕西官府菜为核心，打造文化艺术型的就餐环境，营造了宫廷园林式的就餐氛围，同时结合实景的演绎，集合了陕西宫廷菜、商贾菜、市肆菜、民间菜、清真菜中的精粹，为消费者呈现独具风格的穿越之旅，成为最具代表性的陕菜特色品牌。莲餐厅在环境营造和空间氛围方面也极具代表性，被大众点评评选为黑珍珠餐厅，用在饱含中式文化的古韵庭院中进行西餐出品的方式诠释了文化的反差及融合。

独具陈设美学的餐厅成为网红拍照景点，如下马陵贰号的花园火锅餐厅、星空泡泡屋餐厅、Its thai 悦泰餐厅、户外帐篷餐厅串一火锅、溶洞风韩料店汉阳馆等。定位为文艺风格的私房菜品牌有才叔的小馆，每一家分店的装修都自成一派，用餐区域被巧妙地划分，形成独立私密的就餐空间。

在知觉体验层面，有吃头、有看头、有听头是长安大排档的主题，旨在复原古长安美食，延承长安老味道。消费者除了感受舌尖美味之外，同时感受到来自民间市井的贩卖吆喝，感受到豪迈大气的表演，感受到温雅静逸的长安小调，享受到了独特的用餐体验。

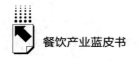

（三）运营模式创新

陕西餐饮企业在科技餐厅、自助式用餐模式、城市餐饮街区打造、"文旅+美食"融合等方面呈现了不同程度的创新实践。

SPACELAB 失重餐厅，设计灵感源自德国体验式未来主题餐厅，定位为黑科技餐厅，将科技与美食融为一体，通过螺旋轨道利用失重原理，将美食传送到顾客面前，送餐完毕自行返航，带给消费者独特的体验感和惊喜感。

近年来，陕西各地兴起以甄李记为代表的自助面馆，消费者可以在面臊子 DIY 区域全程自助，陕西小吃类型多样，千人千味，创新了面食经营的新模式。

以袁家村为代表的陕西民俗餐饮街区取得了餐饮运营的成功，借助餐饮街区积累的良好口碑和热度，创新运营了微缩城市版袁家村餐饮——袁家村关中印象体验地，成为商业综合体中最火爆的餐饮店铺。类似运营模式的成功案例还有西安易俗文化街区的打造，以复古怀旧为主题定位，五一饭店、同盛祥、西安烤鸭店、聚丰园等餐饮老字号加盟进驻，在城市商业中心圈打造"文旅+美食"运营模式，吸引消费者纷纷打卡体验。

（四）品牌传播创新

陕西餐饮品牌传播在传播渠道、传播形式、私域流量、IP 打造等方面呈现了不同程度的创新实践。

在传播渠道和传播形式方面，疫情当下，自媒体成为重要发声渠道，深入垂直领域、性价比高的短视频渠道的中腰部博主成为陕西餐饮广告投放的第一选择，"餐饮+直播"，后厨变直播间，大厨变主播，向群众直播店内菜品或特色食材的制作过程，在线上与顾客直接互动，不断吸引新粉带货，顺便通过网上销售的形式销售店内的成品或半成品。

在关注外部广告投放的同时，陕西餐饮企业从长远考虑打造自己的私域流量，利用节日、公益宣传、不定时的小活动吸引顾客参加，激活私域流量，为品牌的势能蓄力。如西安疫情防控常态化时期，市民核酸检测完成时可获得象征"清零"含义的"秦岭四宝"动物贴纸，西安多家餐饮企业针对集齐"秦岭四宝"的市民，推出免费兑换菜品、饮品的宣传活动，利用公益活动，开拓更多的新客户，创造了疫情下餐饮品牌积累私域流量的绝佳机会。

此外，陕西餐饮企业通过易于传播的 VI 创意、IP 形象等素材在短时间内让顾客对餐饮品牌形成记忆点。如爆火的网红餐厅唐猫庭院，以"盛唐文化+萌猫"的结合作为 IP 形象元素，并且通过独特的带猫脸面具的姑娘开瓶盖这一方式在抖音爆火，成为年轻人争相打卡的网红店。

六 陕西餐饮业发展趋势分析

（一）企业开源自救，政府层面帮扶政策向餐饮业倾斜

受疫情影响，国内宏观经济环境发生变化，餐饮堂食大量关闭、消费收紧、财务管理不规范、现金不充裕的餐饮企业面临经营困境。疫情危机尚未解除，开源自救仍需进行。陕西餐饮企业采取价格管理、人员调整、布局外卖、餐饮直播、品牌营销等形式应对经营困境。2022 年初两会上，陕西省政府工作报告提出各级政府要帮扶餐饮企业走出困境，2022 年 3 月西安饭店与餐饮行业协会发起西安餐饮业走出困境的紧急呼吁，在餐饮企业自救的同时，政府相关部门、餐饮业主、金融机构、外卖平台、供应链企业和服务商等将给予餐饮企业政策倾斜和帮助，尽快落实国务院有关扶持餐饮企业的精神，尽快出台相关帮扶政策。

（二）"宅"餐饮需求驱动外卖业务，无接触式消费模式成熟

随着人们逐渐适应新的生活常态，越来越多的顾客将恢复外出就餐习惯，但预测显示，一段时间内外出用餐消费难以迅速恢复到疫情前的水平。调查显示，受疫情影响，仍然有很多消费者觉得在家用餐更安全，"宅"餐饮市场规模扩大，而外卖送餐服务的增长满足了这种需求。"宅"餐饮进一

步推动了陕西餐饮企业外卖渠道及线上业务的快速发展。调研显示，疫情发生后超过55%的商户选择了线上线下并重的未来经营方针，还有约10%的商户选择了线上为主的新经营模式，其中不乏各类专注于线上渠道的新兴餐饮品牌。因此可以预测，在疫情防控常态化的形势下，外卖市场的份额将保持较为稳定的增长态势。与此同时，无接触式消费模式已经成熟，网上接单，智能下单，一次采购，多元烹制，智能分发，与第三方平台合作进行快递配送将成为该模式下餐饮企业的主要业务形态。

（三）疫情防控常态下，规范化和安全性成为餐饮企业的刚性约束

疫情防控常态下，食品安全与用餐安全成为消费者的首要诉求，疫情发生以来，陕西餐饮场所采用了大量科技手段来确保用餐安全，扫码看菜单、无接触式点单和支付系统已进入大多数场所，餐饮规范化经营是保障发展的前提。《陕西省餐饮业分餐制实施指南》的发布推动了分餐制的实施，培养餐饮消费者文明用餐新习惯是餐饮企业经营者的使命。线上经营规范的同时，餐饮企业同步关注网络餐饮食品安全与质量，保证线上线下餐饮同标同质。

（四）场景组合模式成为餐饮发展的新思路

传统餐饮企业经营主要以线下单一场景为主，而调研显示陕西大多数餐饮企业能够实现线下堂食与线上外卖的结合。目前疫情防控态势仍然严峻，线下堂食经营不稳定，未来一段时间"线下+线上+新零售"三大场景的组合模式将成为陕西餐饮企业发展的新标配。2021年陕西餐饮品牌利用第三方平台、自有小程序以及门店自设零售区域发力零售渠道，开通了团购服务、团餐服务、直播带货及官方商城，零售产品在丰富品牌收入结构的同时带来了品牌的多次曝光，提升了整体盈利水平。火锅、凉皮等这些容易量化和储存的产品，早已通过预包装食品打开了新零售的大门，其他业态也应调整产品思路，积极适应新零售带来的变化。此外，诸如魏家凉皮这种"餐饮+便利店"的新模式，也对餐饮新零售的发展具有借鉴意义。

（五）数智化应用场景广，餐饮企业数智化转型进程加速

餐饮企业数智化包括数字化与智能化两个层面。其中，数字化涉及数字化运营、数字化供应链、数字化营销等方面；智能化涉及智能服务机器人、智能烹饪机器人以及智能一体化平台等方面。调研显示，超过 85% 的受访陕西餐饮企业已经认识到数智化转型的重要性，但陕西餐饮企业的数智化进展尚处在起步阶段，只有 10% 的受访企业取得了阶段性的成果。未来陕西餐饮企业可从打通一站式多维度会员信息管理、实现一体化管理产配运仓、构建精准营销数字化体系、启用智能化服务与生产设备入手，逐步实现智能化转型，从而提升消费端的用户体验，实现供给端的降本增效。

参考文献

国家统计局：《中华人民共和国 2021 年国民经济和社会发展统计公报》，2022 年 2 月。

B.7
2021年澳门餐饮产业*发展报告

唐继宗**

摘　要： 全球餐饮市场正从 2020 年的谷底复苏，餐饮企业转型升级进入了快车道。疫情加速与加深了澳门特区经济的周期与结构调整，并成为 2021 年澳门餐饮市场发展的主要干扰因素之一，主要客源市场疫情反复，业界对市场前景展望较不乐观。但相信随世界旅游休闲中心建设，以及内地中层消费群体日益壮大，经历调整后的澳门餐饮市场将会继续成长。

关键词： 餐饮产业　世界美食之都　世界旅游休闲中心　澳门特区

全球餐饮市场供需活动受到了 2020 年初出现的新冠肺炎疫情影响，餐饮企业转型升级进入了快车道。疫情加速与加深了澳门特区经济的周期与结构调整，并成为 2021 年澳门餐饮市场发展的主要干扰因素之一。访澳旅客人次复苏未如预期，澳门餐饮市场的外部消费需求仍然疲弱，内需则受压于就业市场前景不明朗，加上新一轮输入性成本推升物价，将进一步蚕食业界的利润空间，澳门餐饮业于 2022 年仍将面对严峻的考验。

---

* 本报告将"餐饮业"与"饮食业"交替使用。

** 唐继宗，博士，澳门管理学院院长，中国社会科学院旅游研究中心副秘书长，澳门特区政府旅游发展委员会委员，人才发展委员会委员，都市更新委员会委员，澳门餐饮业商会副理事长，主要研究方向为产业发展、区域合作、服务贸易、民航运输、公共政策、制度经济学等。

一　宏观经济展望

（一）全球经济展望

全球经济增速未如预期。国际货币基金组织（IMF）2022年4月发布的《世界经济展望报告》指出，全球经济正在好转，但尚未完全从新冠肺炎疫情中恢复过来，俄乌冲突造成的经济损失将导致2022年全球经济增速显著放缓并推升通胀。燃料和粮食价格快速上涨，低收入国家的弱势群体受到的打击最大。全球经济增速预计将从2021年6.1%的估计值下降至2022年和2023年的3.6%。2022年和2023年的经济增速预测值分别较1月预测值下调了0.8个和0.2个百分点。

（二）中国内地经济展望

中国内地经济保持复苏步伐。2022年国务院《政府工作报告》指出，2021年中国内地经济保持恢复发展，国内生产总值达到114万亿元，增长8.1%。2022年发展主要预期目标如下：国内生产总值增长5.5%左右；城镇新增就业1100万人以上，城镇调查失业率全年控制在5.5%以内；居民消费价格涨幅3%左右；居民收入增长与经济增长基本同步。

（三）澳门特区经济展望

澳门特区经济进入双调整期。在疫情和对澳门博彩业活动加强监管的因素作用下，澳门特区经济进入了周期与结构的双调整期。2021年，澳门特区经济仍受新冠肺炎疫情反复影响，但与2020年相比有所改善，整体需求回升，全年经济实质增长18%。2021年，澳门本地居民失业率为3.9%，较2020年上升0.3个百分点。IMF预期本地需求及访澳旅客回稳将带动澳门特区经济增长15.5%，不过仍需要一定时间才能恢复至疫情前水平。

二 餐饮市场发展动态

（一）全球餐饮市场发展动态

《财富》商业洞察（*Fortune* Business Insights）有关餐饮服务市场的分析报告指出，全球包括全服务餐厅（Full Service Restaurants）、快餐（Quick Service Restaurants）、机构（Institutes）及其他类型饮食服务市场规模经历2020年的萎缩（同比减少31.46%）后，2021年增长5.84%至25254亿美元，并预测2021~2028年的复合增长率为10.34%。

新冠肺炎疫情无疑对全球餐饮、旅游等服务行业产生了较大冲击，在疫情防控常态化时期，消费者行为已因疫情因素而发生改变，市场也做出了适应、调整与转型，业内企业普遍采取加速数字化营运、提升外卖业务比重、延伸至包装食品生产与零售市场等发展策略，推动餐饮业逐步走出谷底。

（二）中国内地餐饮市场发展动态

2021年中国内地餐饮收入自谷底回升。国家统计局公布的数据显示，中国内地餐饮收入受疫情影响在2020年跌至39527亿元（同比减少15.4%）的低位后，于2021年同比增长18.6%至46895亿元，并超越了2019年46721亿元的水平（见图1）。

三 澳门餐饮市场发展动态与展望

受疫情反复的影响，澳门餐饮市场仍充满挑战。餐饮作为澳门建设世界旅游休闲中心不可或缺的重要元素，整体而言，疫情前澳门餐饮市场超过一半的营收是来自访澳旅客在澳餐饮消费支出。受到疫情持续影响，访澳旅客人次复苏步伐缓慢，加上居民失业率上升，消费意欲疲弱，澳门餐饮市场2022年仍充满挑战。

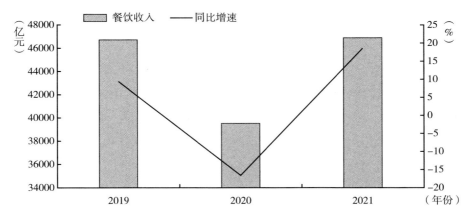

图1　2019~2021年中国内地餐饮收入及同比增速

资料来源：整理自国家统计局公布资料。

澳门特区统计暨普查局统计数据显示，以当年生产者价格计算的产业结构，2020年澳门餐饮业的比重为1.63%，[①] 在第三产业当中仅高于同期的酒店业。同期，按生产法计算的地区生产总值及以当年生产者价格计算的餐饮业增加值总额为32.43亿澳门元，较2019年跌幅达53.7%。

截至2022年3月，澳门特区政府旅游局和市政署已发出的各类餐饮牌照共2821个，同比增加2.4%。经与业内人士了解，由于在澳门申请餐饮牌照耗时较长且程序较为繁复，因此，业界在市场不景气时多会缩减营业时间或规模、暂停营业，而非以结业的方式来节约成本，以期渡过难关。因此，有效餐饮牌照数目增加不一定能反映市场经营困难实况，但数据至少能说明纵使在经济不景气期间仍有新增投资者选择进入餐饮市场。

餐饮业劳动市场方面，2021年澳门餐饮业就业人数为2.41万人，较2020年增加0.5%，为同期整体就业人口的6.4%；月工作收入中位数是9800澳门元，较2020年下跌2%，为同期整体就业人口月工作收入中位数15800澳门元的62%。

---

① 截至2022年4月19日，澳门特区统计暨普查局仍未公布2021年的有关产业结构统计数据。

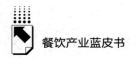
（一）澳门餐饮市场的需求侧动态与展望

1. 外需疲弱

澳门特区统计暨普查局公布的旅游附属账显示，2019 年访澳旅客为
3940.6 万人次，他们在澳用餐直接消费 130.8 亿澳门元，加上博彩营运商
为旅客提供之餐饮服务的费用，澳门餐饮服务旅游比率为 64.3%。

2021 年访澳旅客人次经历 2020 年的谷底（589.7 万人次）后虽有所恢复，
同比增加 30.7% 至 770.6 万人次，但仅及 2019 年的 19.6%（见图 2）。2021 年访
澳旅客总消费（不包括博彩消费）为 244.5 亿澳门元，同比上升 104.8%，较
2019 年则下跌 61.8%（见图 3）。2021 年访澳旅客用于餐饮的人均消费为 510 澳
门元，较 2020 年上升 39%，但仍未回到疫情前 604 澳门元的水平（见图 4）。因
此，可推算外需对 2021 年澳门餐饮业营收的贡献同比或有增长，但与疫情前
的 2019 年仍存颇大距离。[1]

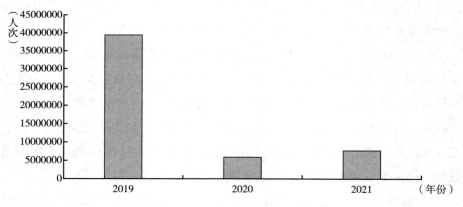

图 2　2019~2021 年访澳旅客人次

资料来源：澳门特区统计暨普查局。

---

[1]　截至 2022 年 4 月 19 日，澳门特区统计暨普查局仍未公布 2020 年及 2021 年的有关旅游附属
　　账统计数据。

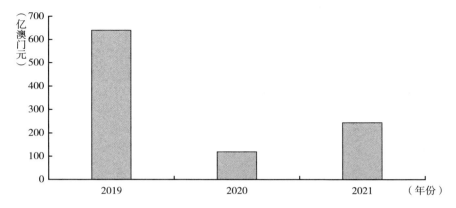

图 3   2019~2021 年访澳旅客总消费（不包括博彩消费）

资料来源：澳门特区统计暨普查局。

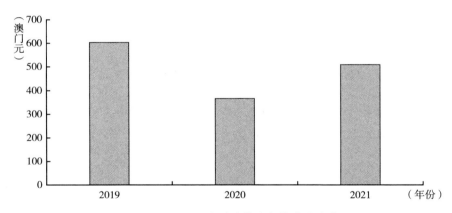

图 4   2019~2021 年访澳旅客餐饮人均消费

资料来源：澳门特区统计暨普查局。

2. 内需受压

澳门本地居民失业率从 2020 年第四季度的 3.8% 上升至 2021 年第四季度的 4.1%，受失业率上升与经济预期转弱影响，2021 年根据支出法计算之澳门特区"私人消费支出"实质变动率按季度呈下降趋势，增幅从第一季度的 12.9% 降至第四季度的 0.4%（见图 5）。

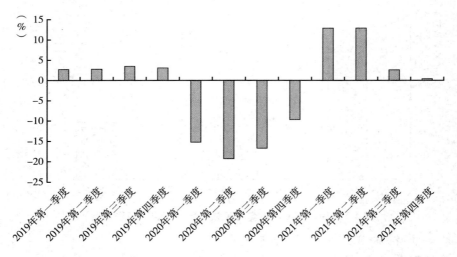

图5 2019年第一季度至2021年第四季度澳门"私人消费支出"实质变动率

资料来源：澳门特区统计暨普查局。

（二）澳门餐饮市场的供给侧动态与展望

1. 饮食业景气调查："西式餐厅"和"日韩餐厅"的业务表现较为逊色

新冠肺炎病例与餐饮业业务表现及展望呈负相关。综合澳门特区统计暨普查局2021年1~12月饮食业景气调查之"业务表现指数"与"业务展望指数"①，及澳门特区新型冠状病毒感染应变协调中心关于特区新冠肺炎病例公布日期分布的分析发现，每当新冠肺炎病例出现，餐饮业务即受影响，并导致对餐饮市场预期转坏。

自2020年最后一例新冠肺炎病例于当年6月26日发现后至2021年1月中旬澳门特区新冠肺炎病例清零，市场预期转好，加上农历新年节假日消

---

① "业务表现指数"是利用被访商户提供的参考月之营业收入与上年同月进行比较，借此反映行业的业务表现；而"业务展望指数"则以被访商户预期未来一个月与参考月比较之营业收入变动，用来衡量业务表现的走向。两组指数的数值均介乎0与100之间。当指数数值高于50，表示行业在该月的业务表现或对下月的业务展望较对照期理想；当指数低于50，则表示较为逊色。

费增长刺激，2021年澳门餐饮业业务表现于2月达全年高峰。但随后当年仅有3月及11月没有出现新冠肺炎确诊病例，且在7~10月暑假及十一黄金周档期，澳门的新冠肺炎确诊病例进入了全年的高位，业务表现或展望自农历新年后皆呈下跌趋势。

若按不同餐饮类型分析，2021年，"中式酒楼饭店"及"茶餐厅及粥面店"的业务表现相对较为理想，而"西式餐厅"和"日韩餐厅"的业务表现则较为逊色。此外，普遍而言，2021年，业界对市场展望较实际业务表现为悲观（见表1）。

表1　2021年1~12月澳门新冠肺炎病例与饮食业景气调查

单位：例

		1月	2月	3月	4月	5月	6月	7月	8月	9月	10月	11月	12月
新冠确诊病例数目		1	1	—	1	2	3	5	4	8	6	—	2
饮食业	业务表现指数	21.2	90.0	86.9	79.6	65.1	63.6	72.0	41.9	56.3	17.4	38.4	41.2
	业务展望指数（对下一个月）	50.7	42.0	44.4	75.4	31.8	63.8	15.8	66.1	17.9	68.1	68.7	37.3
中式酒楼饭店	业务表现指数	9.1	96.2	91.8	86.7	76.0	71.6	81.3	46.4	70.5	11.8	44.5	40.9
	业务展望指数（对下一个月）	67.3	22.3	33.0	83.3	20.2	74.6	13.8	70.2	16.1	73.6	80.0	44.5
西式餐厅	业务表现指数	8.0	77.1	79.2	64.0	54.0	53.8	69.2	30.8	63.5	15.4	34.6	42.3
	业务展望指数对下一个月）	53.8	46.2	59.6	75.0	21.2	55.8	11.5	71.2	21.2	61.5	76.9	21.2
日韩餐厅	业务表现指数	32.7	96.2	94.2	71.2	40.4	55.8	55.8	23.1	32.7	17.3	20.0	32.0
	业务展望指数（对下一个月）	48.1	53.8	46.2	69.2	48.1	46.2	30.8	46.2	21.2	53.8	56.0	30.0

续表

		1月	2月	3月	4月	5月	6月	7月	8月	9月	10月	11月	12月
茶餐厅及粥面店	业务表现指数	38.2	79.7	73.9	71.1	55.7	58.7	58.0	44.9	37.7	28.4	38.2	44.9
	业务展望指数（对下一个月）	27.9	66.2	49.3	66.2	49.3	52.1	17.9	64.3	20.7	58.7	51.4	37.0

资料来源：澳门特区统计暨普查局、澳门特区新冠病毒感染应变协调中心。

2. 行业发展与展望问卷调查：澳门餐饮业界对2022年经营展望倾向悲观

2022年2月至3月初，澳门餐饮业联合商会向各餐饮会员商户（以下简称"商户"）就行业发展与展望进行问卷调查，回收有效问卷450份。经分析结果，主要发现如下。

一是近七成受访商户表示总营业额同比下降。68%的受访餐饮商户表示，2021年总营业额较2020年下跌，而表示上升的仅有8%。

二是经营模式虽产生变化，但对数字化转型仍较多保持观望态度。71%的受访商户表示以电子支付方式交易，然而55%的受访商户表示不会考虑在店内增设餐饮电子系统。此外，虽受疫情持续影响，但不会考虑其他经营方式以提高收入的受访商户达63%。

三是对2022年经营展望倾向悲观，"疫情不稳定"为主要挑战之一。展望2022年经营状况，分别有10%及35%的受访商户表示"十分悲观"和"悲观"，表示"乐观"及"十分乐观"的分别仅占13%与0.2%。"疫情不稳定"（23.5%）、"生意额不足"（16%）、"食材成本上升"（14%）与"人手紧张"（10%）等为受访商户表示2022年在经营上将会面对的主要挑战和困难。

四是受访商户到粤港澳大湾区其他城市发展的意愿不强。澳门特区融入粤港澳大湾区发展步伐虽不断加快，但75%的受访商户表示2022年不会考虑在粤港澳大湾区投资餐饮业项目或合作，而珠海（25%）、广州（20%）和中山（9.5%）为最受表示"会"的25%的受访商户欢迎的前3位城市。

五是受访商户希望政府 2022 年能继续"推出业界资助计划"（31%）、"举办美食主题盛事活动"（17%）、"提供多渠道宣传"（16%）以及"举办多元节庆活动"（14%）等政策措施以助业界发展。

四 澳门餐饮市场新制度

2021 年有关澳门餐饮业发牌以及保障消费者权益的制度通过立法程序做出了改进，并自 2022 年 1 月 1 日起生效，餐饮市场上的持份者需加以关注。

1. 第8/2021号法律《酒店业场所业务法》

2021 年 6 月 16 日澳门特区立法会通过《酒店业场所业务法》，该法于 2022 年 1 月 1 日起生效。根据《酒店业场所业务法》规定，所有在酒店设施内开设的餐饮场所统一由澳门特区政府旅游局发牌，设施内餐厅不再分级，并新设"简便餐饮场所"和"美食广场食品摊档"两个类别，以配合业界发展。同时，优化了发牌程序，包括引入一站式发牌程序和临时经营许可制度。

2. 第9/2021号法律《消费者权益保护法》

2021 年 6 月 24 日《消费者权益保护法》获澳门特区立法会通过，并自 2022 年 1 月 1 日起生效。根据《消费者权益保护法》规定，该法律订定保护消费者权益的制度，以保障消费者获得提供具品质的商品或服务、维护经营者与消费者之间所建立的法律关系的公正及平等、提高营商行为的透明度、保障消费者的合法利益及打击不正当营商行为。除第二条所规定的经营者类别外，其余的以营利为目的且具有业务性质而从事向消费者提供商品或服务的经济活动的自然人或法人皆适用此法。

五 澳门特区政府有关支持、促进餐饮业
发展的政策措施与工作

（一）关于推动业界提质的工作

为推广优质旅游服务，澳门特区政府旅游局于 2014 年推出"星级旅游

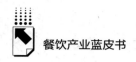

服务认可计划"（以下简称"计划"），目的是确立旅游业的服务素质标准，鼓励及支持业界提升服务文化，以及表扬提供卓越服务及推行优良服务管理的旅游业界商户，从而配合将澳门建设成为世界旅游休闲中心的发展目标。

"计划"分为三个界别，分别是餐饮、旅行社和零售业。餐饮界别"计划"接受于澳门经营业务至少一年的餐厅参加。"计划"以全方位服务素质模式评估参加商户的整体服务素质。评审工作分为"神秘顾客服务评核"和"服务管理体系审核"两个部分，分别对参加商户的前线服务水平及管理方法做出评核。

"计划"将颁发"星级服务商户奖"和"称心服务团队奖"。每个成功通过评审的商户可获颁"星级服务商户奖"认证证书；而各组别中取得最高分并且所得总分不低于 90 分的商户将获颁"称心服务团队奖"，包括奖座及 10000 澳门元现金奖。

"计划"是对澳门优质旅游服务的权威性认可。旅游业界除了可通过此奖项证明其贴心服务令客人拥有愉快的体验外，更可借以宣传其优质服务成就，树立品牌形象。

（二）关于推广澳门美食的工作

配合澳门于 2017 年成功获评为联合国教科文组织"世界美食之都"，特区政府于 2018 年启动"澳门美食年"，连续两年举办"澳门国际美食论坛"，并于 2020 年推出澳门土生菜数据库专页及专题室。

特区政府优先考虑传承及推广澳门地道美食，如土生菜。举办国际美食论坛的目的是加强国际交流和经验分享，推动本土美食文化产业的可持续发展。全媒体加大对澳门美食节的推广力度后，又引入美酒文化相关活动。此外，开设由本地厨师举办的小型烹饪班，并鼓励及支持澳门社团组织举办更多以"澳门美食"为主题或具"澳门传统/独特美食"元素的活动。

（三）配合防疫加强食品安全监管

为严防新冠病毒经进口冷链食品及包装传入澳门，特区政府持续对冷链食品进行抽样检疫及对食品包装进行消毒。2021年每月抽检冷链食品及环境样本约5000个，1~9月冷链食品新冠病毒检测样本超过48000个，覆盖澳门机场、内港码头等检疫点。自2021年3月起，抽检延伸至冻肉零售点，每月巡查使用冷链系统的食品场所超过30个。与澳门特区政府卫生局合作构建冷链食品从业人员定期核酸筛查的监督体系，约3300名从业员参与。自2021年6月起，配合澳门特区政府卫生局执行新的防疫措施，加强巡查饮食场所，要求场所遵守防疫指引规定。截至2021年9月30日，对上述场所巡查10676次。

为保障公众健康和食品安全，2021年特区政府积极推动外卖食品活动场所登记制度的立法工作。《外卖食品活动场所的登记制度》行政法规已于2021年8月公布，并于同年11月15日生效。

2022年特区政府继续严守冷链食品、从业员及环境三道防疫线，加强抽检、消毒、巡查和溯源等系列工作，多点联防联动，保护抗疫成果。同时，持续推行各项食品安全工作，监督《外卖食品活动场所的登记制度》行政法规的执行情况，保障外卖食品安全。在过去工作的基础上，强化冷链食品、从业员及环境三个层面的防疫措施，加强冷链食品及环境的抽样检验，以及对贮存、配送、制作及售卖食品场所的巡查。配合防疫政策，要求冷链食品从业员定期进行核酸检测，防范新冠病毒通过进口冷链食品输入风险，维护进口冷链食品安全。

为促进区域合作，特区与内地海关磋商深化《关于输内地澳门制造食品安全监管合作安排》，持续扩大准入内地的澳门生产食品种类范围，进一步提升食品企业及产品的质量水平，以助业界把握拓展内地市场的机遇，让更多澳门生产的食品实现源头防控、口岸检验检疫便利通关的目标。与粤港澳合作开展高质量食品"湾区标准"工作，提升三地食品质量的整体水平和认受性，进一步满足消费者对高质量食品安全的需求。

（四）疫下稳经济措施

2021年特区政府再推3项特别税务优惠措施。特区政府制定第3/2021

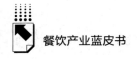

号法律《修改〈2021 年财政年度预算案〉》,再推出退回 2019 年度职业税税款、扣减纳税人 2021 年度所得补充税应缴税额及扩大旅游税豁免范围的特别税务优惠措施,向居民和企业提供额外支持。

切实支持企业和居民解决资金周转问题。通过财储推短期"逆周期"信用额度支持银行满足本地融资需求,做出"还息暂不还本"安排助居民缓解财务压力。加推措施缓解企业和雇员经济压力。受 2021 年 8~10 月突发性疫情冲击,通过动态管理策略,再度推出一系列紧急性中小企业疫情支持措施,纾缓中小企业经营压力及雇员困难。

政府推出"电子消费优惠计划"纾民困、稳经济。截至 2021 年 9 月底,已有 66.4 万名居民完成登记,产生 5451.8 万笔交易,约 41.38 亿澳门元注入本地消费市场,惠及不同行业。多方位支持中小企业,包括将"调整各项援助计划的还款"临时措施的申请期延长至 2023 年 1 月 31 日,推出《鼓励企业升级发展补贴计划》。

延续临时税务优惠。2022 年度特区政府将继续推出多项惠及居民和企业的临时税务优惠措施,大部分与 2021 年临时税务优惠的项目相同。

加强巡查,打击不规则销售,加强消费保障。监督部门将持续派员到供货商及市面进行巡查,掌握市场供应变化,研究优化价格信息机制。加强《消费者权益保护法》的普法和持续优化"网上诚信店"工作。

(五)鼓励企业升级发展

延续"特色店计划"。在 2020 年"特色店计划"的基础上,特区政府于 2021 年初推出了"氹仔特色行"及"路环特色行",加大特色店宣传力度,并于 2021 年第二季和第四季分别以东南亚美食和"北区美食"为主题,扩大"特色店计划"受惠范围。

支持中小企业提升科技应用和管理水平。2021 年,特区政府支持商会推出"澳门餐饮业后台电子化资助计划",并加强以上门形式为企业提供"标准及认证综合支持服务",以及开设多方面可助中小企业提升管理水平的课程。

引领数字经济发展。2022 年，结合科技的应用，推动产业数字化、数字产业化。特区政府支持传统中小企业数字化转型，继续通过多元渠道协助中小企业开拓内地电商市场，推动餐饮业界采用先进方便的电子化服务。协助澳门企业更有效地在会展平台上拓展线上线下的营销渠道。

（六）支持中小企业和提振小区经济

支持中小企业转型和提升竞争力。特区政府将持续检视及优化现行在财政方面支持中小企业的各项计划，将推出中小企业安装防汛设备的资助计划。多形式协助中小企业提升管理、营运和技术水平，支持中小企业善用新媒体平台、适应消费新形态。

提振小区经济。特区政府推动小区经济发展，包括创新主题引导旅客到小区游玩及消费。将重新检视"星级旅游服务认可计划"，持续提升澳门旅游业和餐饮业的服务素质，提升小区餐饮业的吸引力。

六 《横琴粤澳深度合作区建设总体方案》与澳门餐饮业发展

2021 年 9 月，中共中央、国务院印发了《横琴粤澳深度合作区建设总体方案》（以下简称《方案》），并发出通知，要求各地区各部门结合实际认真贯彻落实。

习近平总书记强调，建设横琴新区的初心就是为澳门产业多元发展创造条件。[1] 新形势下做好横琴粤澳深度合作区开发开放，是深入实施《粤港澳大湾区发展规划纲要》的重点举措，是丰富"一国两制"实践的重大部署，是为澳门长远发展注入重要动力，有利于推动澳门长期繁荣稳定和融入国家发展大局。为全面贯彻落实习近平总书记关于粤澳合作开发横琴

---

[1] 《中共中央 国务院印发〈横琴粤澳深度合作区建设总体方案〉》，"新华社"百家号，2021 年 9 月 5 日，https：//baijiahao.baidu.com/s？id＝1710064839833463963&wfr＝spider&for＝pc。

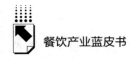

的重要指示精神，支持横琴粤澳深度合作区（以下简称"合作区"）发展，制定《方案》。

《方案》提出要发展促进澳门经济适度多元的四大新产业，包括发展科技研发和高端制造产业、发展中医药等澳门品牌工业、发展文旅会展商贸产业和发展现代金融产业。

其中，《方案》有利于澳门餐饮业发展的相关内容如下。发展中医药等澳门品牌工业提出，对在澳门审批和注册、在合作区生产的中医药产品、食品及保健品，允许使用"澳门监造"、"澳门监制"或"澳门设计"标志。发展文旅会展商贸产业提出，高水平建设横琴国际休闲旅游岛，支持澳门世界旅游休闲中心建设，在合作区大力发展休闲度假、会议展览、体育赛事观光等旅游产业和休闲养生、康复医疗等大健康产业。加强对周边海岛旅游资源的开发利用，推动粤港澳游艇自由行。支持粤澳两地研究举办国际高质量消费博览会暨世界湾区论坛，打造具有国际影响力的展会平台。允许在合作区内与澳门联合举办跨境会展过程中，为会展工作人员、专业参展人员和持有展会票务证明的境内外旅客依规办理多次出入境有效签证（注），在珠海、澳门之间可通过横琴口岸多次自由往返。支持粤澳合作建设高质量进口消费品交易中心，构建高质量消费品交易产业生态。建设中葡国际贸易中心和数字贸易国际枢纽港，推动传统贸易数字化转型。此外，《方案》也提出完善企业所得税优惠政策，对合作区符合条件的产业企业减按15%的税率征收企业所得税，对企业符合条件的资本性支出，允许在支出发生当期一次性税前扣除或加速折旧和摊销。对在合作区设立的旅游业、现代服务业等新增境外直接投资取得的所得，免征企业所得税。

七　疫情防控常态化时期促进澳门
餐饮业发展的建议

澳门餐饮业需要密切关注疫情导致的消费者行变化，加上持续推进粤港澳大湾区市场融合，市场规模扩大，将带来不少商机，也会引进更多竞争，业界面对当前经济周期与经济结构的双调整需做好充分准备，予以有效响应，避免在疫情防控常态化时期新一轮的竞争下被淘汰出局。据此，本报告尝试提出以下四点建议。

一是回应疫情防控常态化时期消费者对"健康与卫生"的关注。世界卫生组织（WHO）指出，当前证据表明，新冠病毒主要在彼此有密切接触的人之间传播。因此，餐饮市场上的消费者在购买服务的决策过程当中，包括"认识需求—收集信息—选择判断—购买（消费）决定—购后行动"中的每一个环节将会较疫情前更关注"健康与卫生"。在疫情防控常态化时期的餐饮业者需察觉到消费者购买决策行为的变化，并通过调整营销策略、营销战略、经营模式等予以回应，如在提供餐饮服务的过程中尽量以科技替代服务人员与顾客的接触，重新布局餐厅用餐区间座位，重设外卖流程以及业务延伸发展等。

二是适度多元、快速响应市场变化。两年多以来应对疫情反复下的餐饮市场环境的业界应感觉到"急速变化"将会是疫情防控常态化时期的新常态。在市场新常态下企业需要具备收集、分析与预测消费者偏好变化以及快速决策反应的能力。因此，在疫情防控常态化时期，数字化转型已不得不提上餐饮企业发展规划与落实执行的日程。在此值得关注的是所指的数字化转型不仅仅是改为顾客在线点餐或采用电子支付。此外，为了分散"急速变化"的市场风险，建议餐饮企业适当重新分配外卖与堂食的业务比例，以及尝试把原有餐饮服务业务延伸至包装食品生产与零售市场。

三是善用服务贸易四种模式与政策优势，开拓合作区。粤港澳大湾区内地九市与港、澳特区存在三个单独关税区。世界贸易组织（WTO）《服务贸易总协议》（GATS）提出的服务贸易四种模式如下。跨境交付，从一成员的境内向任何其他成员境内提供服务；境外消费，从一成员的境内向任何其他成员的服务消费者提供服务；法人存在，一成员的服务提供商在任何其他成员境内设立法人提供服务；自然人存在，一成员的服务提供商以自然人的存在在任何其他成员境内提供服务。整体而言，近年来澳门餐饮市场超过一半的收入来自"境外消费"模式的业务①受到新冠肺炎疫情打击，因此，建议业界尝试通过"法人存在"模式，以独资、与内资或第三方如葡语地区或"一带一路"等投资者合资方式，前往横琴合作区或粤港澳大湾区设点发展；同时，可考虑用好合作区"澳门监造"、"澳门监制"或"澳门设计"标志的新产业发展政策，将业务延伸至食品行业，并尝试通过合作区再进入内地庞大的加工食品市场。

四是产学合作，培育复合型人才。在传统餐饮行业，较难觅得既懂现代企业管理又充分了解餐饮行业运作特性的餐饮管理人才。习近平总书记强调，发展是第一要务，人才是第一资源，创新是第一动力。② 因此，为了促进疫情防控常态化时期澳门餐饮业健康持续发展，全面提升竞争力以应对新常态下市场的挑战，建议通过政、产、学、研紧密合作，政府提供政策与资源，餐饮同业商会搭建平台，业界与高校合作培育掌握现代企业管理与行业运作特性的复合型人才。

总　结

澳门餐饮业市场从收益到消费结构无疑受到了新冠肺炎疫情的打击，然而，相信世界旅游休闲中心建设与内地中层消费群体日益壮大，皆有利于餐饮企业的继续发展，但前提是餐饮企业需要不断根据市场环境的变化而进行持续调整、改进，以提升在日益激烈的市场环境当中的自身竞争力。

---

① 在澳门当地为访澳旅客提供餐饮服务。
② 《习近平：发展是第一要务，人才是第一资源，创新是第一动力》，"新华网"百家号，2018 年 3 月 17 日，https：//baijiahao. baidu. com/s？id = 1594276648898530065&wfr = spider&for = pc。

参考文献

澳门特区政府:《2022年财政年度施政报告》,2021年11月。

澳门特区政府:《澳门特别行政区经济和社会发展第二个五年规划(2021—2025年)》,2021年12月。

国际货币基金组织网站,http:www.imf.org。

澳门特别行政区政府统计暨普查局网站,http:www.dsec.gov.mo。

澳门特别行政区政府卫生局,http://www.ssm.gov.mo。

B.8
2021年海南餐饮产业发展报告

陈 恒*

摘 要： 在独特的历史机遇下，政府的扶持政策、企业的积极调整提升、行业协会的协调整合工作产生了明显的效果，餐饮业的发展呈现了由低到高的总体发展态势，基本实现了快速修复的目标。但是餐饮文化挖掘不充分、餐饮品牌建设不突出、餐饮产品创新不丰富、餐饮服务水平不高、餐饮业用人难问题严峻、餐饮扶持政策不充分等问题依然存在，在未来，应大手笔制定海南餐饮业发展规划，系统开启标准化建设工作，实施"大品牌"战略，加速餐饮业智能化发展，系统实施人才建设工程，创新管理机制，实施立体化营销战略，并出台和落实行业扶持政策。

关键词： 餐饮业 自贸港 品牌 海南

一 海南省餐饮业发展总况

（一）行业发展的时代背景

1.世界发展格局大变化

（1）经济艰难复苏

世界十大经济体 2021 年 GDP 同比均有所增长，GDP 不同程度地恢复或

---

* 陈恒，海南省酒店与餐饮行业协会执行会长，全国饮食服务业标准化技术委员会委员，绿色饭店国家级注册高级评审员，国家开放大学（海南）国际旅游学院客座教授。

接近疫情前（2019年）的水平。2020年末，随着新冠疫苗接种展开，2021年上半年全球经济复苏较为有力。但随着德尔塔病毒变种的出现和蔓延，全球疫情出现反复，主要经济体经济复苏下半年显露疲态。

（2）全球供应链阻塞

新冠肺炎疫情使生产、流通各环节都受到冲击，全球供应链在不同程度上受阻。美国大力推动"去中国化"，加之2022年俄乌冲突引发的余波还未完全显现，全球供应链在疫情反复中将面临持续性的结构性调整压力。

（3）通胀持续走高

2021年，受发达经济体大力度的刺激政策等因素影响，全球通胀率持续普遍性走高。作为新兴经济体，我国需采取专门有效的必要措施，防止恶性通胀发生，任务艰巨。

（4）绿色转型加速推进和数字经济快速发展

绿色发展成为疫情发生后国际合作的亮点，同时，传统产业如酒店餐饮业加速数字化、网络化、智能化转型升级。

（5）世界旅游持续低迷，预计3年内难以恢复到疫情前的发展水平

《世界旅游经济趋势报告（2022）》显示，2021年全球旅游总人次达66亿人次，全球旅游总收入达3.3万亿美元，分别恢复至2019年的53.7%、55.9%。预计2022年全球旅游总人次将达84.5亿人次，全球旅游总收入将达4.0万亿美元，分别恢复至2019年的68.8%、67.8%。牛津经济研究院关于2023年全球旅游业恢复正常的预测大概率落空。

（6）中国在世界经济发展中的地位大幅提升

中国是2020年、2021年两年平均GDP唯一呈正增长的主要经济体。中国与美国的差距迅速拉近，2021年中国GDP约占美国GDP的77%，超过常规发展预期。2021年欧盟GDP为17.08万亿美元，中国GDP为17.73万亿美元，这意味着中国的GDP首次超过欧盟27国之和，比此前预估提前了1年。

（7）中国旅游业发展"一枝独秀"

文化和旅游部数据显示，2021年国内旅游总人次32.46亿人次，比上

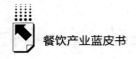

年增加 3.67 亿人次，恢复到 2019 年的 54.0%；国内旅游收入 2.92 万亿元，比上年增加 0.69 万亿元，增长约 31.0%，恢复到 2019 年的 51.0%。

（8）中国实行全新的发展战略

面对疫情和国际政治因素，中国确定了"十四五"期间的"双循环"新发展战略，立足内循环，积极外循环。由于疫情的持续和俄乌战争引起的世界格局变化，立足内循环将得到强调。

（9）旅游业特别是酒店餐饮业将加快转型升级

旅游业将面临更为严峻的考验，转型升级成为必然的趋势。酒店餐饮业仍将受到持续的冲击，由于吃、住是刚需，创新升级成为酒店餐饮业亟待解决的时代课题。

2. 海南独特的历史机遇

（1）机遇大好

海南自贸港建设是国家发展战略的重要组成部分，给海南带来了面向世界高水准发展的历史机遇。习近平总书记 2022 年 4 月中旬在海南考察时强调，"加快建设具有世界影响力的中国特色自由贸易港，让海南成为新时代中国改革开放的示范"①。

（2）政策利好

海南自贸港已经并将持续获得系统的全面开放的优惠政策扶持。

（3）市场看好

海南自贸港建设引发了国内外市场的普遍关注，新市场将不断出现，多方位刺激海南快速发展。

（4）结构调整

海南综合发展的起点较低，面对疫情带来的世界性冲击，海南更容易调整产业、行业结构，形成适应发展、能发挥生态优势的新格局。

---

① 《第一观察｜总书记对海南自贸港建设作出新指示》，"新华网"百家号，2022 年 4 月 16 日，https：//baijiahao.baidu.com/s? id=1730228649572996514&wfr=spider&for=pc。

（5）"内力"爆发

海南自贸港建设给自身带来强烈的"压迫力"，海南把握机遇、创新发展的"内力"被激发，各行各业积极探索，初步形成全社会谋发展的态势。

（二）海南省餐饮业整体经营状况

1. 年度增长情况

2021年，海南省餐饮收入284.92亿元，同比上升40.5%，餐饮收入恢复到2019年的93%（见图1）。

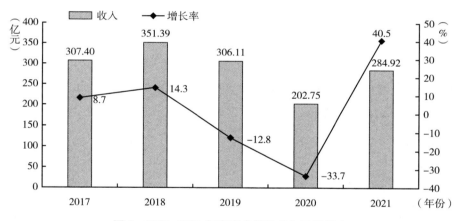

图1　2017~2021年海南省餐饮收入及增长率

注：由于价格等因素的影响，部分年份增速与实际计算结果不一致，但为了保持数据的完整性，本报告对引用的海南省统计局数据不做处理。仅供参考，下同。

资料来源：海南省统计局。

2. 月份增长情况

2021年，海南省餐饮业月份收入环比呈现波动发展趋势，本属于高峰期的1月、2月收入较低，3月迈入快速增长阶段，到年底没有伴随旅游人数的大幅度升降产生特别大的波动（见图2）。

分析显示，2021年上半年外卖餐饮的消费规模继续扩大，1~11月累计外卖消费额实现了14.9%的同比增长。按2020年第七次全国普查人口计算，

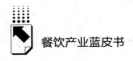
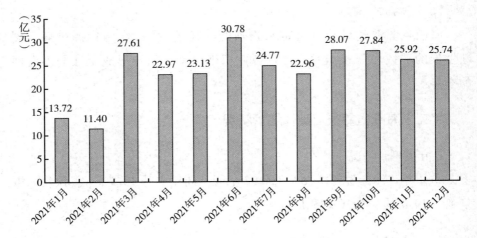

图2　2021年1~12月海南省餐饮收入

资料来源：海南省酒店与餐饮行业协会。

2021年海南省人均餐饮消费在全国处于中等偏上水平（见图3），说明海南省餐饮消费偏好相对较强。

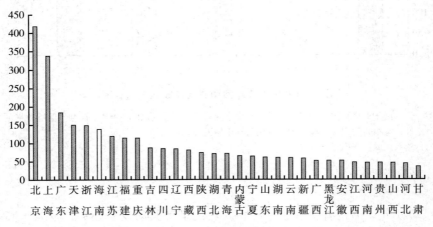

图3　2021年国内各省（区、市）人均餐饮消费额排序（全国平均＝100）

说明：不包括港澳台。

资料来源：美团研究院。

3. 类型及规模

截至 2022 年第一季度，全省各类餐饮经营主体约 46000 余家，从业人员 43.5 余万人。餐饮经营主体分为城市餐馆、酒店餐厅、乡村餐馆、小微摊点四类（见图 4）。经 2021 年调查，城市餐馆约 12000 家、酒店餐厅约 9400 家、乡村餐馆约 10000 家、小微摊点 14000 余家。各类餐饮经营主体以小微型企业为主，规模化（年销售额在 500 万元以上）法人企业占比较小。

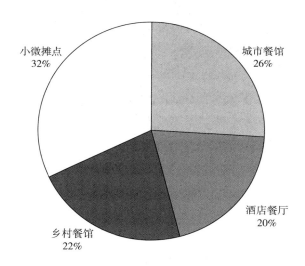

图 4　2021 年海南省餐饮业结构分布

资料来源：海南省酒店与餐饮行业协会。

4. 主要菜系分布

作为旅游大省，海南省餐饮业荟萃了较为丰富的国内外主要菜系，主要有琼菜、粤菜、湘菜、川菜、徽菜、鲁菜、东北菜、西餐、连锁餐饮品牌、日韩料理、休闲餐饮、火锅、烧烤等（见图 5）。酒店餐厅中琼菜、粤菜、西餐、湘菜、川菜、徽菜、鲁菜、东北菜、日料韩餐占比较大；城市餐馆中琼菜、粤菜、西餐、湘菜、川菜、徽菜、鲁菜、东北菜、日韩料理、连锁餐饮品牌等占比较大；乡村餐馆、小微摊点中，琼菜、休闲餐饮、火锅、烧烤

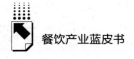

等占比较大。

琼菜作为海南本土餐饮文化的代表菜系占据主体地位,但是餐饮品牌还相对较少,需要进一步扶持。引入国内外餐饮品牌也是海南自贸港国际化发展的重要任务之一。

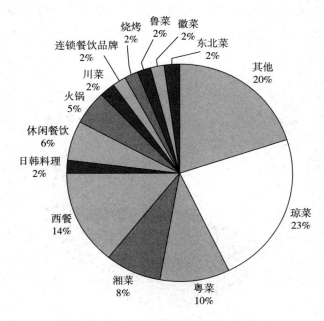

图5 2021年海南省餐饮业菜系分布

资料来源:海南省酒店与餐饮行业协会。

5.限额以上和连锁餐饮业发展情况

国家统计局对住宿和餐饮业进行数据统计分析,其中住宿包括旅游饭店、一般旅馆、民宿服务、露营地服务,餐饮包括正餐服务、快餐服务、饮料及冷饮服务、餐饮配送及外卖送餐服务。国家统计局数据显示:在2021年国内各省(区、市)住宿和餐饮业增加值排行中,三甲是广东、江苏、山东,三者的差距并不大,竞争激烈;湖北住宿和餐饮业增加值增长率高达30.1%,增速居全国之首。海南2021年住宿和餐饮业增加值为257亿元,在全国排名第22;2021年同比增长16.2%,同比增长率在全国排名第15。

　　从 2016～2020 年海南限额以上餐饮业营业数据来看，企业数和营业额一直呈稳步增长态势（见图 6），说明疫情对海南的头部餐饮企业影响较小。但从海南省连锁餐饮企业营业数据来看，2020 年营业额明显下降（见图 7），可以预见 2021～2022 年其表现必将受到影响。疫情防控常态化时期，海南需加快品牌发展，加速规模突破；整合行业资源，引进社会资本；捕捉创造机遇，充分释放产能；加大信息技术投入，赋能高质量发展。

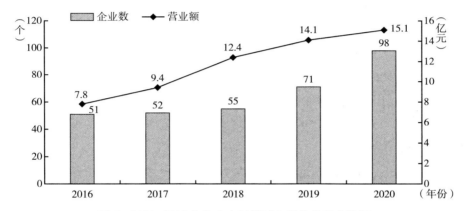

图 6　2016～2020 年海南省限额以上餐饮业营业数据

资料来源：迈点研究院。

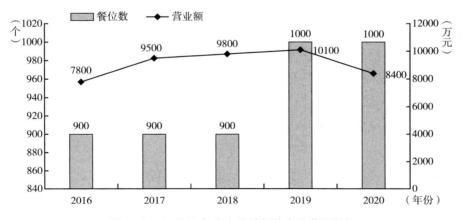

图 7　2016～2020 年海南连锁餐饮企业营业数据

资料来源：迈点研究院。

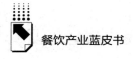
6. 发展状况评价

作为受疫情冲击最严重的行业，政府的扶持政策、企业的积极调整提升、行业协会的协调整合工作产生了明显的效果，餐饮业的发展呈现了由低到高的总体发展态势，基本实现了快速修复的目标。但餐饮业收入增长速度低于旅游业的增长速度。从 2022 年第一季度的发展态势看，疫情将给餐饮业带来持续的冲击，海南省餐饮业还将面临较大的困难。这些情况表明政策扶持、行业的积极调整还需要加强。

（三）2021年海南省餐饮业发展特点

1. 健康发展，成效显著

（1）海南经济走向看好

全省地区生产总值 6475.20 亿元，同比增长 11.2%，两年平均增长 7.3%。全省服务业（第三产业）增加值同比增长 15.3%，高于整体经济 4.1 个百分点，对经济增长的贡献率为 82.5%。旅游业接待国内外游客 8100.43 万人次，同比增长 25.5%，恢复至 2019 年的 97.5%；旅游总收入 1384.34 亿元，同比增长 58.6%，较 2019 年增长 30.9%，远高于全国旅游业发展的平均水平。

（2）海南餐饮业迅速回升

餐饮收入 284.92 亿元，同比增长 40.5%；住宿餐饮收入 377.56 亿元（含住宿、餐饮），其中餐饮收入 201.26 元，同比上升 26.5%。均相比上年大幅上升，分别恢复到 2019 年的 93.1% 和 101.0%（见图 8）。

（3）餐饮业整体恢复和发展状态良好

第一，海南省餐饮业基本恢复到疫前水平，发展态势好于全国餐饮业的平均水平。

第二，在疫情发生后，餐饮业遭受重创，海南省采取的各种纾困补贴措施，产生了良好的效果。

第三，餐饮业、企业积极努力探索，调整适应疫情防控新常态，不仅使餐饮业发展基本恢复到疫前水平，而且经营质量明显提升，消费者投诉率比

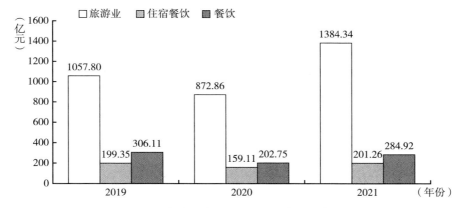

图8　2019~2021年海南省旅游业、住宿餐饮、餐饮收入情况

资料来源：海南省统计局。

上年下降了70%。

第四，海南自贸港建设带来了新的市场红利，有效刺激了餐饮消费市场的需求。

第五，海南生态环境极具优越性，在疫情发生后获得了更多消费市场的青睐。

第六，从海南省旅游业整体发展情况看，餐饮业的发展稍显滞后，一方面与行业受冲击严重、恢复周期长有关，另一方面与政策扶持和企业转型不足有关。

2. 抗疫修复，积极应变

（1）旅游业全年呈现曲线发展状态，餐饮业则波动较小

旅游业收入在8月环比下滑了49%（见图9），酒店业收入下滑了44%，餐饮收入仅下滑了7%，到年底，餐饮业每月收入基本保持在25亿元以上，没有大的波动（见图10）。这种发展态势表明：第一，2021年，疫情带来的冲击，是产生发展起伏的基本原因；第二，海南省餐饮业发展状态好于全国平均水平，体现了海南省应对疫情冲击，不断转型调整和努力取得了良好的成效；第三，餐饮业受旅游业发展的影响相对较小，表明餐饮业转型的幅度较大，应对疫情带来的特殊发展状态的调整和努力取得了较好的成果。

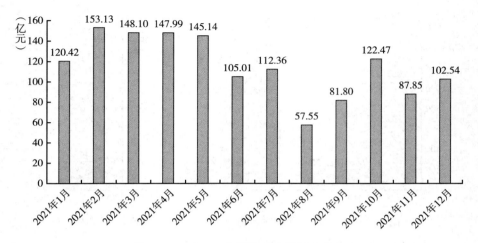

图9　2021年1~12月海南省旅游业收入

资料来源：海南省统计局。

图10　2021年1~12月海南省酒店业与餐饮收入

资料来源：海南省文旅厅、海南省酒店与餐饮行业协会。

（2）全社会努力，成效凸显

第一，政府牵头，积极修复。省政府针对餐饮业多次召开办公会议，积极解决专项具体问题，并发布《海南省人民政府办公厅关于印发海南省应对新型冠状病毒肺炎疫情支持海南旅游企业共渡难关六条措施的通知》等文件。2021年，各部门积极落实相关通知，省商务厅组织专题调研研讨，积极采取减免、延长税费、贷款贴息、专项扶持以及强化财政金融支持等一系列措施，为行业保驾护航，提升企业的抵御能力。这也是海南省餐饮业在疫情的反复冲击下，仍能获得较好业绩的重要基础。

第二，行业协会做出积极贡献。2021年，海南省酒店与餐饮行业协会统筹落实行业纾困措施。一是通过调研，精准把握企业的具体问题，及时反映给主管部门，并协调解决；二是克服疫情等困难，举办了十余次全国性大型会展活动，以及数十次交流、研讨、竞赛等活动，提升市场宣传推广效应，激发行业发展活力；三是积极推动行业的标准化建设，组建"海南国际旅游消费中心智库"，自筹资金组织编写20余部针对酒店和餐饮业的各类团体标准，为海南省餐饮业标准化发展奠定了良好基础。

第三，大力推进"促消费"工程。海南省连续举办三季"寻味海南"餐饮国际化推广活动，每季活动点击量均突破3亿次；连续三年举办中国（海南）琼菜美食节，累计受众琼菜门店800余家，推广琼菜菜品400余道；开展海南餐饮企业"安心堂食，开吃了""开饭了"融媒体宣传活动；连续两年举办海口国际食尚美食消费季，累计受众门店近1500余家；连续两年举办迎中秋·庆国庆海口市品牌酒店餐饮企业联展促销活动，累计受众企业1200余家；举办海口火山口金秋美食文化节，宣传火山口地域美食文化。

第四，大力推进"品牌+"工程。与海外华文媒体建立合作关系，在境内外发布300余篇新闻报道；开展厨王争霸走进海南活动，系列特辑首播重播等电视媒介累计近1.1亿人次观看，中国网络电视台等网络媒介累计获得近2.3亿次视频点击播放及互动；开展最美时光·舌尖海南中外媒体海南美食之旅，30余家境内外知名媒体50余名记者走进海南东中西线，用10天探寻市县百余道美食；开展琼粤港澳美食文化交流系列活动、海岛美食节等活动，配合商务部完成"2021年中华美食荟"活动，完成20道海南特色菜编入《中华美食荟》图书；巩固海南鸡饭品牌，开展中国（海口）海南鸡饭创新发展论坛暨海南鸡饭十大金牌名店评选活动，邀请新加坡、马来西亚、泰国等"一带

一路"东南亚共建国家共同出席;在第二届中国(海南)琼菜美食节期间发布"海南十大会展接待活动标准菜单",以"海南特色菜单+会展"的创新形式推介琼菜文化,推动海南餐饮、会展、文化、旅游等产业的融合。

第五,大力推进"消博会+"工程。借力首届中国国际消费品博览会,扎实做好首届消博会期间场馆餐饮组织保障工作及餐饮促消费工作。会展期间中心餐饮服务保障累计接待用餐人员 16.02 万人次,116 个餐饮档口累计销售额高达 1733.76 万元,同期引流 56.83 万人次赴线下门店消费,150 多家馆外指定接待餐饮酒店累计餐饮收入高达 5795.76 万元,社会餐饮类门店营业额平均较上年同期增长 53.6%。多家知名媒体为活动累计宣传报道 60余篇,借消博会平台扩大了海南酒店餐饮业的影响力。

第六,大力推进"会展"工程。组织海南省食品和餐饮相关企业及机构参加 2021(第六届)中国国际食品餐饮博览会,获得"优秀组织奖";参加了澳门松茸展,展出及推广海南文昌鸡等优质食材,搭建商业分销渠道;连续六年组织海南餐饮企业参加中国国际饭店业大会;连续两年组织海南餐饮企业参加海南自贸港酒店与餐饮行业发展大会,与省内其他市县优秀企业交流学习;分别在第六届中国国际饭店业大会、2021 中国酒业创新与投资大会、2021 年中国国际渔业博览会和 2021 第六届中国国际食品餐饮博览会(长沙)中举办的海南餐饮业高质量发展推介会上宣传海南餐饮业现状及政策。

第七,大力推进"人才"工程。组织省内外竞赛、培训、职业技能认证等,受众超 2 万多人次,培育了一批优秀的行业人才。高度重视外语人才培育,印发《关于提升海南省餐饮行业外语服务水平的指导意见》;组织 3名琼菜厨师代表参加中华美食荟餐饮技能展示活动,荣获全赛"最佳人气菜品"和"最佳人气选手"两项大奖;连续六年组织海南酒店餐饮企业参加冬交会海南特色农产品烹饪职业技能竞赛,累计组织 2000 余名厨师参赛;组织"第一届自贸港技能大赛——第七届全国职工职业技能大赛海南省选拔赛暨海南省职工职业技能竞赛(酒店与餐饮服务项目)";组织 2021 年首期全省酒店与餐饮业中式烹调师、中式面点师职业技能提升培训班,定向培养职业技能人才。

第八，大力推进"标准化"工程。建立健全海南酒店餐饮业标准体系，指导行业协会发布《餐饮企业绿色后厨管理规范》《餐饮绿色外卖管理规范》等地方标准，以及《公筷公勺使用规范》《海南鸡饭烹制规范》《酒店餐饮行业放心消费示范单位创建标准》《餐饮酒店企业复工经营新冠肺炎疫情防控工作指引》《海南地标美食名宴、名菜、名小吃、食材认定》等20余项团体标准，并在海南自贸港酒店与餐饮行业发展大会和中国国际饭店业大会期间开展宣贯培训，累计受众近500人次，以酒店餐饮标准化助力酒店餐饮业高质量发展。

第九，餐饮企业积极探索创新。餐饮企业在亏损中顽强守住阵地，积极开拓走出困境的新路子。一是探索创新经营模式，如推出"无接触"点餐、取餐模式，针对气候变化创新推出季节性菜品，针对节日活动推出新款套餐，引进新型团餐服务等；二是探索销售的新模式，如利用信息化手段引导消费，发展各种线上外卖、网上团购的模式；搭建各类交际直播平台，实现宣传和带货推销；策划多渠道接力营销活动等；三是探索企业运营规范化，如大部分餐饮企业制度化地实行分餐制、公筷公勺制等；四是围绕文化、特色、品牌等问题，结合自身餐饮业态，开发特色文化风格服务，积极探索增加吸引力和竞争力的新特色，如经营琼菜的新宝岛餐饮管理有限公司在餐饮服务中系统引入海南地方文化浓郁的服饰、民歌、餐具、服务流程等，得到消费市场的青睐。

3. 机遇凸显，挑战严峻

（1）机遇

第一，系统梳理和布局行业结构的机遇。疫情下部分餐饮企业关停并转，在某种程度上暴露了其发展的弱势和不足。在海南面向自贸港新发展的格局下，疫情在某种程度上提供了系统梳理和布局行业结构的时机，倒逼行业转型升级。从海南建设"三天堂一高地"（度假天堂、康养天堂、休闲天堂、会展高地）的旅游发展目标看，发展养生餐饮业是必需的选择，养生餐饮业需要利用海南生态食材和南药王国的优势创新发展餐饮模式，助力行业格局实现调整。

第二，系统升级行业质量的机遇。疫情使得消费者对旅游住宿服务的安全卫生健康及品质化提出更高要求，在此背景下，餐饮企业服务的内容和标准需升级，以提升餐饮业的产品服务能力。

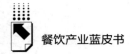

第三，推动特色品牌建设的机遇。疫情凸显了生态型资源的价值，海南餐饮业应全面挖掘生态资源，形成整体生态养生特色，努力把握这一机遇期，助力海南特色酒店餐饮品牌崛起。

（2）挑战

第一，海南餐饮业起步晚、底子薄，行业基础薄弱。

第二，疫情冲击严重，从目前情况看，疫情还将持续一个相当长的时期。

第三，由于海南自贸港建设的高度定位，消费市场对海南餐饮业的预期较高，留给海南餐饮业调整提升的时间不足。

第四，《海南自由贸易港法》实施后，发展节奏快，餐饮业调整提升的时间紧迫。

第五，海南餐饮业人才供给严重不足。

第六，海南餐饮业的运营管理缺乏经验积累，面向新发展需要开拓新的格局，管理经验不充分的问题比较突出。

（3）迎接挑战把握机遇，是历史的必然选择

2021年海南餐饮业的发展，已经迈出了可喜的一步。落实习近平总书记2022年4月中旬在海南考察时强调的"让海南成为新时代中国改革开放的示范"①，看准机遇，积极面对挑战，大手笔创新布局，是海南餐饮业走向卓越的关键。

二 海南餐饮业面临的现实问题

（一）面对新发展机遇，需要把握的重要问题尚未明确

餐饮业针对海南自贸港建设高质量发展的"高"定位，以及发展目标、发展途径、系统措施、配套政策等问题还没有系统明确。

---

① 《习近平在海南考察时强调 解放思想开拓创新团结奋斗攻坚克难 加快建设具有世界影响力的中国特色自由贸易港》，"新华社客户端"百家号，2022年4月13日，https：//baijiahao. baidu. com/s？id＝1729998153572904368&wfr＝spider&for＝pc。

（二）疫情冲击下显露出的问题，尚未很好解决

餐饮业是典型的能源高耗型行业，行业平均支付的人工成本占到营收的30%左右，能耗成本达8%～12%，行业平均利润率仅2%左右。此外，海南供应链不完善，物价高，食材成本高。疫情冲击下面临房租成本上涨、人工工资上涨、燃气水电费上涨、原材料调料成本上涨等挑战，叠加社保基数过高、工会经费和残疾人经费偏高、外卖抽成比重较高等因素。尤其是疫情反复之下消费者外出就餐和堂食均在减少，低营收却仍背负着房租、工资、利息、保险、税金等刚性支出，餐饮企业面临难以预料的压力。目前主要表现在以下各方面：第一，餐饮业水、电、气收费价格标准偏高；第二，餐饮企业员工社保基本费用收缴偏高（2022年深圳社保费最低缴费基数为2360元，海口为3925.8元）；第三，疫情发生后企业断续营业的房租等问题仍不同程度地存在；第四，夜卖中临时停车位问题；第五，下调餐饮外卖企业服务费标准问题；第六，允许临街餐饮企业外摆等问题。这些问题都尚未得到很好的解决。

（三）餐饮文化挖掘不充分

海南具有独特的人文地理特征，本土餐饮资源丰富，长期以来形成独具特色的饮食文化和历史内涵。由于缺乏研究挖掘、菜品包装和宣传推广，其历史来源、文化内涵、烹饪技艺、营养价值等鲜为人知，门店装修、就餐环境、服务品质等难以充分体现文化氛围、文化底蕴及文化价值。

（四）餐饮品牌建设不突出

一方面，本土特色餐饮品牌缺乏，中华老字号等传统品牌少，传播力较弱，全国性知名连锁餐饮品牌缺失。另一方面，国内外知名餐饮品牌进驻海南数量不足，对整个行业难以形成示范带动效应。

（五）餐饮产品创新不丰富

主要体现在新菜品的创新研发不够、餐饮业营销模式单一，本地特色菜品没有很好地结合现代营养学和健康生活理念，海南特有的热带绿色食材价

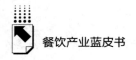

餐饮产业蓝皮书

值没有得到充分挖掘和利用，同时网红餐厅、餐饮打卡地、美食 IP 等较少且知名度不高。

（六）餐饮服务水平不高

餐饮业进入门槛低，入门简单，吸纳了大量进城务工人员，整个行业从业人员受教育水平偏低，且行业教育机构和院校主要为中等职业院校，高端厨师、管理人才、产品创新人才、餐饮服务人才缺乏，行业整体服务水平有待提高。根据海南省酒店与餐饮行业协会抽样调查，餐饮企业从业人员学历结构较不合理，初中以下学历占 8%，大专以上学历占 16%，初中至高中（含中职）学历占 76%，持有职业资格证书或职业技能等级证书的从业人员极少，不少企业的持证率为零。

（七）餐饮业用人难问题严峻

根据省酒店与餐饮行业协会抽样调查，近 43.5 万餐饮业从业人员中海南本地人占大多数，七成以上是农民工。餐饮业人员流动已成常态，部分餐企人员流动率高达 40%~50%。企业一方面要依靠人才提升经营质量，一方面又难以很好地吸引和使用人才，亟须得到政策扶持。调查中发现的问题主要如下：第一，餐饮业对从业人员吸引力不强；第二，从业人员学历层次普遍较低；第三，从业人员整体服务技能水平偏低；第四，人才培养社会关注度不够；第五，从业人员工作与学习的矛盾较为突出。餐饮企业呼声最大的是希望政府能够降低社保缴费基数，增加就业见习补贴、稳岗补贴、技能提升培训补贴，以降低餐饮企业人力成本。用人难的问题已成为海南省餐饮企业反响最强烈的迫切需要解决的问题之一。

（八）餐饮扶持政策不充分

目前，海南餐饮特色品牌化建设，餐饮业经营运作模式转型升级，餐饮行业的高质量、多元化发展等扶持政策不系统不充分，尚不能完全满足餐饮业快速发展的需求。

三　海南餐饮业发展思路

（一）大手笔制定海南餐饮业发展规划

海南自贸港建设带来了餐饮业的巨大发展机遇，新冠肺炎疫情背景下餐饮业迎来调整机遇，在历史发展的重要节点上，按照习近平总书记2022年4月中旬在海南考察时强调的"加快建设具有世界影响力的中国特色自由贸易港，让海南成为新时代中国改革开放的示范"[①] 的指示，海南餐饮业应该大手笔规划行业发展，从发展战略角度确定以生态特色为基础的"养生餐饮业"的高质量发展目标，绘制海南酒店餐饮业的理想蓝图，并着手制定与我国"十四五"规划调整相呼应、接地气、切实可行的海南餐饮业发展规划。纲举目张，有了清晰的目标体系，政策就能用在刀刃上，全社会就能聚力，海南餐饮业就具备了快速走向卓越的基础。

（二）系统开启标准化建设工作

在海南自贸港建设大背景下，海南餐饮业作为重要的基础行业，必然会向世界一流水准迈进，这决定了行业必须快速进入标准化发展层次。从目前海南餐饮业的发展情况看，标准化建设工作远不能满足行业创新发展的需求。餐饮运营模式的创新发展、与高科技相结合的智能化网络化数字化发展、参与国际化竞争的品牌化发展等，都需要标准化建设作为基础，没有这个基础，所有高质量发展都将举步维艰。海南省酒店与餐饮行业协会在近两年已经研发制定了20多项餐饮行业的团体标准，并在国家标准平台发布，但这只是海南餐饮业标准化发展的序曲。建议海南省系统开启标准化建设工

[①] 《习近平在海南考察时强调 解放思想开拓创新团结奋斗攻坚克难 加快建设具有世界影响力的中国特色自由贸易港》，"新华社客户端"百家号，2022年4月13日，https：//baijiahao.baidu.com/s？id=1729998153572904368&wfr=spider&for=pc。

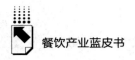

作，强力推进标准化进程，拨付专项经费，系统研发制定餐饮业各方面的规范标准，为海南餐饮业迈向世界一流水准奠定基础。

（三）实施"大品牌"战略

时代发展带来的机遇，已经使海南餐饮业进入可以"品牌辈出"的时代。海南省应不失时机地采取"大品牌"战略。第一，依托海南生态优势，给予政策和资金支持，鼓励行业协会、企业、知名媒体携手，集中力量打造一批"叫得响、拿得出"的样板企业，培育有国际竞争力的餐饮品牌。第二，优先发展以海南地方文化为主的餐饮龙头企业，设置专项奖励资金，对在海南单店年营业额排名前20的企业给予专项奖励，充分发挥龙头带动作用，尽快形成一批具有海南文化特色、拥有高知识产权、高品牌知名度、高管理水平、高国际竞争力的龙头企业；支持行业协会继续出台地方标准、团体标准，并根据相关标准有计划地认定一批琼菜名店名菜名厨名小吃，鼓励琼菜企业做大做强，助力琼菜菜系高质量发展；推动本土老字号企业上市，如首批"海南老字号"企业龙泉集团是拥有40余家分支企业的大型餐饮企业，海南第一家中华老字号企业沿江鸡饭店有10余家分店等，具备运作上市的基本条件，如果得到政府的大力支持，有望成为表现海南本土餐饮文化的大型上市企业。第三，通过补贴、减免税收等优惠政策，鼓励国内中华老字号、各省区、市商务部门认定的老字号餐饮企业入驻海南。第四，设置专项奖励，鼓励引进国际餐饮高端品牌，如米其林、黑珍珠等高端品牌；对引进的国际品牌给予一定的税收等优惠政策，对有出色贡献的组织和个人给予奖励。

（四）加速餐饮业智能化发展

首先要制定海南酒店餐饮业智能化发展的基本规划；其次要制定优惠政策，鼓励科技企业与餐饮企业合作；再次要对智能化发展餐饮企业进行嘉奖。

（五）系统实施人才建设工程

第一，鼓励大中专院校与餐饮企业合作，量身定制培养专业化人才；第二，鼓励行业协会举办各类餐饮技能大赛以及对应的专项技能培训，形成交流竞争的社会氛围，带动提升整个行业的人才服务技能；第三，制度化奖励获得国家级和省级荣誉的名厨、名师，优先推荐为省五一劳动奖章和劳动模范候选人，打造海南省餐饮业的"明星"阵容；第四，通过政策和资金扶持，支持行业协会建立运营餐饮业相关智库，荟萃行业精英，打造智库专家团队，建立起海南省餐饮业高质量智囊支撑机制。

（六）创新管理机制，重用行业协会

面对海南省国际发展的大趋势，创新酒店餐饮业的管理机制，逐步扩大海南酒店餐饮行业协会的管理权限，一方面便于与国际接轨，另一方面能充分挖掘行业、企业自我管理的潜力。从近期情况看，可先放开围绕执行团体标准的部分权利，使行业协会能发挥对企业的评价、监督、导向和市场推广等功能。从长期发展看，可逐步在纠纷协调、会展交流、信誉评定、人才培训、市场拓展等方面放开权利，使海南省酒店餐饮行业管理更加完善、富有特色。

（七）实施立体化营销战略

疫情的不断冲击，使营销工作变得格外重要，实施立体化营销战略是当务之急。第一，用好中国国际消费品博览会平台的影响力，以"服务消博会·共享新未来"为主题开展餐饮服务工作，通过媒体向世界展示海南餐饮业；第二，借助中秋、国庆、元旦等传统节假日契机，继续开展一系列酒店餐饮促消费活动；第三，继续做好中国（海口）琼菜美食节IP，推出2022年度琼菜精品；第四，继续组织行业企业参加寻味海南餐饮国际化推广第四季活动，向东南亚等地媒体宣传海南名菜名店；第五，支持行业协会牵头举办行业年会、行业大会，积极借助省内外大型会议会展平台，支持行

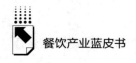

业协会举办海南自贸港酒店与餐饮业发展大会、中国国际饭店业大会、中国食品餐饮博览会等大型行业会议;第六,支持海南餐饮企业"走出去、引进来"交流,加大省外餐饮企业引进力度,在引进国内外知名餐饮品牌的同时协助海南省餐饮企业"走出去",赴国内各个省(区、市)开展交流考察。

(八)出台和落实行业扶持政策

在全球化萎缩的历史时期,渡过难关已经成为餐饮业战略发展中不可逾越的一个阶段。积极出台和落实行业发展的扶持政策,是目前不可忽视的一个步骤。

第一,落实经国务院批准的国家发展改革委等部门印发的《关于促进服务业领域困难行业恢复发展的若干政策》,延续服务业增值税加计抵减政策,对生产、生活性服务业纳税人当期可抵扣进项税额继续分别按 10%和15%加计抵减应纳税额。

第二,引导外卖等互联网平台企业进一步下调餐饮业商户服务费标准,降低相关餐饮企业经营成本。

第三,县级行政区域内的服务业小微企业和个体工商户承租国有房屋,减免 3~6 个月租金;对承租非国有房屋的服务业小微企业和个体工商户给予适当帮扶。鼓励非国有房屋租赁主体在平等协商的基础上合理分担疫情带来的损失。对减免租金的房屋业主,2022 年缴纳房产税、城镇土地使用税确有困难的,根据条例授权和地方实际给予减免。

第四,解决住宿餐饮企业水、电、气费偏高问题,统一餐饮业水、电、气收费标准。餐饮业的水、电、气价格标准高于其他行业标准。2021 年 8月,省发展改革委、省财政厅、省水务厅、省住房和城乡建设厅与省市场监督管理局等联合印发《海南省清理规范城镇供水供电供气行业收费促进行业高质量发展的实施方案》。但是远水不救近火,根据目前的情况,本报告提出如下建议。一是应协调供电、供水、供气企业针对餐饮企业目前面临的困难和问题,在力所能及的范围内给予一定的减免和优惠,和餐饮企业一起渡过难关；二是建议省物价局今后在制定和调整电价、水价、气价时，参考工业水、电、气收费标准，实行统一标准。

第五，餐饮企业可按员工实际工资上缴社保费。海南省现行社保费是按最低基数收缴，从海南省餐饮企业的实际情况看，最低基数高于员工实际工资。若改为按员工实际工资收缴社保费，可以大幅减轻企业负担。

第六，实行力度更大的贷款贴息政策。根据目前海南省餐饮业的发展状况，对于发展潜力大、需要重点扶持的餐饮企业，鼓励企业贷款自救和升级发展，扶持企业走出疫情阴霾。

第七，解决停车位和房租问题。落实省政府2021年工作会议纪要，在下午6点至夜10点，在酒店和餐馆门前增设临时停车位，解决餐饮企业停车难的问题；对新开业的餐饮企业，可免除当年房租，并给予相当于建设经费10%的建设扶持经费。

第八，允许餐厅外摆。对有条件的临街企业，放宽政策，允许外摆售卖和促销活动，有利于帮助企业摆脱目前的经营困境。

第九，解决餐饮企业用人难的问题。一是引入国家职业技能标准和国际先进的职业技能培训或认证机构，设立专项扶持项目，委托行业协会牵头，联合相关院校和餐饮企业，成立"海口市餐饮职业教育与培训专业委员会"，共同研究制定餐饮业的服务质量标准、培训体系、服务质量评估评级制度、质量监控保障体系等；二是建议出台《海南省餐饮行业服务人员岗位等级标准》，通过培训和考核，鉴定并颁发等级证书，实现持证上岗就业；三是鼓励举办各类餐饮行业职工技能竞赛，以赛促建，为各类技能人才脱颖而出搭建平台，竞赛结果纳入企业管理质量考核体系；四是增加就业见习补贴、稳岗补贴、技能提升培训补贴等，同时，实施企业职工培训费补贴政策，对餐饮企业开展职业技能、职业素质等上岗培训的，经申报确定，按规定给予一定的企业培训补贴，扶持餐饮企业提升人才质量；五是对不裁员或少裁员的参保餐饮企业，返还其上年度实际缴纳失业保险费的50%作为稳岗补贴；六是鼓励企业实施灵活用工政策，在严格签署劳务合同的前提下，实行集中工作、集中休息方式保持正常生产经营，

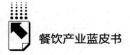

经与职工协商采取调整薪酬、轮岗轮休、缩短工时、待岗等方式稳定工作岗位；七是接受在餐饮行业工作的大专及以上学历继续教育毕业的员工纳入人才落户政策范围。

第十，鼓励餐饮企业绿色化发展。鼓励餐饮企业更多地使用可降解塑料制品，对积极使用可降解塑料制品的企业，按购置金额的 20% 左右给予奖励。

B.9
海外及港澳台地区中餐业发展研究

世界中餐业联合会海外及港澳台地区中餐业发展研究课题组 *

摘 要： 为推动中餐在世界各地的繁荣发展，世界中餐业联合会组建了海外及港澳台地区中餐业发展研究课题组，对多个国家和地区的中餐发展情况进行专题调研，了解疫情冲击下各国中餐发展现状及面临的困难，并在此基础上，根据不同地区的中餐发展问题提出有针对性的发展建议。比如，提出中餐在美国的发展关键是通过中餐文化的持续有效传播提升中餐文化形象。在欧洲，推进中餐的标准化和转型升级则是发展关键。课题组认为，快速推进这些对策落地实施，将会进一步提升中餐竞争力，同时，在传播中华美食的过程中也将进一步扩大中餐文化的影响力。

关键词： 中餐 餐饮品牌 菜品 标准化

一 美国、加拿大：持续有效开展
餐饮品牌和文化传播

在美国、加拿大，人们对中餐的认知是主流社会对华人形象认知的缩影，人们对华人的认知很大部分来自对当地中餐馆及经营中餐馆的华人之印

---

* 为促进全球中餐业高质量发展，世界中餐业联合会组建了海外及港澳台地区中餐业发展研究课题组，世界中餐业联合会副会长、新加坡同乐餐饮集团董事长周家萌担任组长，成员包括23个国家和地区的中餐业管理者和研究者。

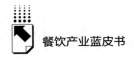

象，因此，伴随中国国际地位和形象的提升，中餐在当地的推广具有更丰富的现实意义。

（一）美国、加拿大中餐业现状

1. 疫情下的中餐艰难生存

美国中餐馆在 2016 年曾达到 4.6 万家，之后由于用工问题，中餐厨师以及服务人员出现萎缩，2020 年以来的新冠肺炎疫情更让美国中餐馆雪上加霜。美国本土生活服务平台 YELP 显示，2022 年美国中餐馆骤减至 3.4 万家，其中有近 1.6 万家是 2016 年之后开业的，目前中餐馆在美国餐馆中的占比约为 5%。疫情初期，加拿大中餐厅业务下降了 80%，两年来一些头部餐饮品牌均坦言陷入困境，疫情较为严重的多伦多地区，已经 5 度发布禁止室内用餐的规定，创下全球餐馆禁止室内用餐逾 360 天的最久纪录。

2. 主流社会对中餐的认知在改变

美国、加拿大早期的中餐馆是伴随着移民来到这里的。在当地人的印象中，中餐馆从提供外来食品到提供大众食品、本土食品，再到提供精细食品、文化食品，已经发生了很大的转变。随着中餐品牌和中国各省（区、市）美食不断进入，当地人对中餐及其背后的烹饪技巧、餐桌礼节、菜系文化等越来越有兴趣。

3. 中式快餐更受当地人欢迎

对于美国和加拿大人来说，5 美元的快餐既可以节约时间，价格还十分亲民。这种美味便宜又节约时间的用餐方式，因为适应快节奏的生活而深受欢迎。在美国和加拿大，中式快餐的食客数量远远高于正餐和火锅。相比较而言，中式正餐、火锅等进入门槛较高。

（二）美国、加拿大中餐发展存在的问题

1. 中餐业标准化、智能化水平与本土餐馆有一定差距

现阶段，美国、加拿大的中餐馆标准化程度以及智能化程度并不高，相对于本土餐馆还有一定差距，约 95% 的中餐馆仍处在低端领域，拉低了中

国蓬勃发展的国际形象。本次疫情，更是暴露出大多数餐馆在面对外卖平台时的不足。中餐馆从产品标准化到科技应用水平都有待提高。

2. 透过中餐馆看中国，大多数当地人认为中国依旧是一个贫穷落后的国家

在美国和加拿大，目前传统中餐馆的装修、食材代表和承载着中国的形象。中餐馆虽然实现了密集分布，但绝大多数仍以夫妻店和小铺子的形象存在，设备简陋，价格低廉，因此，给大多数当地人造成了这样的错误认知：中国依旧是贫穷落后的国家。

3. 作为一个餐饮大国，缺乏衡量中餐餐厅的标准及评价机制

中餐厅没有自身的排行榜，被不了解中餐的国外机制评价和打分。国外的评价机制未能给当地食客提供恰当的美食选择及餐饮文化指引，这对中餐行业发展来说非常不利。

（三）美国、加拿大中餐发展的对策及建议

化整为零，秉承先经济后文化的商业模式理念，在融合美国地方经济的基础上，将中餐文化持续有效传播，提升中餐文化形象。

1. 打造标准化中餐品牌

适应当地快节奏生活，根据当地食客消费特点和口味需求，孵化标准化单品切入美国、加拿大餐饮市场，进行标准化的品牌打造。同时，要辅之以有效、规范、标准化的运营体系，比如建立有效的运营模式，实施规范的团队管理，通过现代化的商业模式升级中国餐饮新形象。

2. 以文化为媒提升中餐形象

一是要加强中餐文化宣传。支持当地中餐馆举办美食文化沙龙、中餐名厨大讲堂等，增进当地居民对中餐文化的理解。二是提取餐饮产品及品牌文化卖点，编辑、制作一系列饮食类文化节目、影视、综艺、书籍，利用互联网设计出让年轻人喜闻乐见的"小视频"，将中餐文化传播推广到当地中餐馆，丰富食客在中餐馆的消费体验。三是组织国际性的中餐品牌文化交流活动。与国际组织、政府、媒体等联合组织中国美食文化主题项目，发挥已有品牌的优势和作用，做实做强"中国烹饪世界大赛""行走的年夜饭"等品

牌项目，夯实中国的世界美食中心地位。

3. 制定世界级中餐衡量标准

我国作为一个餐饮大国，应该有一系列的餐饮评比标准，这对行业发展非常有利。随着中餐文化的推广，在行业协会的主导下，根据中国烹饪技艺、餐饮服务等方面的特色，组织国际性社会团体、国际组织、中国饮食文化专家、外国专家学者、国际中餐名厨等共同组成评审工作委员会，着手制定中餐国际化评价标准体系，并将诸如"金筷子"等的中餐评价标准体系进行逐步推广，通过评价及认定将菜系上升为品牌，将厨艺上升为艺术，在世界爱上中国菜的基础上和氛围中提升中餐的各项水准。

二 欧洲：厨师培训和菜品标准化是发展关键

欧洲各国的中餐业真实水平与国内中餐业发展相差了几十年甚至半个世纪，更让人担心的是这些差距还有继续拉大的趋势，加速欧洲各国中餐业发展刻不容缓。

（一）欧洲中餐业现状

随着中国国力的日益增强和"一带一路"倡议的影响，欧洲各国涌现了越来越多的特色中餐馆。法国以川菜为主打的中餐馆日渐火爆，火锅更是遍地开花。一些极具中国风元素的现代中餐厅、火锅店、拉面店、饺子馆等小餐馆犹如雨后春笋般出现在西班牙的巴塞罗那大区。

但是，欧洲中餐馆的发展形势并不乐观。中餐馆还处在仅仅作为普通用餐场所的阶段，中餐特色和中餐文化体验未能得到很好的体现，发展速度和质量不仅落后于法国大餐，也在不同程度上落后于日本料理、韩式料理。

近几年，欧洲中餐馆受当地经济不景气、专业技术员工短缺、同行间的恶性竞争等因素影响，利润空间及菜品质量每况愈下，近半数夫妻搭档型的家庭作坊式中餐馆被迫关闭，其他幸存者大都转型成为经济实惠的自助型餐厅。

即使在自助餐领域，中餐的份额也在减少。随着自助餐领域的竞争加剧，在自助餐厅的环境和菜品的多样化上，各个餐厅都下足功夫，导致原本以中餐、越南餐为主的自助餐厅，现在更多地发展为融合印度菜、意大利菜、法国菜、东南亚菜、日本菜等的世界餐自助餐厅。

（二）欧洲中餐业发展存在的问题

1.厨师源的局限性和厨师培训的欠缺是中餐发展的瓶颈

欧洲大部分国家以优先保障本国国民的就业机会为国策，因此会为中国专业厨师来当地工作设立层层关卡，造成中餐大厨缺乏。随着欧洲老龄化的到来，"华二代""华三代"有了更广泛的行业选择，中餐业从业人员逐年减少，中餐厨师培训缺乏，中餐与当地饮食相比竞争力减弱。

2.专业厨师缺乏以及菜品标准化缺失导致餐厅菜品品质和口味都难以保持

由于专业厨师的缺乏和菜品制作的标准化缺失，欧洲中餐馆的菜品品质不稳定，也无法"沉淀"良好传统和积累信誉。截至2020年底，瑞典的品牌中餐老店约有20%转让，10%改行。

3.中餐特色和中餐文化体验未能得到很好的体现

同行的恶性竞争成为欧洲当地中餐发展的负面影响因素。随着日本料理、韩式料理等标准化、规范化和国际化的快速推行以及对美食文化的宣传，中餐的发展速度和质量在不同程度上落后于日本料理、韩式料理。

4.大规模的连锁企业不多

欧洲中餐馆大都采取一家一户的作坊式经营，还处在仅仅作为普通用餐场所、满足吃饱需求的水平。随着行业的恶性竞争加剧，遍布在欧洲各地的中餐馆，已经快成为快餐了。

5.欧洲中餐馆缺乏美食榜及美食指引

在欧洲，中餐吃什么？去哪里吃？哪家餐厅有哪些特色菜？对于这些问题，并没有一个专业的权威机构给出答案。

（三）欧洲中餐业发展对策及建议

第一，加强餐饮从业人员的培训，在海外建立"中餐烹饪学院"式的

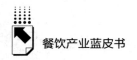

培训基地，解决厨师短缺的问题，使中餐在欧洲市场上继续做大做强。

第二，完善和推进中餐的标准化，对每道菜的制作流程进行标准化管理，确保中餐厅菜品品质、口味稳定。同时考虑建立中央厨房，在欧洲实现中餐生产和销售一条龙的新型发展模式。

第三，借鉴日韩两国的成功经验，文化先行，鼓励更多中国优秀餐饮品牌企业走出国门，将成熟完善的企业文化管理机制以及经典菜品及时传播到海外，用中餐的品牌化提升产品的知名度和竞争力，拓展欧洲中餐市场。

第四，积极发挥行业协会的平台功能，将国内中餐的成功模式和经验进行"移植"，推进海外中餐的转型升级，在欧洲当地营造出各地方菜系百花齐放、各品牌企业模式推陈出新的局面。

第五，加快建立专业、权威的国际中餐评价体系。法国米其林权威评价体系世界闻名，中餐评价更多是以小红书或者自媒体的非专业评价出现，缺乏专业性和权威性，应该从中餐文化传播角度出发，尽快建立中餐的权威评价规范。

三　东亚及东南亚：提升档次，吸引当地年轻人

由于地理位置相近，伴随着商贸、旅游往来的频繁，在现代科技以及物流、冷链的加持下，中餐连锁品牌陆续进驻东亚及东南亚地区，地区间的饮食文化交流自发开展。在这一基础上，亟须有组织地开展中餐文化交流，以文化赋能品牌，促进该地区中餐业快速发展。

（一）东亚及东南亚中餐发展概况

食客仍以华人为主。中餐馆主要集中在中国人聚集的地方，对本地普通民众缺乏吸引力。目前虽然已有中餐品牌店进驻，但绝大多数人吃中餐也只是品尝味道，看菜品外形，对中餐文化了解甚少。

品牌企业越来越多。近年来，全聚德、海底捞、小肥羊、东来顺、小龙

坎老火锅、蜀大侠等以地方特色餐饮、火锅、烤鱼、休闲餐饮为主的餐饮集团逐渐进入该地区，高大上的中餐形象加上互联网营销模式，开始引起当地人的关注。在新加坡，海底捞已经开设了多家店面，生意非常火爆。太二酸菜鱼2021年开业后反应热烈，时常一位难求。吃火锅也成为不少人家庭聚会、商务聚餐的选项之一。中式快餐、火锅、小吃店的数量正在迅速增长。

与国内中餐业发展相比相对滞后。部分经营者视彼此为竞争对手，中餐业者之间的恶意竞争，不仅导致菜量不足、食材质量降低，也使得相互之间很难拧成一股力量。加上身处国外，接触学习中餐新理念、新管理模式的渠道较少，阻碍了该地区中餐业的进一步发展。

（二）东亚及东南亚中餐发展存在的问题

第一，中餐馆整体形象不佳，店面卫生、口味、服务等有许多需要改进提升的地方。第二，中餐馆对对本地普通民众，特别是年轻人缺乏吸引力。第三，学习中餐新理念的渠道受限，企业内部管理不规范，特别是对店铺形象、菜品文化投入较少，导致发展速度缓慢。

（三）东亚及东南亚中餐发展对策建议

1.讲好菜品故事，提升中餐档次

不仅要鼓励更多中国优秀餐饮品牌企业走出国门，将成熟的企业文化管理以及经典菜品及时传播到该地区，用品牌化提升档次，还要从烹饪方法、食材搭配、医食同源等方面讲好故事，增强文化体验。

2.讲好中国故事，引导年轻人将中餐消费作为时尚

中餐也是中国文化重要的组成部分，推广中餐等同于讲好中国故事。借鉴邻国特别是日韩两国餐饮海外运营的成功经验，文化先行，通过网络、美食平台、影视剧等多渠道，宣传中餐文化、餐饮礼仪，吸引当地人特别是年轻人就餐。

3.搭建交流平台，与国内中餐业同步发展

积极发挥行业协会的平台功能，在中国和该地区之间建立稳定的经营者

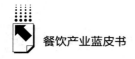
交流沟通平台，将国内中餐的成功模式和经验进行"移植"，推进海外中餐与国内中餐的迅速接轨。

四 港澳台：尽快转变传统服务内容和经营模式

两年多来，疫情改变了港澳台地区餐饮消费行为及餐饮营收来源，对于中餐经营者来说，随着疫情的常态化，需尽快改变传统服务内容和经营模式，加快转型。

（一）港澳台地区的餐饮业现状

1. 客源减少导致收入下降

疫情导致赴港澳台地区的观光人数骤减，餐饮业作为旅游业的周边产业，游客人数下降导致餐饮收入随之下降。2020年台湾地区餐饮营业收入7776亿新台币，同比减少4.2%；营业净利为751亿新台币，同比减少23.2%。2022年1月入澳旅客与2021年12月相比减少15.4%，留宿旅客减少近四成。[①] 2022年香港第五波新冠肺炎疫情形势严峻，香港与内地的通关恢复具有不确定性，很多餐厅关闭堂食及夜市100天，餐饮业受到较大影响。展望未来，餐饮业若要恢复至疫情前水平，需待旅游业全面复苏以及疫情稳定。

2. 餐饮服务内容和形式正在悄然改变

在香港，餐饮业渐由提供地道风味发展到提供融合菜品，顾客对菜品的色香味形美的综合需求意愿更强，反映了顾客对饮食趋向高品质的综合体验。在澳门，提供餐饮文化体验成为餐饮服务的主要内容，美食节每年都划分为"中式美食街""欧陆美食街"等，其中"中式美食街"包括澳门本

---

① 《台湾餐饮业营业额19年来首现负增长》，"中国新闻网"百家号，2021年1月26日，https：//baijiahao.baidu.com/s? id=1689940499272854415&wfr=spider&for=pc；《1月份入境澳门旅客逾69万人次 同比增24.7%》，"中国新闻网"百家号，2022年2月22日，https：//baijiahao.baidu.com/s? id=1725460174985252765&wfr=spider&for=pc。

地地道道的中式酒楼，不仅为入场居民及旅客带来传统、正宗的中餐美食，也让社会各界关注了解更多中餐文化。在台湾，餐饮服务形态亦在发生改变，餐饮业提供的各项服务中，外卖、线上平台的需求逐年提升。2020年，"线上点餐系统"和"加入外送平台"分别同比增加13.5%和12.4%，反映了人们对餐饮的便捷性需求在提升。

（二）港澳台地区中餐发展存在的问题

1. 入行意愿低，人事成本高

餐饮行业属于劳动密集型产业，员工工作时间长，劳动强度大，年轻一代入行意愿不高，为了正常运营，招工及人事成本越来越高。数据显示，台湾地区餐饮业全年无休者占比超50%，其中大企业接近63%。餐馆业和饮料店业营业时间皆以8小时至12小时居多数。餐饮经营目前面临的前三项困难依次为营业成本上升、食材成本波动大和人事成本过高。在澳门，餐饮从业人员也普遍认为业界工作强度大，年轻人进入餐饮业的意愿低，即使背靠老字号的家族餐厅，也不愿意接过长辈衣钵。这不仅导致人才短缺，还造成老店难以传承的困境。

2. 发展意愿弱，转型提升困难

新冠肺炎疫情对餐饮企业造成较大冲击，直接影响到餐饮门店的经营发展意愿。同时，餐饮业在区域内开店意愿受企业规模影响较大。在台湾，大型企业开拓发展相对积极。员工人数在200人以上的企业约72%未来有区域发展计划，介于100人至199人的企业39.1%有区域发展计划，而未满100人的企业仅17.2%有区域发展计划。香港的情况恰好相反，2021年餐饮门店数量不跌反升，主要原因在于小型化、家庭式经营门店增多。申请小吃店营业执照的门店约有5000多个，集团式管理的餐厅却因疫情关系而收缩成本及整合资源，相继退租或闭店。在澳门，餐饮业更是受发展空间的限制，表现出产业单一、结构失衡等问题。如何突破界限，实现高效经营值得业界深思。

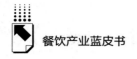

（三）港澳台地区中餐发展对策建议

随着消费行为向线上转移、消费需求向餐饮文化体验转变，餐饮企业正在从提供线上服务、丰富服务体验、加快品牌打造方面积极转型提升。为助力餐饮行业发展，拉动地区经济恢复，政府、协会应该在餐饮企业转型提升中提供更多支持。

1. 扶助老字号，多举措帮助老店实现活化及传承

港澳台不乏老字号餐饮门店，应借鉴澳门扶助中小微型饮食特色老店计划，帮助老店实现转型升级。同时，与餐饮商号共同谋划，为从业人士提供清晰的职业发展规划及就业前景分析，从服务素质、专业技能等多方面提升行业整体形象，打破大众对业界的固有印象，吸引更多人士投身行业，丰富行业人才资源，助力老店实现传承。

2. 发挥协会的桥梁纽带作用

积极向政府建言献策，在餐饮文化相近的台湾、香港、澳门地区，鼓励内地餐饮企业"走出去"进行店铺复制，将内地中餐门店好的创意、精致美食与优良服务结合的经验传播出去，使它们成为既凸显地区饮食文化特色又拓展业界发展空间的领头羊，带动港澳台地区中餐企业创新发展，快速转型。

专题报告篇
Special Reports

B.10
沙县小吃产业转型升级再出发研究

邱泽忠*

摘　要： 沙县小吃历史悠久，底蕴深厚。进入新时代，沙县小吃面临生产加工企业规模小、全产业供应链体系不完备、食品研发和推广传播不足等困难与挑战。在未来，沙县小吃人要牢记习近平总书记的新嘱托，持续学深悟透，以促进三产融合发展为抓手，助力乡村振兴；以提升健康食品安全为使命，塑造大众口碑；以打造小吃旅游休闲度假胜地为目标，做靓城市名片。

关键词： 沙县小吃产业　转型升级　食品安全

三明市沙县区从东晋义熙年间（405～418年）建立沙村县算起，已有

---

* 邱泽忠，高级讲师，中共沙县区委宣传部理论科负责人，沙县社科联副主席兼秘书长。

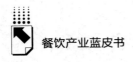
餐饮产业蓝皮书

1600 多年的建县历史。这里的物产丰富、交通便利、工商业发达，素有
"金沙县"之美称；这里的人爱拼搏、懂经营、讲诚信，闯出了一条沙县小
吃创业致富之路。

　　习近平同志在福建工作期间曾两次对沙县小吃产业发展做出重要指
示。2021 年 3 月 23 日，习近平总书记莅沙考察在俞邦村再次对沙县小吃
产业发展做出新嘱托。① 进入新时代，沙县小吃要以中华饮食文化核心价
值为背书，打造国际知名品牌；以产业转型升级为着力点，创新推动文旅
康养、乡村振兴。

一　沙县小吃的历史文化底蕴

　　小吃是指正餐以外供应的点心或宵夜等风味食品，是一类在口味上具有
特定风格特色的食品的总称，在沙县民间也叫"点心"。在历史悠久、幅员
辽阔、多民族同聚的中华民族大家庭中，各地方都能列出相当多的小吃品
种，小吃食材涉及粮食、果蔬、肉蛋奶，工艺涵盖蒸煮炖烤炸炒，酸甜苦辣
各味俱全。小吃因就地取材而特色鲜明、风味独特，因兼容地方生产、生活
元素而备受青睐、历久弥新，是人们品尝异域风味、了解地方人文的重要
窗口。②

（一）沙县小吃具有传承性

　　沙县小吃的源头是华夏礼制文化，《礼记·礼运》载，夫礼之初，始诸
饮食。周代的饮食礼仪已有一套相当完善的制度。③ 翻看沙县人的谱牒，感
受到的是各姓氏从中原辗转迁徙、筚路蓝缕。从汉晋时期开始，中原人来到

① 《总书记刚刚来过这里｜"让小吃产业继续引领风骚"》，"人民日报"百家号，2021
　　年 3 月 24 日，https://baijiahao.baidu.com/s? id = 1695116742253813094&wfr = spider&
　　for = pc。
② 乐相森：《沙县小吃经营与制作技术工艺研究》，2008 年 12 月。
③ （清）孙祖旦：《礼记集解》，中华书局，1989。

152

沙县拓荒定居，而大量举族入闽安居沙县是在唐宋以后。唐朝末年官至兵部侍郎的翰林学士韩偓在沙县城西的天王院寄居一年多。骨子里充满对中原文化喜爱和执着的沙县人，把韩偓的诗作和事迹记录下来并刻碑立于寺院中。北宋名臣李纲因言获罪，宣和元年（1119 年）被贬沙县任税务官，他看到了一份关于韩偓在沙县的手抄本，有感而发创作《读韩偓诗并记有感》，其中写道"假道寓沙阳，空门知所依。虽逾二百载，犹传赠僧诗。邑令真好事，作记刊丰碑"[1]。如夏茂镇俞邦村的俞姓，族谱记载系唐朝大臣俞文俊的后裔，第八代祖俞朝凤随王潮、王审知入闽定居汀州，北宋年间其后裔从汀州迁居沙县夏茂的俞屯（现在儒元村），南宋时期俞姓族人看中下方（现在俞邦村）这块依山傍水、半月形的风水宝地，迁居到此。[2] 中原的生活习俗、饮食习惯随着他们的安居而在沙县流行，许多小吃仍然保留了中原传统的风味和工艺制作特点，沙县小吃中的扁肉、拌面、蒸饺、炖罐等"四大金刚"在中原都有出处。"扁肉"也叫馄饨，在四川称"抄手"、广东称"云吞"、江西称"清汤"，《燕京岁时记》云："夫馄饨之形有如鸡卵，颇似天地混沌之象，故于冬至日食之。"[3] "拌面"也称面条，周朝称"礼面"、秦汉称"汤饼"、隋唐称"长命面"、宋元称"水滑面"，是黄河流域的重要食谱。在青海省民和县喇家村 4000 年前的古代遗址中发现的一个倒扣的碗中装有黄色的面条状物质，最长的有 50 厘米，经研究人员分析是用稷做成的面条。[4] "水饺"是中国北方过年祭祀用的食品，大年除夕包饺子，午夜十二点开始吃，"子"为"子时"，交与"饺"谐音，取"更岁交子"的意思，预示新的一年里交上好运。[5] "炖罐"也叫药膳，《黄帝内经》记

① （宋）李纲：《李纲全集》（上册），岳麓书社，2004，第 123 页。
② 陈元良：《沙县百家姓》。
③ 《新疆"曲曲"，广东云吞，四川抄手，中国到底哪里的馄饨最好吃》，新浪网，2020 年 5 月 25 日，http：//k. sina. com. cn/article_ 5606332285_ 14e29d77d00100rozc. html。
④ 《青海民和喇家遗址考古发掘再获重大发现》，个人图书馆网站，2018 年 6 月 15 日，http：//www. 360doc. com/content/18/0615/11/48496501_ 762589749. shtml。
⑤ 《大年三十吃饺子，还是大年初一吃饺子？正确答案在这里》，腾讯网，2021 年 2 月 10 日，https：//xw. qq. com/amphtml/20210210A02ULQ00。

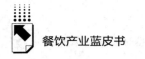

载有不少药膳方，东汉医圣张仲景著的《伤寒杂病论》也有关于药膳名方的记载，如当归生姜羊肉汤，至今仍有实用价值。① 药膳制作在传统工艺的基础上，不断推陈出新，沙县炖罐就是其中之一。

沙县小吃是沙县人农事节气、传统节日以及婚嫁、乔迁、丧葬、祭祀、宗教等活动中供神灵歆享，或供参加活动的人们享用的食品，是必不可少的祀品。宋代名相李纲被贬沙县期间对沙县民俗民风考察后得出与中原"习俗同"的结论。他在《又七夕》中写道，三秋景物随时好，万里瓜花习俗同；在《重午》中写道，千年沉汨英灵在，万里浮菖习俗同。② 沙县小吃的食材选用、品种类型体现了作为中华礼法文化重要内容的饮食习俗，如面条、春卷、饺子、年糕、板鸭等。而且烹饪技法及称谓也与古代礼法有许多相通之处，如周代礼制中规定天子九鼎八簋、诸侯七鼎六簋、大夫五鼎四簋、士三鼎二簋，③ 而沙县人把煮饭用的锅叫"鼎"。相同的饮食和器具称谓足以说明传承性，沙县小吃被誉为中华传统饮食文化"活化石"有典可查，有史可考。

（二）沙县小吃具有创新性

沙县先民在继承传统汉民族饮食的基础上，利用掌握的饮食制作工艺，吸纳当地闽越族、畲族居民的饮食习俗，以当地盛产的薯芋等杂粮为食材创造性地制作各类特色小吃。如沙县金包银是以当地盛产的黄豆为原料制作的豆腐为食材，用豆腐作皮包馅来替代饺子。先把豆腐制成大块并沥干，下油锅炸至外壳酥硬捞出，晾凉后用小刀从侧边划一小口，塞进由五花肉、香菇、虾仁剁烂并用酱油、味精、料酒、精盐、五香粉、地瓜粉、芝麻油等调味品搅拌而成的馅，然后上笼蒸熟取出，再将用淀粉调咸味而成的芡汁浇到豆腐上，这样一道美食才算制作完成。

① 《药膳概论》，甘肃中医药大学附属医院网站，2012 年 7 月 16 日，http：//www.zyxyfy.com/Item.aspx？id=2420。
② （宋）李纲：《李纲全集》，岳麓书社，2004。
③ （清）孙祖旦：《礼记集解》，中华书局，1989。

散落在大山里的沙县村落，无论是三五家聚居还是上千户的大村，每一个村落都在相对隔离的环境下，构建起以宗祠、祖坟为中心的"礼治"社会。祭祀是中国礼法文化非常重要的一部分，由于条件有限，人们不可能次次搞饕餮盛宴，沙县人就制作各种精品美食向神灵表示敬畏、对先祖表达敬意，以祈福免灾。理学大师朱熹对农村节庆祭典描写较详细："节如清明、寒食、重午、中元、重阳之类。凡乡俗所尚者，食如角黍。凡其节之所尚者，荐以大盘，间以蔬果，礼如正至朔日之仪。"① 沙县人认为制作精美可口的祭品展示的是一个家庭的勤快、和谐，而且能得到神灵、祖先最好的福佑，于是祭品精益求精、不断推陈出新。

此外，小吃美食还是邻里和谐的润滑剂。过去，沙县人的冬季有一份乡愁味道——鸭血汤。如果某家杀鸭子制作板鸭，那么隔壁邻居当天铁定能尝到一碗美味的鸭血汤，鸭血汤以鸭血鸭内脏为原料，添加冬笋、盖菜、芹菜、大蒜等各种辅料，由于大家不在同一天杀鸭子，这份乡愁味道在冬季是可以持续一些日子的，大人小孩还会聚在一起品评谁家的鸭血汤味道更好。著名社会学家费孝通认为："在我们社会里看得最清楚，朋友之间抢着回帐，意思是要对方欠自己一笔人情，像是投一笔资。欠了别人的人情就得找一个机会加重一些去回礼，加重一些就在使对方反欠了自己一笔人情。来来往往，维持着人和人之间的相互合作。"② 沙县地处戴云山脉和武夷山脉之间的闽中腹地，水稻、小麦、大豆是沙县历史上有据可查的三大重要物产，还有芋头、地瓜、木薯等各类杂粮，没有沿海地带的富裕，也非资源贫乏之地。据《沙县志》记载，沙县"城中之民多贾……城外之民多农……富者蓄盐不厌，贫者养池灌圃，足以自足"③。其余 18 个都和仪奉团、善峡团中，称为"民殷富""民富""乐土""饶益"的富裕之乡占 80% 以上，村落之间相距十几公里，甚至几十公里，在生产力有限、交通不便的年代，亲

---

① 《朱子家礼·俗节则献以时食》，个人图书馆网站，2020 年 4 月 4 日，http：//www. 360doc. com/content/20/0404/17/2006953_ 903834193. shtml。

② 费孝通：《乡土中国》，天地出版社，2020，第 117 页。

③ 沙县地方志编纂委员会编《沙县志》，中国科学技术出版社，1992，第 686 页。

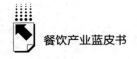

朋好友、左右邻舍之间相互馈赠小吃，既是一份人情又是一种"礼"，它润滑着邻里关系，并有效促进农事活动等重要事件中彼此间的亲密合作。特定的地理经济环境是沙县小吃推陈出新、品种繁多的原因之一，据不完全统计，沙县小吃有 240 多种。

（三）沙县小吃具有商品性

在马克思主义政治经济学对商品进行定义时指出，商品是"用于交换的劳动产品"，但劳动产品不一定是商品。沙县自晋末设县开始，城区人口逐渐增多，但是县城没有众多硕商巨富，小康型的经济水平表现在消费习惯上就是"既要讲究又花不起太多钱"，小吃特别繁荣，如人人都吃得起的馄饨、拌面、米冻皮、花椒饼等是既能解馋又能吃饱的经济实惠小吃。历史上沙县著名的"烧卖锦"师傅加工的烧卖，销售范围是"上不出西门，下不过南门"的有钱人家，而且大都是预约送货上门。沙县人还把这一现象演绎成一句比喻身份不高的俗语——你不是吃烧卖的人。

还有就是沙溪河绕城而过，横贯沙县中部，平均水流量达每秒 350 立方米，为没有现代交通的年代筑就了一条繁华的水路运输通道。沙县沿河商埠码头林立、商贾云集，据《沙县志》记载，清代时，开通了广东潮州韩江到福建长汀汀江、沙县沙溪、福州闽江的水道，沙县成为繁华一时的农副产品集散地，有了"金沙县"的美称。当时沙县城关仙舟（古称瀛洲）和琅口"江中百舸争流，陆上商贾云集"，城关有福州、莆田、闽南、汀州、江西等各地会馆。在沙县收购山货、做短暂休整的客商以小商小贩为主，他们往往选择既实惠又美味，而且便于打包的小吃。有需求就有动力，一些商业头脑好的人尽可能端出各种特色小吃以飨食客，琳琅满目的特色小吃摆满了县城的大街小巷，南霞泥鳅粉干、郑湖板鸭、夏茂冬酒、高桥乌米饭、富口豆干等，得到食客喜爱的特色小吃当然也给经营者带来了不菲的收入。这既促进了沙县小吃品种不断推陈出新，又成就了沙县人敢拼会赢的创业精神。

沙县小吃是伴随着改革开放的步伐走进城市大街小巷的，凭借"1 元进店、2 元吃饱、5 元吃好"的优势，抓住城市低消费群体，逐渐闯出了知名度。时任福建省领导的习近平同志对沙县小吃现象非常关注，多次到沙县调研，做出重要指示。1999 年 3 月 4 日，时任福建省委副书记习近平在沙县考察时指出，沙县小吃业的成功之处在于定位准确，填补了低消费的空白，薄利多销，闯出一条路子，现在应当认真进行总结，加强研究和培训，深入挖掘小吃业的拓展空间。2000 年 8 月 8 日，时任福建省省长习近平再赴沙县时指出，要找准今后经济发展的支撑点，特别是加强以沙县小吃业为支柱的第三产业，使之成为新的经济增长点。沙县小吃作为富民产业受到沙县百姓喜爱，也得到县委、县政府的大力支持，形成了蔚为壮观的沙县小吃现象。[①]

二 沙县小吃产业发展面临的新机遇和新成就

进入 21 世纪，沙县小吃人牢记习近平总书记嘱托、感恩奋进，持之以恒培育壮大小吃特色富民产业，沙县小吃转型步伐明显加快，沙县小吃标准化、连锁化、产业化、国际化、数字化转型升级有力推进。截至 2021 年底，沙县小吃全国门店近 9 万家，遍布 62 个国家和地区，年营业额 500 亿元以上，带动就业 30 万人以上。沙县小吃已初步形成了包括原料生产、物流配送、餐饮服务、文旅康养等在内的产业集群，带动农村居民人均可支配收入由 1997 年的 2805 元增长到 2020 年的 21855 元。

（一）习近平总书记的新嘱托为沙县小吃产业擘画新蓝图

2021 年 3 月 23 日，习近平总书记亲临沙县夏茂镇俞邦村调研时，再次对沙县小吃产业发展做出重要指示："民以食为天，沙县小吃非常受欢迎……沙县小吃在现有取得成绩的基础上，还要探索，还要完善，还要办得更好。现在的城市化、乡村振兴都需要你们，这就叫做（作）应运而

---

① 黄福松编撰《创业路上——沙县小吃二十年》，沙县小吃办、沙县小吃同业公会，2017 年 11 月。

生，相向而行，希望你们再接再厉，继续引领风骚。"[1] 习近平总书记的新嘱托，是推动沙县小吃产业提升发展的总要求、总定位、总指引。沙县小吃要立足新发展阶段，以满足人民的美好生活需求为目标，贯彻新发展理念，融入新发展格局，在推动全方位高质量发展中不断释放乡村振兴新动能。

（二）国务院扶持政策为沙县小吃产业发展提供重要支撑

《国务院关于新时代支持革命老区振兴发展的意见》提出，要培育壮大特色产业，支持发展沙县小吃等特色富民产业。这为沙县小吃产业转型升级带来更多政策红利。一是成立专班研究，用足用活相关政策。深入研究和把握各项政策措施的实施原则、措施要求和工作动态，领会其中蕴藏着的重大发展契机，紧盯中央和省、市战略布局、投资导向，夯实项目储备，谋划一批后劲强的小吃产业大项目、好项目。二是按部门职责对接，确保政策项目落地见效。落实领导挂钩重点项目责任制，围绕"四篇文章"、"3+1"主导产业、重大基础设施、社会事业，完善"一把手"招商、产业招商机制，做强做大小吃原配料产业链，打造吃住游一体的旅游集散地。

（三）沙县撤县设区为沙县小吃产业转型升级提供新动能

2021年4月27日，三明市沙县区正式挂牌，沙县作为三明城市发展新空间，城市规划、产业布局得到进一步优化，沙县小吃产业作为市级重要产业获得更强力的资金支持，三明市设立了2000万元沙县小吃产业发展基金。2021年9月30日，市委、市政府印发《三明市实施"五项提升"推进沙县小吃产业发展再出发行动方案》，提出了2023年沙县小吃加盟店、直营店超过7000家，2025年超过1.5万家的工作目标。一是提出"提升沙县小吃市

场运营能力"以解决沙县小吃商业竞争力不强、品牌认同感较弱等问题。二是提出"提升沙县小吃门店标准化"以解决沙县小吃门店松而散、经营品类杂乱等问题。三是提出"提升沙县小吃三产融合"以解决沙县小吃产业形态较为单一等问题。四是提出"提升沙县小吃品牌及文化、商业核心价值"以解决沙县小吃缺乏现代企业管理运营能力等问题。五是提出"提升沙县小吃创业及服务能力"以解决沙县小吃服务形式较为单一、受众不广等问题。

三　沙县小吃产业发展面临的困难和问题

1. 沙县小吃食品生产加工企业规模不大

沙县域内从事食品生产加工的企业有100多家，入驻沙县小吃产业园区的有24家，而且形成了自己的特色，经营状况良好。但是，相对于沙县小吃下游的8.8万家门店，存在门店销售需求与域内食品生产加工企业供给不匹配的问题。目前，还没有形成有足够影响力的品牌企业。

2. 沙县小吃全产业供应链还没有形成体系

沙县小吃就全产业链而言有原材料种养、食材加工、物流运输、门店配送等环节。目前，沙县小吃的供应依然是分块式各自发展，没有规模化的农副产品生产基地、冷链物流企业，食品安全不确定性因素多，产业整体供给效率不高，导致大量本土企业利润和本地税收外流。

3. 沙县小吃产品创新研发和市场推广不足

新时代是一个消费群体需求个性化的时代，而且触手可及的互联网给人们带来更多的消费选择，依靠几个小吃品种包打天下的日子已经一去不复返。目前，沙县小吃企业对食谱进行深度研发以适应快节奏消费需求的能力较弱，"沙县味道"预包装食品研发和推广传播方面还有一定差距，市场上缺乏强流通的沙县小吃热品爆品。

4. 沙县小吃业主对门店加盟意愿不高

从事沙县小吃经营，不加盟仍然可以办领营业执照，降低了业主的加盟

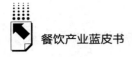

意愿。管理费、加盟费，规范门店装修，使用统一标识，还需要投入更多的资金，业主们普遍担心投入多了收益不一定增多。最为关键的是，沙县小吃没有肯德基、麦当劳式的"中央厨房"热品爆品，业主没有必须加盟以取得丰厚收益的动力。

5. 沙县小吃与旅游文化契合有待提升

饮食本身是旅游业的要素之一，而文化的包装则让饮食变得更有档次和品位，并带来良好的口碑和可观的经济效益。沙县小吃集团与沙阳文旅集团合并重组使旅游、小吃、文化产业的融合有了主心骨，由于牵涉部门多，协同发展、共同推进还需要深度磨合。

四　沙县小吃产业转型升级对策建议

根据以上提出的问题，结合沙县实际情况与习总书记的新嘱托，本报告提出如下建议。

（一）以贯彻习近平总书记新嘱托为指南，持续学深悟透

要教育引导全区广大党员干部群众以习近平总书记莅沙考察对沙县小吃的新嘱托为根本遵循，进一步统一思想、坚定信心、振奋精神、增强斗志，把沙县小吃作为区域经济发展的支柱产业做实做强。一要做好沙县小吃文化研究。把习近平总书记的新嘱托与弘扬优秀传统文化、群众期盼、区域发展结合起来，以沙县小吃文化研究院为平台，广纳贤才，从产、学、研、管等维度探讨沙县小吃产业面临的时代课题和历史使命，从传统饮食文化的挖掘中领悟先民的人文精神，把握其尊重自然、绿色生态、关注饮食健康、倡导餐桌礼仪等具有时代意义的哲理，展示文化自信。同时，认真总结经验，依托央媒等主流媒体，分领域、分系列、集成式推出创业沙县人、幸福沙县人等有温度的宣传展示报道。二是开展沙县小吃题材文艺创作。沙县小吃是沙县人集体智慧的结晶，是沙县人的致富梦，要以沙县边景召文艺奖为平台，鼓励本土文学爱好者深挖小吃内涵，开展小说、诗歌、散文、小品等沙县小

吃题材文艺创作；要广而告之地征集沙县小吃题材影视作品、舞台剧、短视频等文艺作品，通过更多的优秀作品把沙县小吃文化的内涵展示出来，把沙县人的追梦奋斗精神表现出来，激发人们为实现美好生活而努力奋斗的热情。三是讲好沙县小吃背后的中国故事。以习近平总书记提出的"推动中华优秀传统文化创造性转化、创新性发展，以时代精神激活中华优秀传统文化的生命力"①为根本遵循，把走出国门的沙县小吃打造成世界了解中国且极具亲和力的交流媒介。要在化解国外对"中国人啥都吃"，外国人对中餐烹饪调料名称复杂、味道多样、程序繁杂等方面的刻板印象有所作为。要自觉承担起中华文化交流传播的使命，通过一个个生动的沙县饮食文化传统故事、小吃制作技艺故事，诠释中华传统礼仪文化，让人们感受中华孝道文化，体味慎终追远的家国情怀，领悟中华和文化，把握道法自然、人与自然和谐共生理念等中华优秀传统文化精髓。

（二）以促进三产融合发展为抓手，助力乡村振兴

以国务院提出的支持发展沙县小吃等特色富民产业为指引，按照省委、市委的工作部署要求，打造集小吃食材种养、加工、生产、销售、研发以及康养、研学、旅游于一体的"新名片"，为新时代乡村振兴、共同富裕做出沙县探索。一是坚持农业绿色发展。用好"科特派"技术力量，推动小吃食材和配料种养业科学化规模化发展。实施"一乡一品"特色农业，引进培育壮大农业龙头企业，健全完善小农户与沙县小吃总部的利益联结机制，打造绿色品牌，走绿色生态农业之路。实施院校合作项目，与福建中医药大学、三明医学职业技术学院等嵌入式开展"药食同源"食品探索，打造沙县小吃原配料中草药材种植基地。实施林改助产惠农，鼓励发展金线莲、穿山龙等林下经济产业，为沙县小吃产业提供品种丰富、绿色健康的食材。二是坚持园区规划发展。实施沙县小吃产业园扩园提质工程，加快公共配套基础设施和标准厂房建设，

① 《习近平在福建考察时强调 在服务和融入新发展格局上展现更大作为 奋力谱写全面建设社会主义现代化国家福建篇章》，"新华网"百家号，2021年3月25日，https：//baijiahao.baidu.com/s？id＝1695189647690667263&wfr＝spider&for＝pc。

合理布局满足沙县小吃专用餐具、服装、厨具、特色包装、餐饮机器人等需求的业态，完善小吃产品标准化预包装生产、供应配送系统。实施大招商计划，出台生产线升级改造和引进奖励政策，用好国务院政策推动沙县小吃产业与中粮集团等大型国有企业合作，把园区打造成沙县小吃品类齐全的基地乃至重要的全国食品生产加工基地。依托《关于促进沙县小吃餐饮连锁企业总部回归沙县的七条措施》，打造食品企业生产公寓，为食品加工企业搭建轻资产孵化平台。三是坚持服务创新发展。以新组建的沙县小吃文旅集团为总部架构，全力推动子公司连锁经营，在打造福州、厦门、上海、北京等四个旗舰店的同时，推进沙县小吃门店标准化、连锁化、数字化发展；以沙县小吃文旅集团大数据中心为智慧平台，汇集需求、采购、生产、到货、仓储、配送、财务等各环节的实时数据，打通沙县小吃从生产端到消费端的产业链条，实现生产与门店无缝对接。成立沙县小吃巡回检察联络室，构建沙县小吃"一城一法官"法律咨询服务模式。

（三）以提升健康食品安全为使命，塑造大众口碑

要把食品安全、健康食品作为沙县小吃全方位高质量发展的目标，加强从农田到餐桌全过程监管，提升食品研发能力，为生产者、消费者提供更为便捷和人性化的服务。一是强化食品安全宣传教育。把文明城市创建与食品安全宣教工作有机结合起来，大力开展食品安全进农村、进校园、进企业、进社区活动，引导社会各界积极参与食品安全普法宣传和科学知识普及。加大食品行业市场主体和从业人员的食品安全培训力度，规范生产经营活动。鼓励食品及相关行业成立行业协会，推进诚信体系建设。二是完善食品追溯体系建设。推进"互联网+食品"监管，以"一品一码"追溯信息录入为抓手，建立基于大数据分析的食品安全信息平台，做到生产单位记录真实完整，产品来源可查、去向可追。开展网上受理、网上监督，完善抽检监测信息通报机制，使食品的整个生产经营活动始终处于有效监控之中，提升监管工作信息化水平。三是打造全国性食品安全检测中心。沙县小吃食材涵盖了禽肉类、水产品、农产品、果蔬、中草药材等，种类多、涉及面广，及时准

确地为生产经营者和消费者提供食品安全检测数据，提供食品安全和营养健康咨询，实现定性检测及宣传纵向延伸，保障"舌尖上的安全"是做靓沙县小吃品牌一个不可或缺的要素。建议在沙县小吃城三期打造全国性食品安全检测中心，迁入三明市食品安全检测中心，添置高端大型食品安全检测设备。分领域引进如一品一码检测（福建）有限公司等食品安全咨询与检测机构，以建设一流食品安全技术支撑机构和实验室为目标，引进人才，与高校及专业机构建立联盟关系，打造小吃食谱研发、食品营养配置高地。四是用好原产地标记保护国际规则。根据世贸组织多边贸易规则规定，如果本国产品未得到原产地标记保护，其他国家也没有保护的义务。拥有原产地标记在通关和市场准入时能够以较短的时间完成检验检疫等识别程序，赢得经济效益；拥有原产地标记可以有效保护消费者的选择权、知情权、追溯权，促进消费。沙县小吃遍布全球 62 个国家和地区，做好沙县小吃系列原辅材料原产地标记是沙县小吃走出国门的一项重要工作，应加大宣传、评审和监管。

（四）以打造小吃旅游休闲度假胜地为目标，做靓城市名片

新时代是全民旅游休闲的"黄金时代"。沙县小吃开遍中国的大江南北并走出国门，探访沙县小吃发源地、追味寻梦成为一种时尚，要做足"小吃+文旅"文章。一是打造沙县小吃主题公园。对沙县小吃文化城和淘金山风景区进行连片策划，打造集小吃创业打卡、小吃制作体验以及吃、住、购物、娱乐休闲、礼佛朝圣于一体的全国性小吃主题特色景区。打造沙县小吃总部经济，以沙县小吃文旅集团为核心采取股权吸纳合作伙伴、许可加盟经营以及上市运营等方式做大做强实体经济，以技能培训、产品研发、创意研讨、食品检测、制作体验、产品展示等项目，开展商务游、消费游、亲子游。举办各类大型节会活动，以 12·8 中国（沙县）小吃旅游文化节、淘金山孝道文化旅游节、淘金山浴佛节（母亲节）、礼佛朝圣、骑行比赛、摄影比赛以及小吃文化研讨会等会务活动吸引游客驻足。二是做好旅游资源整合文章。要做好旅游营销策划文章，以精品旅游线路、特色活动为抓手，做

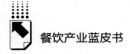

到一年四季、重要节庆都有热点。要做好乡村振兴"旅游+"文章，以农业综合开发项目为抓手，加大道路等基础硬件设施投入力度，盘活村里闲置的农房、土地等"沉睡"资源，打造民宿、绿色生态等旅游产品。要做好休闲旅游项目开发文章，在高标准做实村庄规划设计的同时，做实做细村落历史风貌保护，让乡村既引得来又留得住游客。三是打响"沙县小吃第一村"品牌。习近平总书记亲临夏茂镇俞邦村考察，吸引众多游客纷至沓来。要紧抓良好机遇大胆创新，深入挖掘红色文化、乡贤文化、民俗文化等村落文化资源，讲好"总书记来咱们村的故事"；以跨村联建、盘活资源为抓手，以特色种养产业、"研学+民宿"等项目为支撑，将俞邦村打造成全国乡村振兴典型样板。

B.11
2021年兰州拉面产业发展报告

梁顺俭*

摘　要： 兰州拉面作为甘肃兰州的一张城市名片，具有近百年的发展历史，"走出去"也是兰州拉面近年来的发展目标，供应链体系的建成大大减少了操作程序。加上近几年出口服务贸易的发展和支持，牛肉拉面的发展更是迎来了东风，通过供应链电子商务平台即可完成从最初的设计到装修、设备、人员、调料、物流配送等全方位的服务，为兰州拉面行业国际化发展提供了可靠的服务保障。

关键词： 兰州拉面　中式快餐　供应链　产业链

一　兰州拉面产业概况

近几年，面食赛道的异常火热吸引各大资本加码，和府捞面宣布完成了近8亿元E轮融资后，获得了各风险投资机构的青睐。其实，不只是和府捞面，马记永、陈香贵、遇见小面、五爷拌面等新式面馆都先后完成融资，融资规模将近20亿元。随着资本的持续加入，各种花样面食深受广大消费者的追捧。

从2021年上半年中国受访者面条种类喜好程度数据来看，有77.4%的受访者比较喜欢兰州拉面；之后是炸酱面、重庆小面、刀削面，占比分别为

---

* 梁顺俭，甘肃金味德拉面文化产业集团董事长，世界中餐业联合会面食专业委员会副主席，主要研究方向为兰州牛肉拉面烹饪、教学、经营、管理和兰州拉面产业发展。

74.9%、73.6%、73.2%；也有消费者表示喜欢四川担担面、河南烩面、热干面，占比分别为 67.5%、65.5%、63.5%。此外，还有部分受访者表示喜欢意面/意粉、日本拉面，占比分别为 55.7% 和 51.5%（见图 1）。从整体来看，消费者对中式面的喜爱度高于国外的面食，即使喜爱度最低的热干面，也有超 60% 的消费者喜欢。表明中式面馆的潜在基础广泛，行业发展前景大。

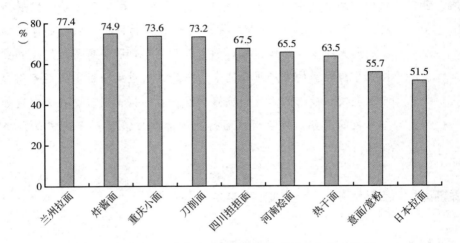

图 1　2021 年上半年中国受访者面条种类喜好程度分析

资料来源：艾媒数据中心。

2021 年在全国范围内，兰州拉面馆数量已经接近 5 万家。其中，一线城市占比 8.8%，二线城市占比 51.1%，三、四线城市占比 33.8%（见图 2）。兰州拉面的差评中，口味方面占比 35.7%；服务方面接近 20%；拉面中牛肉太少的差评占 13.5%。此外，卫生环境、价格等方面也收到了一些差评。

近年来中国餐饮业市场规模持续壮大，人们正吃出一条条"千亿赛道"。2021 年以来，餐饮行业融资事件不断，上到餐饮连锁店融资，下到产业供应链融资，分领域来看面食赛道成为资本家争相竞投的"香饽饽"，仅 7 月餐饮融资细分领域中，面食赛道就有 4 起融资，融资金额超 10 亿元，背后不乏高瓴创投、

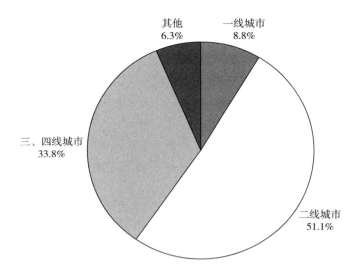

图2 2021年兰州拉面门店地域分布

资料来源：餐饮大数据研究与测评机构NCBD。

红杉中国、腾讯投资等机构的身影。其中兰州拉面品牌陈香贵已完成新一轮融资，金额过亿元，由正心谷资本领投，云九资本跟投，老股东源码资本和天使投资人宋欢平继续加持，泰合资本担任独家财务顾问。①

二 兰州拉面食材公共集配供应链体系建设

兰州拉面作为兰州的一张城市名片，具有近百年的发展历史，"走出去"也是兰州拉面近年来的发展目标，供应链体系的建成大大减少了操作程序。加上近几年出口服务贸易的发展和支持，牛肉拉面的发展更是迎来了东风，只需要在国外任一地选好地址，通过供应链电子商务平台即可完成从最初的设计到装修、设备、人员、调料、物流配送等全方位的服务。2019年甘肃金味德拉面文化产业集团有限公司（以下简称"金

---

① 《兰州牛肉面品牌陈香贵完成新一轮过亿元融资 资本爱上"吃面"？》，新浪财经网，2021年7月20日，https：//finance.sina.com.cn/chanjing/gsnews/2021-07-20/doc-ikqciyzk6592190.shtml。

味德集团")为商务部现代服务业供应链甘肃兰州拉面产业供应链链主企业。2021年兰州被确定为国家级商贸流通标准化专项试点城市,金味德集团被列为国家级贸易流通提质增效餐饮住宿标准化试点企业。兰州拉面产业标准试点正式开启,金味德集团组织相关领域专家组成了兰州拉面国家标准制定项目组,承担了兰州拉面从原辅材料种养殖、加工仓储、使用、店面服务、技能培训、课程开发、线下线上成品和预包装产品等全产业链的标准制定,为兰州拉面行业规范化、国际化发展提供可靠的服务保障。

(一)基础建设扎实,"四化、五统一"成效显著

兰州拉面链主企业在共享仓库、仓储设备设施、物流配送体系,标准化包装,分拣中心,供应链公共服务管理平台等四个基本建设方面大力投入,从基础做起,高起点严要求,与链属企业共同努力,按照各自优势分工明确,业务协同,在"四化、五统一"上下功夫。严格执行国家、地方、行业、企业、团体标准71项,制定执行行业标准3项等。按照标准配备了标准货托盘、周转箱等,执行统一的GSI码,从根本上减少了劳动力,提高了效率。从上游供应商入手,可以实现牛肉拉面食材供应智能化、数据化、透明化、专业化。严格执行财政部、商务部的供应链体系建设要求,节能减排、降低能源消耗,配备新能源配送车,从节约用水用电做起。在标准体系、物流服务、采购管理、信息采集、系统平台等五个统一的建设过程中,坚持以实现各链条企业降本增效为目标,减少流程环节,实现了统一采购,使食材品质、价格从源头上有保证,为更好地服务终端客户提供了可靠保障。

(二)资源优势互补,服务行业终端效果明显

链主企业与链属企业共同努力,按照各自优势、长处,协同化服务,在原材料生产配送、加工包装、物流配送、终端店面使用等方面明确了分工,使配送车辆再无空车运输的现象发生,各方资源优势互补,抱团发展,将各

自擅长的领域发挥到极致，最终实现了降低食材成本、配送仓储费用的目标。供应链项目建设的完成，从牛肉面行业的源头进行了规范，从采购、生产加工、仓储配送直到终端牛肉面店，减少了流通环节，为牛肉拉面品牌化、集团化、连锁化开店，布局全国市场打下了坚实基础。同时推动了兰州拉面行业人才培训、就业创业等工作的开展，链主、链属企业从人才入手，每年培训4000余人，解决了行业人才短缺、技术不足等难题，从面粉、调料、油、辣椒等基本食材入手，带动甘南牦牛肉、陇南西和菜籽油、天水甘谷辣椒、张掖民乐大蒜、武都花椒等从农户到工厂的一站式兰州拉面产业链促进乡村振兴发展。

（三）不断创新拓展，扩大应用与推广

在兰州拉面行业发展的同时，产业链主企业金味德集团发起成立了兰州拉面国际联盟，先后有国内外200家牛肉面企业加入，打通了行业沟通、交流服务的渠道，共同推动了行业发展，使更多人了解了兰州拉面。在项目建设期间，链主企业不断创新发展是推动整个行业发展的必要环节，其会同几家链属企业一起努力将兰州拉面打造为预包装、方便携带的旅游明星产品。

兰州拉面食材供应链体系项目的建设，尤其是食材供应链公共管理服务系统平台的投入使用，从根本上解决了牛肉拉面行业的散、乱现象，达到了自动化智能化作业的目的，使更多的兰州拉面实体店加入了供应链体系、服务系统平台，优化了资源配置，提高了效率，从而大大降低了成本，提高存货周转率10%以上，综合成本降低25%，重点产品质量合格率达到95%以上，填补了兰州拉面行业食材供应链管理的空白。

链主企业与链属企业共同努力，持续不断地推进标准化工程建设，立足现有基础，对照项目建设实施方案，下大力气改进存在的不足，认真吸取供应链建设项目中的不足与经验，学习先进企业的经验做法，尤其是服务系统平台运用以及电子商务、线上产品的开发与推广，把兰州拉面食材供应链体系项目建设为行业的标杆，使之真正成为行业发展的中坚力量。

（四）兰州拉面产业国家级标准化体系建设正在积极推进

2021 年 7 月，商务部会同市场监管总局联合发布《关于公布国家级服务业标准化试点（商贸流通专项）名单的通知》，兰州市被列为国家级商贸流通提质增效标准化试点城市，金味德集团被列为兰州市国家级商贸流通提质增效餐饮住宿标准化试点企业，也是甘肃省唯一一家进入此试点名单的企业。

金味德集团牵头积极组织相关行业协会、标准化研究院等领域专家、学者，主要围绕兰州拉面产业、行业从源头开始，从使用的牛肉、面粉、香菜、蒜苗、花椒等农牧产品种养殖标准、原辅材料、技能培训、考核、产品、设备、加工、使用、服务、冷链物流、预包装产品、店面设施设备、配备标准等多个方向开展标准化制定试点工作。以标准化建设带动兰州拉面行业内外贸领域认证衔接，建立健全兰州拉面产业的商贸流通业标准体系、商贸流通企业标准体系，积极展开工作的标准化培训，加强各类标准的实施和研制，确保兰州拉面产业的标准化试点工作顺利有效开展。总结可复制典型，提炼经验，进行全国推广，积极建设以国内大循环为主体、国内国际双循环相互促进的兰州拉面产业新发展格局。

（五）由一碗面延伸出的产业链条

兰州拉面产业正由一碗面逐渐延伸发展为集科技研发、技术培训、生产加工、物流配送、连锁经营于一体的庞大的产业链条。加快发展兰州拉面产业与乡村振兴相结合，推动甘肃省各地面粉、牛羊肉、辣椒、大蒜、花椒原辅料种养殖和食醋、菜籽油等食品加工产业融合发展，为带动县域经济振兴和决胜全面建成小康社会提供了有力支撑。

甘肃省将"拉面经济"与精准脱贫深度融合，通过"免费培训学员，奖励补贴企业、贫困人口实现就业"的模式，逐步走出了一条借助兰州拉面脱贫的路子。2018 年甘肃省在省会城市和重点城市启动"千店万人"牛肉拉面扶贫行动计划，举办"兰州拉面走出去培训班"，组织省内 23 个特困县近百名贫困户青年参加培训，培训后全部安置就业。随着兰州拉面在海内外知名度的提高，很多海外中式餐厅中都能见到兰州拉面的身影，它在国际市场上也越来越受欢迎。兰州市有关部门瞅准机遇，将兰州拉面师傅作为境外劳务输出的一个重要源头。截至2021年底，甘肃民间累计向世界50个国家和地区输出了近万名拉面师傅。

（六）发展品牌连锁化经营

兰州拉面凭借着特色，在全国遍地开花，一方面兰州拉面站在了餐饮行业数量和规模最大的赛道——快餐小吃上，有连锁化品牌化的发展潜力空间。2018～2021年，中国餐饮连锁店占整个餐饮大盘门店数的比例逐年提高。同时，电子支付、扫码点单、大数据技术的应用，在一定程度上解决了收支透明性的问题，使得兰州拉面的连锁化经营、科学化管理成为可能。

回顾近十年，中国餐饮高速增长之势不减，尤其在疫情防控常态化时期，凭借民生刚需属性，抗风险能力坚韧，行业复苏进程较快。其间的细分赛道依然出现新的成长机遇，像兰州拉面这类主食单品已在市场上渗透许久，消费基数较大，一个发展成熟的消费品类，有大众的稳定需求，有相对宽广的规模连锁化空间，必定会推动其品牌连锁化经营脚步。连锁化是现代快餐的基本特征，也是中式快餐快速发展的重要路径，连锁经营的本质特征是知识产权的转让与运作，即通过转让无形资产使真正价值得以实现。对于兰州拉面来说，有很多关键技术，比如说和面技术、汤料技术、品质检测技术、营养搭配技术等，在关键环节，每个企业都有自己的一套方案。

三 兰州拉面发展中的不足之处

（一）目标市场定位缺失，经营缺乏特色，没有形成品牌效应

顾客群体庞大而复杂，碍于消费心理、购买习惯、收入水平、资源条

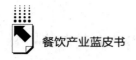

件、地理位置等的差别，不同的消费者对同类产品的消费需求和行为具有巨大差异。对于某个企业来说，没有必要满足消费者的全方位需求，可以通过市场调研，将购买者细分，结合特定市场营销环境和自身资源条件选择某类群体或某几类群体作为目标市场，制定相应的市场营销战略，满足目标群体需求。因此，熟悉市场细分原则，分门别类选择目标客户群体，研究制定市场定位策略是企业经营的关键所在。对于兰州拉面企业来讲，目标受众群体都是大众，但缺乏对目标群体消费心理、收入水平、消费偏好等的具体分析，大大小小的牛肉拉面馆的经营模式僵化雷同，要靠顾客根据自身体验及口碑进行鉴别。

品牌形象的确立是多年经营和积累的结果。品牌形象一旦确立，就成为企业宝贵的资产，为企业赢得市场竞争提供巨大的优势，久负盛名的品牌因良好的信誉度和过硬的品质等往往是消费者的首要选项。就消费习惯而言，牛肉拉面是典型的认购型产品，就是消费者往往是冲着品牌去消费的。牛肉拉面的品牌效应，存在两个极端，一方面，它在全国甚至世界上名气都很大，另一方面，在许多地方它又是与低消费、低档次、小门店联系紧密的。如果问本地兰州人，喜欢吃的牛肉拉面的品牌，他们会罗列出好几个，但是问外地人，他们对牛肉拉面的品牌几乎一无所知。这种品牌的缺失，使得牛肉拉面丧失了品牌效应，导致很多人在选择牛肉拉面的时候，不是就好，而是就近。

（二）行业规范化程度低，环境低端

牛肉拉面行业产业化进程缓慢，行业内优势互补很难发挥，产销衔接不好。由于兰州拉面馆的进入门槛低，没有一个统一标准，正宗、优质兰州拉面的牌子谁都可以挂，形形色色的兰州拉面馆质量参差不齐。再者，行业内社会化组织程度低，缺乏自我保护能力，导致行业内不正当竞争加剧，保守发展、创新不足和行业规范的缺失，更加剧了这一态势。

行业规范化程度低、卫生等服务条件简陋是制约兰州拉面发展的重要问题。餐品的规范化和标准化制作是保证餐品基本味道的重要手段之一，而传统的牛肉拉面多侧重于依靠经验、感觉来掌控餐品质量，个人烹饪技艺的高低和经验的多寡决定了最终餐品成品的质量优劣，缺乏对牛肉拉面的制作及品类的科学量化，且碍于竞争压力，汤调技艺向来都是行业的不传之秘。如此这般，诸多因素导致兰州拉面技艺标准化程度较低，百店百味现象普遍。再者，兰州拉面最早起于摊贩式经营，之于经营者而言，它更多的是一种谋生手段，而不是经营手段，这就降低了餐馆的经营服务意识。一个摊位往往很简陋，只有必备的要素，家庭作坊式的起源模式和经营模式，注定其卫生、服务等条件简陋，消费者体验观感较差，严重制约了它的发展。

（三）缺乏统一的从业人员教培体系

虽然兰州拉面馆遍地开花，然而人员的培训问题仍旧没有得到解决。技艺更多的还是靠口耳相传，缺乏统一的教培体系对从业人员进行标准化、专业化的培育。这严重影响了兰州拉面的餐品质量及其可持续发展。

（四）行业各自为政，未形成有机统一整体

随着人们生活水平的提高，兰州拉面虽然得到了一定的发展，但行业内部仍旧零散杂乱，不良竞争严重。大的企业自保无虞，小的店面经营坎坷，行业各自为政，彼此之间缺乏沟通与联系，没有抱团发展，只有紧张竞争的关系。市场内部并没有形成有机统一的整体，也没有合理有序地发展。

四　兰州拉面产业发展建议

兰州拉面是地方独具特色的小吃名品，需要在充分研析它的发展现状及发展过程中所遇到的新问题的前提下，以标准化、科学化、规范化、连锁化手段最大限度地整合各类行业资源，更好地促进其有序高质量发展。

1.增强品牌意识，强化品牌管理

要打造兰州拉面的品牌效应，就要整合行业资源，扩大经营规模，发展

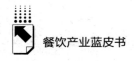

连锁产业。截至2021年，兰州拉面的连锁化率还不到5%，可以在经济较发达地区进行试点连锁，实现标准化和规模化。借鉴马记永、陈贵香、张拉拉、金味德等牛肉拉面品牌逐步发展壮大的经验，增强自身市场竞争力，提升自身服务品质，严把餐品成品质量，积累品牌信誉度及知名度，打开市场，争取一点落地，成线成面，而后延伸至全国。

2. 加强同政府的合作，规范行业发展

加强政府引导，扶持龙头。培育一批创新能力强，品牌知名度高的头部企业，辅之以政府在资金、技术、人才、政策等方面的扶持，以带领行业服务标准化、规范化发展，提升兰州拉面的行业服务水平和服务质量。同时，政府出台针对兰州拉面规范化经营的相关政策，从政策上规范行业发展，建立覆盖全国，集培训、加工、配送连锁于一体的牛肉拉面产业体系。

3. 技术服务人员统一培训管理，建立教育培训基地

解决兰州拉面行业标准不完善、人才匮乏、宣传推广不够等难题，首要的任务就是建立教育培训基地，实行资深员工带队引领新人的发展模式，新老员工、老员工之间增强学习交流，形成新老员工共同发展、携手并进的模式，以提高人员素质。另外，要宣传兰州拉面理念。从它考究的用料到店面独有的西域风情，加大民族文化因素的投入力度，凸显其地域风情，表达西北人民淳朴好客的美好心愿。

4. 充分发挥行业协会的作用

行业协会因其桥梁纽带特性对行业发展有举足轻重的作用，它可以联络行业内部与其他行业组织或经营单位进行沟通与合作交流，约束行业自身，引导行业规范化发展，提高行业经营效益。同时，行业协会是连接政府与企业的纽带。它可以接触到行业内部的一手市场信息，积极收集上报，信息的准确性与专业性减轻了政府部门的工作压力，与政府的紧密联系使得行业协会能够第一时间得到政府最新的政策信息，用以高效指导行业发展，加强政府对行业的指导作用。建立行业协会组织，可以使市场与政府间形成较为完备的信息反馈系统。通过这个系统，政府有关部门可以更多地了解和掌握企业经营的现状，企业可以更好地知悉政府的相关政策信息。此时，行业协会组织一身双角，对上反馈需求，对下指导发展。

五　兰州拉面产业发展趋势与投资方向

传统小吃产业在脱贫攻坚方面成效显著，工业化、标准化、规范化、规模化、带动就业创业、产业链可持续发展，在促进乡村振兴方面还有很大的潜力可挖。

甘肃把发展地域特色富民产业作为农牧业增效、农民增收的着力点，就业、创业的主要抓手。经过深入调研，榆中县将具有百年传承、庞大市场发展潜力和产业链可持续发展的兰州拉面产教融合供应链作为特色产业来打造，以文旅、品牌、供应链输出为抓手，立足榆中、面向世界，走出一条兰州拉面供应链上市之路，借助资本市场助力产业发展，发展现代化、工业化、标准化、品牌化、国际化国内外兰州拉面实体经营网点，聚焦以兰州拉面为龙头的西北土特产品深加工，利用互联网线下、线上营销模式，打造中式快餐国际品牌，成就更多人的就业、创业、产业致富梦想。

"兰州牛肉拉面"是兰州市政府在国家商标局注册的集体商标，兰州牛肉面制作技艺被列入中国非物质文化遗产项目，"甘肃兰州拉面师"被人力资源和社会保障部列为国家专项职业并授予国家带动就业类劳务品牌。在甘肃牛肉拉面店就有4000家左右，在产业链规模化、标准化、文旅融合、产业挖掘、聚焦投入打造产业链矩阵、整合资源发展方面都还有待发展。

兰州拉面行业近两年开始受到资本市场较大的关注，但目前还都在北上广自己开拉面店的初级阶段探索。随着中国改革开放40多年的发展，中国经济和国际影响力的不断提升，再加上互联网时代打通了各国民众相互了解文化美食的通道，中式快餐走向世界与当年炸鸡、汉堡等洋快餐开始进入中国的时机极为相似，世界需要中式餐饮，尤其是兰州拉面实现了人类饮食文化吃饱、吃好、吃营养、吃文化、吃艺术的五大需求全覆盖，兰州拉面是中式快餐当中较具国际发展潜力的一款美食，目前市场发展空间巨大。但是近

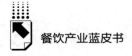
五年资本投资应该关注产业链上游，从长期的职业教育到短期技能培训，种养殖的标准化，原辅材料、产品的工业化、标准化加工和配送等才是支撑下游连锁店可持续发展、稳定经营的核心。目前资本聚焦下游市场盲目扩张直营店具有很大的风险。从目前国家提出共同富裕、聚焦主要、打造产业链可持续发展促进乡村振兴的风向来看，资本追逐短期利益盲目扩张直营店，尤其是受近几年疫情影响，基本就又走回前几年兰州拉面发展的老路。没有建立强有力的人才、产品、工业化、标准化供应链体系，盲目扩张基本都是为他人作嫁衣，打开市场培育、市场消费群体，最后收复市场的一定是具有深厚品牌文化，强大的工业化、标准化，打通线下、线上平台供应链体系的平台公司。洋快餐的成功是工业化、标准化体系的成功，线下店其实只是食品零售店而已，传统的中式快餐要想健康、快速发展，一定要学习洋快餐的工业化发展模式，现在提出的预制菜模式其实就是中式传统餐饮工业化进程的开始。

B.12
蒙自过桥米线文化意蕴与品牌提升研究

张黎明*

摘　要：　蒙自过桥米线是汉、彝等民族饮食习俗和边地文化与中原文化长期交融的产物。数百年来，从业者一直摸索着过桥米线文化建构、文化品牌塑造之路。过桥米线是古代中国饮食文化的传承，所用配料、品类取名、吃的仪式感，都展现出极富地域色彩的象征文化意蕴，日常生活的美好、人生美德都在一碗米线中得到凸显。个体经营者应琢磨自身品牌核心价值；整个产业应形成分布在全国各大中城市的品牌家族；生产米线的小微企业应有自己的品牌个性、系列子品牌，以品牌来带动全产业链建设。蒙自过桥米线品牌应彰显集聚效应，美食街区、小镇与过桥米线是共生关系，能创造景观经济，品牌也能在集聚生产中成长。蒙自过桥米线品牌应体现一定的规模效应，适应不同群体的文化需求、不同层次的市场需要，实现米线产业发展规模化，形成以超市、连锁企业经营等不同市场形态下的产销体系。过桥米线文化是蒙自城市文化经济建设重要内容，是蒙自走向世界的品牌形象。

关键词：　蒙自　过桥米线　品牌提升

　　蒙自地处滇南中心城市核心区，得名历来说法众多，较流行说法是因县西目则山得名。《元史地理志》载："县境有山，名目则，汉语讹为蒙自，

---

*　张黎明，博士，红河学院民族研究院副教授，主要从事民族文化产业研究。

上有故城，白夷所筑，即今县治。"① 目则山塑造了城市美食传统，生熟相伴、彝汉杂居的饮食习俗，成就了以"生鲜肉放入滚烫汤锅"，追求色鲜味美的过桥米线。南湖景致与过桥米线传说相映衬，在滇南大地上代代相传。人们对一座城市的记忆，是从每天品尝食物开始的。美食是人们日常生活、城市记忆的组成，更是城市形象展示、城市品牌价值所在。经营过桥米线是蒙自饮食从业人员日常生活的一部分，虽充满劳绩，但给城市留下了生活的诗意。过桥米线始终向人们传递着味觉、视觉之美好，米线店铺在街区俨然是一种景观，展现着街区的灵动与活力。人们在品尝过桥米线中，倾诉着对城市生活的期许。过桥米线勾连起蒙自的过往与未来。

一 蒙自过桥米线经营与品牌探索历程

物品、食物、吃，始终是承载着文化经济意义的，其变化也阐释着社会生活的变迁。品牌源于人们的日常生活，它寄托着人们的情感、记忆、期望，品牌并非一蹴而就，是在兼收并蓄、不断改良中成长的。过桥米线在蒙自出现后，不仅在本地经营，也试图拓展到其他城市，品牌影响力就在市场拓展中形成。

（一）改革开放前过桥米线的经营与探索

早在 20 世纪初期，经营过桥米线的蒙自人就励精图治在省城昆明落下根基。民国初年，蒙自过桥米线在光华街"一品园"经营，20 世纪 20 年代初，蒙自人戴云德在昆明开办"德鑫园"，之后"仁和园"也经营蒙自过桥米线。这一时期，蒙自过桥米线成为仅少数人可享用的美食。相传抗战时期，龙云主席邀请蒙自过桥米线"复兴园"老板张荣良到昆明做过桥米线，宴请过美国飞虎队将军陈纳德。因物质贫瘠与多年战乱，到解放时在昆明仅有"德鑫园"在羊市口经营过桥米线。

---

① 李增耀：《红河地名溯源》，德宏民族出版社，2007，第 134 页。

食物的知名度提升与品牌建构，是在社会性消费中完成的。在社会变迁中，蒙自过桥米线完成了由精英消费向大众消费的转变。过桥米线实现了能出入普通百姓厅堂，也能登大雅之堂，"雅俗共赏"成了这一美食的特点。蒙自是"兵城"，过桥米线的美誉度和当地驻军用餐习俗有关系。20世纪50年代驻蒙自部队伙食中就有过桥米线，一碗米线，在军事关系紧张、物质短缺时期具有神圣性。它是士兵训练、保家卫国的物质基础与精神动力，当地群众将过桥米线这一珍贵美食供给了最可爱的人，抒写了军民鱼水情！从20世纪60年代到今天，几乎所有驻蒙自部队都会做过桥米线犒赏战斗英雄，在接待活动中，都会要求当地派能烹饪过桥米线的名厨支援。部队人员来自五湖四海，因换防、退伍，过桥米线这一美食及制作技艺被战士们传到各地。如在1968年蒙自驻军38师调防四川后，过桥米线随军队传到四川阆中、南充等地，但受粮食资源、技术的限制，米线难以在当地生产，只能将挂面当米线，蒙自过桥米线成了战士们难以忘怀的乡愁。

（二）改革开放后过桥米线的经营与品牌探索

改革开放前，蒙自过桥米线在当地经营主要由国营饮食公司来实现，有名的烈军属饭店、人民饭店、蒙自饭店、红旗饭店等都擅长烹饪过桥米线，普通百姓在物质短缺时代，要吃上正宗过桥米线是一种奢望。改革开放后，经营过桥米线的个体户如雨后春笋涌现在蒙自的大街小巷，创造了个体经济活力。过桥米线创造了蒙自街区的经济活力，早点摊的人头攒动、"大碗米线"的吆喝声、拥挤华彩的夜市，都是过桥米线给城市生活带来的赞歌。本地市场的有限，让经营过桥米线的有识之士不得不考虑到外地扩大市场。20世纪80年代末期，逐渐有蒙自人到昆明、南京等地开过桥米线店，蒙自过桥米线成了大中城市的招牌菜。百姓一日三餐，特别是早餐、午餐，宴请接待等都让过桥米线大有作为。在此时期，蒙自过桥米线作为一种乡愁美食记忆，走出国门。1986年蒙自女婿黄文兴医生移民美国，其两个儿子各带榨米线小机器，将蒙自过桥米线传至美国，至今美国大超市里也有干米线卖，留学生、中华饮食文化爱好者是干米线最大的消费群体。1989年，书

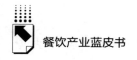

画家王纯生在昆明创办了"桥生园",店铺采用中式古典风格装修,用书画装饰,人们在吃过桥米线的同时可欣赏书画艺术,过桥米线与书画艺术、古典雅致之美相结合,让人们深切感受到吃过桥米线是传统美学的一种体验。1992年后,王纯生又将过桥米线传入南京,"海梦思"过桥米线开张营业后一炮走红,之后上海、中山等大中城市都有人经营过桥米线。过桥米线店铺成为一种镌刻着乡愁记忆的都市风景,吸引人们驻足、感受家乡情怀。

2000年以后的中国社会,物质基础逐渐殷实、消费社会逐渐发展,人们不仅追求吃饱穿暖,也开始注重生活品质,注重食物的绿色安全、营养、多样性。各种饮食品牌在市场之中你方唱罢我登场、各领风骚三五年。江氏兄弟桥香园,是蒙自人进入21世纪后拓展"蒙自过桥米线"品牌所付出的努力的结晶,其经营故事也是今日蒙自人茶余饭后谈论的内容。"同心同德"经营理念,让桥香园品牌迅速在全国各大城市拓展,树立了"蒙自过桥米线"品牌在国内大城市中的形象。歌伴舞、餐伴舞、融入民族乐舞元素,在过桥米线之外增加凉菜、卤菜,将科举文化植入过桥米线文化,实现多品类、多价位,提供多种消费选择,嵌入地域文化元素设计饮食场景,共同成就了江氏兄弟桥香园品牌传奇。"小餐饮、大市场、高利润",让蒙自很多本地人都惊叹江氏兄弟创造的财富。历史的演进,令人嘘嘘。江氏兄弟的悲欢离合,让人们不得不思考中国家族式、家庭式,以血缘亲情为纽带的经营方式的未来走向。在这一时期,国家出台了一系列保护非遗、鼓励传统技艺传承的政策。蒙自本地过桥米线经营者,一方面为非遗技艺传承奔走,另一面试图将非遗作为经营发展的文化资本,改善过桥米线的经营方式、提振知名度。中国烹饪协会2003年12月授予云南蒙自华光酒楼王记过桥米线"中华名小吃"称号,云南省烹饪协会2005年4月授予蒙自王记菊花过桥米线"云南名小吃"称号,2018年文化部授予王丽珠女士"国家级传承人"称号。蒙自过桥米线在当地的经营户也创造了历史高峰,达到2356家,过桥米线相关产业产值达4亿元。到蒙自、到云南吃过桥米线成了必选项目,过桥米线知名度明显提升,成为云南乃至世界的美食名片。

"墙内开花墙外香。"在蒙自本地人以个体式、家庭式经营过桥米线之时，外地人也关注到了米线的文化经济价值。蒙自源（东莞）饮食文化有限公司成立于 2001 年，在短短 6 年时间内，蒙自源 40 余家分店已经遍布华东地区各大城市和乡镇，成为东莞市餐饮业的知名品牌。杭州有大大小小的米线店百余家，还举办过"过桥米线文化节"。如今，非蒙自人开的过桥米线店遍布昆明的大街小巷，建新园、福华园等都是经营过桥米线的老字号。而在省外，非蒙自人开的米线店更难以计数。一方面，今天的蒙自过桥米线面临米线、米粉同行业的市场竞争，也面临诸如沙县小吃、四川担担面等其他小吃行业的挑战；另一方面，蒙自过桥米线经营者中，传承人、领军人物、企业的缺乏，现代经营、营销方式的滞后，过桥米线文化内涵的缺失，都制约着蒙自过桥米线作为地方餐饮品牌的成长。

二　蒙自过桥米线文化意蕴

食物生产是有差异的，所谓"一方水土养一方人"，表明饮食生产、生存习俗差异，美食、食物烹饪，吃的行为，都浸润着不同的文化经济意义，是社会区隔所在，形成了所谓的地方性。如彭兆荣所说："饮食作为风俗的一种特殊的存在，一种依传统力量而使社区分子遵守的标准行为方式——是能作用的或能发生功能的。"[①] 过桥米线是汉、彝等民族饮食习俗和边地文化与中原文化长期交融的产物，所承载的地方性是满足当地人们物质生存与文化发展的力量。长期生产中，过桥米线经营者一直在摸索过桥米线文化建构、文化品牌塑造之路。米线不再是简单的物质食品，也有浓厚的文化意蕴。

（一）过桥米线寓意的吉祥人生

过桥米线是古代中国饮食文化的传承，所用配料、品类取名展现出极富

---

① 彭兆荣：《饮食人类学》，北京大学出版社，2013，第 165 页。

地域色彩的文化象征意蕴。这种文化象征意蕴是在特定文化环境、饮食活动中形成的，既是历史的产物，也是现代文化建构的结果，它通过饮食符号表现出来，折射着人们的精神期许。明清时期，蒙自科举文化昌盛，[1] 当地有同一家族中"三代四翰林""兄弟同科双举人"之说，尹壮图更是国之栋梁，晚年回乡后讲学于滇南各大书院。科考的发达启示着过桥米线经营者，在今日过桥米线各种品类中，除了讲究真材实料、汤味鲜浓外，更有探花、榜眼、状元之分。参加考试的学子，都会在考试前夕纷纷赶赴店家吃上一套价格不菲的"状元"过桥米线，祈求高中。过桥米线体现着中和之美、和而不同的美学原则，各种赋有象征意义的配料融于一碗中，以食物来传达美好观念。象征日子红火的辣椒，元宝式蛋卷，象征聪明智慧的大葱，有凝聚力、亲和力的豆团，代表人勤劳的芹菜，吃了会计数的大蒜，有滋补、生殖、子嗣之义的鹌鹑蛋，都是过桥米线汤中不可缺少的配料。有的餐馆也会用鱼做配料，以求年年有余、多子多福。米线被用到闹婚场合很常见，夫妻二人共食米线不能咬断，以示久久同心。而在过桥米线中，最显特色、最具视觉美感的还是漂浮在金汤之上的各种花瓣，有"百花入馔"之说。郭沫若曾将过桥米线赞誉为"云南食品中的瑰丽山茶"。蒙自过桥米线文化品牌优势之一就在于"花味入汤"。有竹枝词云唱道："豆坨菊花滋味长，脊肉佘来鱼片香。挑动银丝奔海碗，满钵腾龙戏汪洋。"具有清肝明目功效、清凉的菊花，鲜艳的玫瑰、素朴的百合都是汤中珍馐。菊花象征了高洁隐逸和益寿延年，宋人李石在《续博物志》里说："真菊可以延龄。"屈原在《离骚》里说："朝饮木兰之坠露兮，夕餐秋菊之落英。"屈原、陶渊明都是高洁隐士，后人还把陶渊明当作九月菊花的花神。[2] 荷花过桥米线是近年蒙自城中涌现的亮点，象征贞洁的荷花瓣瓢入汤中，荷叶盛盘、盛食物，绿意盎然激发着人们的食欲。荷花就是六月盛开的莲花，品尝荷花过桥米线，有湖中泛舟观莲之感，又有仰慕君子人格之意。

---

[1] 明清两代科举，蒙自文进士 32 人之多，武进士 8 人，翰林 6 人，举人 368 人。
[2] 殷登国：《中国的花神与节气》，百花文艺出版社，2008，第 43~47 页。

（二）过桥米线的礼仪与期许

"某些特定食物在一定条件下的数量组合关系，也是饮食象征符号在外部形态上呈现出的又一种可视特征。任何一个特定社会和民族都形成了各自对食物数量组合关系所具有的偏好和倾向。"① 过桥米线注重吃的仪式感、讲究各种配料放入汤中的顺序。盛放有吉祥意义食物的拼盘，整齐地放在仿真竹木制小桥台阶上，多数店家摆盘用瓷器、青花大碗盛汤，也有用木器或竹篾簸箕摆设配料的。拼盘数多用"十"这一数字，以求吉祥福报，象征着"十全十美"。十种摆盘配料依次放入汤中，是过桥米线文化的精髓，也是有别于其他小吃的所在。在蒙自民间流传着这样的过桥米线食用方法：一蛋富贵，即先将两个鹌鹑蛋放入汤中，蛋与旦谐音，求一旦圆满富贵之意；二如来运，即第二步将鲜肉放入汤中，求好运长久；三清述道，即第三步将熟肉放入汤中，走好人生大道；四季花开，即第四步将菊花等花瓣放入碗中，祈吉寿；五福临门，即第五步放入祥瑞豆腐皮；六六大顺，即第六步放入如意豌豆砣；七星高照，即第七步放姜末求辛香；八方来财，即第八步放入素菜海中青，求财运；九九同心，即第九步放入韭菜齐同心；十全十美，即最后一步放米线入碗中，过桥求圆满。这样走完十个步骤，即可以心满意足地食用过桥米线。品尝过桥米线，此时已俨然是一种具有象征意义的仪式，一种个人的、关于如何吃好的表演，实现了从纯粹物质温饱向文化的转变。同样，过桥米线十大步骤，也意味着一种社会饮食习俗的发现，一种文化规范的确立，它构成了地方饮食文化最生动的部分，表明"我者"与"他者"的不同。当然，在经济决定消费的现代社会中，选择多少碟子多由消费者决定，而在越来越注重文化体验的消费市场中，过桥米线正由普通食物升华为点缀性、仪式性美食。

文化也是维系饮食习俗延续的动力。过桥米线所内蕴的文化象征意义异常丰富，日常生活的美好、人生美德都能在这一碗米线中得到凸显。比如熬

---

① 居阅时、瞿明安主编《中国象征文化》，上海人民出版社，2001，第 547 页。

汤的时候，热气吹向哪方，就意味着哪方是吉祥、富裕的方向。夏天过桥米线会与木瓜水相配，暗示心情凉爽；冬天过桥米线与粥相配，心意暖暖。每家米线店铺都会摆放酸腌菜、折耳根等咸菜，除了调味功能外，也告诫品尝美食的人们莫忘记以咸菜当主菜的艰难岁月，人生酸甜苦辣都可能经历。这些象征符号与意义，激发着人们的情感和消费欲望。过桥米线表达的是人们对生命、情感的重视。米线长长①，长命百岁，食以养生延年益寿，这些都是米线文化浸润着的饮食思想。"米线长长情更长，汤宽心更宽"，这是在和谐社会下的饮食宣言，它宣扬着身心、人际关系的和谐理念。饮食有沟通、调解功能。

"米线长长"特性在一些重要场合，被人们联想发挥，以凸显活动规模宏大、风格统一。在饮食场所宽敞的地方，过桥米线被放置在联排餐桌上，营造气势恢宏、宛如长龙的饮食景观。当地重要宴请活动，都会将摆放各种碟子的数十座木桥置放于长桌之上，串联出过桥米线的神圣感，为人们的交往、沟通提供契机。

"一个简单的象征符号既表现强制性的东西，也表现人们所欲求的东西。此时道德和物质有着紧密的联系。"② 蒙自过桥米线留下的是一个相夫教子、知晓烹饪技艺的慈母形象，一个苦读、科考事业有所成的丈夫形象。贤惠、善良、擅于琢磨技艺、家庭关系和谐，这些都是值得颂扬的传统美德。过桥米线内蕴的正面、积极人物形象，和谐理念，都值得现代人不断习得。所以，当人们消费过桥米线时，是在温习促发人人向上的传统美德。

（三）过桥米线折射的时尚与创意

消费者有不同喜好，即使是大众消费食品，不同群体的期望值也不尽相同。在过桥米线中融入一些时尚元素，是经营者所做出的探索。蒙自过桥米线经营者打出了"千年山水韵一城米线香""甩不掉烦恼，甩一碗米线"等

① 蒙自生产的米线创了吉尼斯世界纪录，米线最长长达2567米。
② 〔英〕维克多·特纳：《象征之林——恩登布人仪式散论》，赵玉燕等译，商务印书馆，2006，第53页。

口号。在席美尔看来："时尚是社会形式之一，它以特殊的比例结合了独树一帜、变化之魅力同追随相似、一致的魅力。每一种时尚在本质上都是社会阶层的时尚。"① 桥蠹源的经营者对过桥米线有情怀，有品牌意识，开创了过桥米线配红酒、香槟的新组合，这种吃法主要针对年轻时尚、高端、享受时光的一族，该店的接待对象也定位在以旅游者为主。显然，在此品尝过桥米线，是与快乐、阳光、喜庆这些情感体验相联系的。吃也不一定拘泥于礼仪。也正是基于这种经营理念，桥蠹园在省外持续拓展着自己的过桥米线事业。而在近年的经营中，从业者开始注重饮食场景风格的修饰，中式风、园林风、欧式风，人们在尝试创造一种过桥米线新场景。其实，过桥米线具有的时尚感，是与生俱来的。古代文人在小舟中边游览风景，边品茗、尝美味就是一种时尚。过桥米线就置身秀色可餐的南湖景观之中，可以想象，食在风景之中是多么难得的美食旅游行为。食在景中，景蕴食中，饮食场所的内与外，都是人们对美的追求，它还表达着一种绿色生态的饮食文化主题，更暗示着回归自然正悄然变为人们生活的时尚。饮食与风景都是人们可享受美好生活的符号，在美景中进食、用餐是人类的一种文明，过桥米线为消费者提供了一种欣赏美、体验美的机会。

　　文化的本质在于不断地积淀、创造，与其他文化元素交流、融合，饮食文化亦如此。在与其他食材的碰撞中，过桥米线店铺所经营的种类，逐步走向多样化，由过桥米线衍生的品种、品类有清真牛肉过桥米线，羊肉、狗肉、毛驴肉、鸽肉、洋鸭、焖肉米线，鳝鱼米线，杂酱米线，凉米线，扒肉、卤肉米线等；所用食器不同，米线种类、称谓也不同，汽锅米线、砂锅米线、口缸米线、小锅米线、罐罐米线、铜锅米线等早已出现在市场中。而在现代技术作用下，干米线、方便米线也逐渐以"东方快餐食品"的形象出现，因适应快节奏生活，被越来越多的人所接受。显然，与其他小吃相比，无论是从品牌内涵、产品品类、营销策略，还是从所创造的产值与经济效益来看，过桥米线市场创造力尚大有可为。食物的丰裕度都与城市发展有

---

① 〔德〕西美尔：《货币哲学》，陈戎女等译，华夏出版社，2002，第374页。

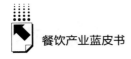

密切关系，早就形成了"'食物'是文化的中心……'食物'的贫乏带来文化贫乏的观念"①。所以，食物与城市文明、城市经济密切相关，过桥米线关乎蒙自未来。蒙自过桥米线文化功能谱系见表1。

表1　蒙自过桥米线文化功能谱系

宏观视角	饮食文化传承、城市文脉传承、城市文化形象、城市软实力、城市竞争力
微观视角	个体生计价值、街区景观、场景营造、街区文化经济发展、文化价值观宣传教育

三　品牌：塑造蒙自过桥米线的力量

打造品牌容易获得消费者的认可、信任，也是一种产品营销、经营方式，是提升产品知名度、拓展市场的力量。蒙自是过桥米线的故乡，但蒙自过桥米线与沙县小吃、柳州螺蛳粉等相比，无论是在产业规模、经营方式，还是在品牌知名度、应用发展品牌能力方面，都尚有较大差距。蒙自过桥米线尚缺乏清晰的品牌内涵、品牌定位，在目标消费群体、产品品类等核心品牌要素指标上尚有较大提升空间。经营者中"小富即安"、能谋生思想比较普遍，未能认识到品牌价值。整个米线产业，品牌"引进来""走出去"之路并不顺畅。

（一）过桥米线品牌店的出现

品牌是通过标识、商标来识别的，它有文化意义，更有经济属性。早在2009年12月，蒙自市就获得了"蒙自过桥米线"地理标志证明商标。商标以南湖瀛洲亭、桥为背景、筷子挑起了米线，这是美好生活的生动比喻。然而，仅有规模较大的生产米线商家知晓商标使用，本地多数过桥米线店铺商标使用情况不尽如人意，商标及其相关益处应积极推广。商标应发挥规范市场经济的作用，凡是以蒙自过桥米线为名经营的商家都应使用相应标识，商

---

① 〔日〕榊原英资：《饮食小史：从餐桌看懂世界经济》，潘杰译，重庆大学出版社，2021，第21页。

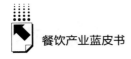

标是对生产、经营企业的保护，也是赢得消费者青睐、获得市场认可的关键。对其的推广，势在必行。2017年蒙自首次进行"过桥米线品牌授权"，共有12家品牌店获得授权，悬挂"蒙自过桥米线"标志。如云南瀛洲伊天阁清真餐饮服务有限公司、蒙自信达悦天下酒店天品园、全聚福酒楼等（见表2）。每一家品牌店，都有自己的经营特点。如今日生意火爆的蒙自吴记榴乡米线馆以"让你找回传统的味蕾"为经营理念。桥矗源以"红酒+过桥米线"、长厅宴见长，以"百年过桥高朋满座长厅宴，半盏风流群贤毕至桥矗源"为文化内涵，实践着"传承不守旧，创新不忘本"的创意生产理念。然而，具有创新精神、市场拓展能力的品牌店实在太少。经营过桥米线的每一家店都应琢磨自己品牌的核心价值，对于整个产业来说应形成品牌家族，且这些品牌分布在全国各大中城市。而对于生产米线的小企业，更应有自己的品牌个性、一系列子品牌，以品牌来带动全产业链建设，摆脱多处于基本原料供应的窘境。多品牌店、多品牌企业，品牌家族的架构应持续深化，米线、米粉市场需求多样化的特点，决定了应鼓励品牌店个性发展，彰显市场拓展中的灵活性。

表2　2021年蒙自过桥米线部分品牌授权店概况

序号	店名	饮食特色	环境特点	地址
1	蒙自信达悦天下酒店天品园	味道纯正、多种价位、多品类，推出海鲜过桥米线	书画装饰、古桥迎客、厅堂宽敞、中西合璧	蒙自市锦华路君悦天下酒店内
2	天膳源蒙自过桥米线（天源大酒店）	原汁原味、多品类、有创意，推出鸡蓉蛋花过桥米线	厅堂气势恢宏，富有科技气息、现代风尚	蒙自市天马路24号
3	蒙自桥矗源过桥米线	汤鲜味浓，推出"过桥米线+红酒"、饮品丰富多样	庭院、长廊、花卉装扮	蒙自市新天地步行街28号（蒙城印象对面）
4	云南瀛洲伊天阁清真餐饮服务有限公司	主营牛肉过桥米线，配料齐全	伊斯兰风格装饰店内外	蒙自市学海路瀛洲河畔三期A2幢1层

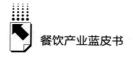
续表

序号	店名	饮食特色	环境特点	地址
5	蒙自锦华苑过桥米线	食材新鲜、汤浓味鲜,推出梯田红米线	古典风格酒楼、厅堂宽敞	蒙自市锦华路奥林国际9幢103
6	蒙自杨福友老饭庄	恪守传统烹饪技艺、倡导原生态食材,推出"青鱼"米线、咸菜多样	古典家具装饰、中式风格,庭院建筑、曲水流觞	蒙自市新安所镇红河学院斜对面过桥米线小镇B18幢
7	蒙自美食美客	汤汁醇厚、食材讲究、品类多样	藤条桌凳、蒙自老照片墙、花艺景观	蒙自市朝阳路金岸品城2幢
8	全聚福酒楼	"煎鱼+过桥米线",食材鲜嫩、多样,冬配腊八粥,夏加木瓜水	厅堂宽敞、吉祥喜庆、竹编托盘、情谊浓浓	蒙自市朝阳路2号金鹏世纪广场F1
9	蒙自老革火烧房子菊花过桥米线	可选食材众多、配料多样丰富	青瓦白墙、庭院乡愁	蒙自市文萃路229号
10	蒙自杨东昌羊肉	主营羊肉过桥米线、汤汁鲜香、肉味纯正、配料齐全	场景简约、大众化	蒙自市双河小区景明路30号

资料来源:笔者田野调查。

(二)过桥米线品类创造与提升

支撑品牌生存的是产品、系列产品及其品类,蒙自过桥米线是日常生活所需的饮食产品,这就决定了真材实料,人们吃得生态、健康是品牌的基本要义。作为一个地域性品牌,品牌形象、产品品类都是与当地文化特色紧密相关的。过桥米线应尽可能地与其他地方食材、文化元素相融合,田间地头、各季节的时新果蔬,都是过桥米线最好的搭档,可谓"一招鲜,吃遍天"。意大利饮食文化曾引发欧洲饮食文化革命,而这正是得益于番茄开始被人们食用后,便成为意大利料理的核心食材,现代意大利料理已经离不开番茄酱和橄榄油了。[①] 新品类,就在不断尝试中出现。当地食材、风土人

---

① 〔日〕榊原英资:《饮食小史:从餐桌看懂世界经济》,潘杰译,重庆大学出版社,2021,第72页。

情、风物景观都是创造过桥米线宴席的最佳题材，也能赋予过桥米线文化意义，通过摆台设计，餐桌、饮食场景设计，过桥米线餐桌尽显文化，吃出色鲜、味美、景美。而对于"走出去"的过桥米线经营者而言，在保留特色的同时，如何实现"在地化"生产是关键。过桥米线的外地经营应考虑如何让文化、产品适应当地需求，与其他菜系、饮食文化习俗相融合的问题。

蒙自过桥米线是食物、美食产品，实现向礼品转变，构建"大品类"，能为过桥米线产业壮大、品牌发展带来益处。干米线、方便米线本身就有礼品的内涵，关键要在吃法、配料、包装上做好文章。应摸索新技术，让过桥米线也同方便面一样，满足快节奏生活所需。当前以蒙自过桥米线为主题的文创产品，主要有书画类，即将过桥米线传说以书画艺术来表现，传说故事也被制作成剪纸或镂刻、书写在竹帘、陶瓷上，但这些文创产品市场有限，仅为经营过桥米线的商家所用。文创产品题材应得到充分扩展，应充分挖掘过桥米线的文化元素，围绕着花、线、水、汽等元素进行创作设计。同时，过桥米线的传说应接着讲，剪纸、刺绣等民间工艺应以此为题材进行创作，以过桥米线为主题的徽章、纪念章、纪念册、吉祥物应得到充分设计研发，以"桥"为主题的竹藤编织品等都应得到开发，可携带、可带走的伴手礼，应是以过桥米线为主题的文创产品的设计目标。积极拓展过桥米线文化想象力、社会凝聚力，也是品牌价值的体现。

（三）过桥米线品牌与集聚效应

品牌应彰显集聚效应，美食街区、小镇与过桥米线是共生关系，能创造景观经济，品牌也能在集聚生产中成长。米线小镇，是过桥米线品牌店与消费者共同塑造的饮食场景，是生产者、消费者共同集聚、建构记忆的场所，不仅有味觉回忆，也有视觉再现。目前，从小镇建筑、布局看，缺少能引起蒙自人共鸣的文化经济元素，应植入蒙自记忆，诱发本地人到小镇集聚、创新饮食文化经济，同时，应提供丰富多样的文化产品，诸如艺术表演、民艺展示等。在不同时间段，各有主打文化产品上演，夜间经济大有可为。小镇应积极实践多业态融合路径，发挥过桥米线文化多样性，培育具有不同需求

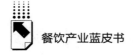

的消费者。多种商业活动、节庆活动、建筑场景艺术，都是过桥米线嵌入式发展、创造集聚经济的机遇。过桥米线与街区、小镇集聚效应的发挥意味着一种新城市景观、一种新生活品质的创造，它改变了人们对美食的简单看法，使美食变成一种文化享受乐趣。集聚是一种饮食场景创造，不仅在食物之美、环境之优，更在人们对此地此物的依恋。场景之中有表演的真实性，丰富的民族、地域特色，融入了艺术家的创作和多种品牌。蒙自过桥米线经营方式以早点、小摊贩居多，饮食场所环境有较大提升空间，景观、场景介入是品质要求所在，是吃得健康、安全所需。成都茶馆是一种休闲文化的象征，同样蒙自过桥米线馆成为美好生活、文化体验所在地，也是品牌本应具有的内涵。在品尝完米线之后，人们能够载歌载舞、进行琴棋书画的创作。20世纪90年代，书画家王纯生在昆明经营的过桥米线铺，是能接待书画艺人到店中创作的。过桥米线创造着生活的喜悦，也创造着人们生活的场景。云南花灯歌舞《游春》中唱道："路南的石林是宝石树，滇池的湖水像姑娘……腾冲的饵块叫'大救驾'，蒙自的米线有过桥的汤。"曲艺表演、环境美学传统是与吃相联系的，过桥米线应是吃出来的艺术创造，使消费者沉醉于艺术高峰体验之中。

（四）过桥米线品牌与市场拓展

品牌应体现一定的规模效应，应适应不同群体的文化需求、不同层次的市场需要，实现米线产业发展规模化。形成超市、连锁企业经营等不同市场形态下的产销体系，是过桥米线品牌在市场中谋发展的路径。纵然在美国、法国等发达国家已有经营过桥米线的店家，被人们比喻为"东方的麦当劳"，但与麦当劳相比，无论是在营销、文化品牌内涵还是在产业实力上都有较大差距。制约过桥米线规模化发展的原因，除了人力资本、经济资本外，是蒙自干米线不能像方便面一样直接用开水冲泡，难以适应现代快节奏的生活，失去了巨大的消费群体。饮食的制作、烹饪、市场经营都是一种民间智慧、民间创造。在"走出去"过程中，需要相关部门扶持。小企业、作坊资本有限，缺乏经营眼见及各种资本的积累，是产业发展的障碍，应出台相应政策扶持弱势产业向优势产业转变。有了规模效应后，还得考虑如何行稳致远、度过各种危机。此外，产业发展如何借船出海，吸引外来资本注入也是关键，应以开放姿态欢迎外来资本"走进来"。蒙自过桥米线发展中，有外地资本利用蒙自过桥米线故乡的名望经营米线，但少有外地资本向蒙自、向蒙自过桥米线投资。树立"小作坊创建大市场，小小吃创造大产业"的理念，练内功、借外力都是产业壮大、打造品牌所需。支持现代小微企业提档升级，打造数家集生产、营销、市场推广于一体的高起点、有规模、现代化的米线食品加工龙头企业，形成从原料、米线生产到经营一条龙的企业发展模式，在拓展市场中丰富业态、健全产业链，是过桥米线品牌发展的关键。

蒙自过桥米线有绿色、健康、方便、实惠，大众化、平民化，奇异、情趣、浪漫等文化特点，但酒香也怕巷子深。一方面要提高服务档次与能力，端、送、摆放，在普通的米线店铺中较少见，应着眼提高服务意识、服务水准。另一面要充分发挥好影音、影视、新媒体的传播作用和媒体达人功效，向世界推荐过桥米线、推荐蒙自。自拍摄了《桥之情》《天下一碗》后，蒙自过桥米线已沉寂太久。它需要数个米线姑娘为其代言，为其主播，为其创作体现米线口味、特色的华美之词，向世界推荐过桥米线。

结语：过桥米线与蒙自的未来

"南湖水，绿茵茵，三山松柏分外青，读书不觉日已晓，春光不负一片心。荷叶青青露水莹，轻风揉碎水中亭，素手纤纤巧烹饪，一篮佳肴千般情。"① 蒙自秀丽的山川孕育了过桥米线这一美食，经营过桥米线让人们实现了财富积累，实现了城市街区有活力、市井文化繁荣、现代商业发展。矗立于同德广场上的"天下一碗"，是城市品牌形象、城市生活的一种艺术，蕴含着美食为天下人享有的理念，更是蒙自过桥米线与城市未来的一种引

---

① 为云南省歌舞团歌唱家杜丽华演唱的《桥之情》电视主题歌片段。

领。今日蒙自已提出了"以米线为载体、文化为灵魂、产业为骨干、教育为支撑、创新为动力、发展为目标"的蒙自过桥米线发展战略。水稻种植创造了乡村景观，也为城市提供了可资加工的米线原料，过桥米线一头连着乡村，另一头串起了城市，街市巷道中的米线店铺、生产企业，仿佛城市流淌着的血脉，无不在诉说着过桥米线给城乡生活带来的美好。

刘易斯·芒福德说："城市的标志物是它那目的性很鲜明的、无比丰富的社会构造。"① 过桥米线对于蒙自，就是城市标志物，是建设城乡社会的文化经济基石。过桥米线承载着中国传统的"天人相合、和而不同""多元一体"的饮食文化思想。历史上，过桥米线本身是彝、汉族等民族不断交往的产物，是世居滇南各民族共同创造的饮食文化。"寓礼于食""食以体政"，过桥米线也是铸牢共同体的文化要素，在共食、礼仪交往中固化人们的共同价值信念。过桥米线宣扬传统美德，留下了南湖小岛筑斋苦读、贤妻米线飨亲的动人故事；过桥米线与近年工商文化息息相关，与多项文化遗产相容。这些既是过桥米线品牌文化内涵，也构成了蒙自城市文化建设、城市文化形象、城市文化传播的重要内容。

蒙自过桥米线清晰的演变历程，展现的是人们经济生产与城市社会生活的广泛关联。烹饪技艺之精湛，视觉、味觉之华美，经营者之群星璀璨，莫不令人惊叹。过桥米线经营场所，以市井中的喧哗、庭院中的宁静、葡萄美酒玉光杯的高贵，唤起消费者的心灵反应，构建起形态百异的城乡社会。在振兴乡村、艺术介入乡村发展的当下，过桥米线内含的艺术文化因子也能在乡村建设、乡村景观、景区建设中大有作为。这些乡村美食店铺，不再仅是简单的美食摊，而是一种贴合乡村景观、饮食文化特色的创意生产，美丽乡村的空间美学。以"蒙自过桥米线"命名的美食街区、小镇，始终向人们发出邀请，来品尝世界最长、最好吃的米线，飘落金汤的花瓣为蒙自过桥米线留下了特殊味道。这是一种只可意会、不可言传，留给每位消费者体验的

① 〔美〕刘易斯·芒福德著、〔美〕唐纳德·L.米勒编《刘易斯·芒福德著作精粹》，宋俊岭、宋一然译，中国建筑工业出版社，2010，第132页。

美味。云南旅游市场的利好、红河州世界健康生活目的地的打造，都是蒙自过桥米线品牌的发展机遇，"慢生活、享受生活"的文化基因，也将为文化旅游赋能。米线之桥一座接着一座，米线姑娘已经觉醒，与城市文化韵律相唱和，引领蒙自人走进更广阔的经济生产空间。当然，这需要将过桥米线进行文化经济包装，米线文化品位、米线经济，在文旅融合中、在市场中形成竞争优势，通过全天候营业、多点联动、城乡互动、技术与艺术联动、大众与高端并存等举措，来提振过桥米线文化经济气势。

过桥米线是一种生活的艺术，它牵动着每一个人的家国情怀。它不仅是蒙自的餐饮品牌，而且必将成为云南乃至世界的美食品牌。过桥米线品牌的成长史、创业史，也是过桥米线市场拓展、蒙自多姿多彩社会生活创造的历史。利用好"国家级非物质文化遗产"这一金字招牌，在过去生产与未来思考中，激发文化灵感，夯实米线文化内涵，做足经济文章，形成促进发展的合力，是当务之急。消费者始终是品牌的创造者、检验者。蒙自过桥米线应从本地消费走向异地消费，从本土化走向全球。它不仅是蒙自人的早餐、美食，更是世界饮食文明中的一朵奇葩。蒙自过桥米线为世界所享用，蒙自为世界所享有、向世界敞开。

B.13
淮安建设"世界美食之都"研究

张丽　丁玉勇　王旭华　蔡铁鹰*

摘　要： 2021 年 11 月 8 日，淮安市成功入选"世界美食之都"。此前，中国入选"世界美食之都"的城市有成都、顺德、澳门、扬州。"世界美食之都"的评定标准涵盖了饮食文化传统、食材与烹饪技术、传统食品市场与产业、节庆活动、教育教学五个主要事项八个方面，构成了创建"世界美食之都"的理论基础。总结淮安"世界美食之都"申创的过程，可以为其他地区申报创意城市网络提供参考，同时为淮安"世界美食之都"今后的建设规划提供一定的依据。

关键词： 世界美食之都　淮扬美食　淮安

一　创意城市网络与"世界美食之都"的评选要素

创意对于城市的可持续发展至关重要。创意城市网络于 2004 年由联合国教科文组织发起，按照创意产业分类分为七类，美食是其中之一。

联合国教科文组织创意城市网络（UCCN）对"世界美食之都"的评定标准涵盖了饮食文化传统、食材与烹饪技术、传统食品市场与产业、节庆活

* 张丽，副教授，江苏食品药品职业技术学院酒店学院旅游专业负责人，主要研究方向为旅游市场营销；丁玉勇，教授，江苏食品药品职业技术学院淮扬菜烹饪学院执行院长，主要研究方向为淮扬菜饮食文化；王旭华，江苏食品药品职业技术学院基础部副教授，主要研究方向为中华饮食文化对外传播；蔡铁鹰，淮阴师范学院教授，文化产业发展中心特邀研究员，主要研究方向为中国古代文化、淮扬菜文化、文化创意产业研究。

动、教育教学五个主要事项八个方面，构成了创建"世界美食之都"的理论基础，具体如下。

在饮食文化传统方面，申请城市应具有悠久的烹饪历史，拥有城市和地区特色、大量的传统餐厅和厨师，以及有一定吸引力的美食社区。

在食材与烹饪技术方面，申请城市在传统烹饪中应使用国产烹饪材料；具有当地传统烹饪知识、方式方法以及由此发展起来的烹饪产业和技术；关注环境，可持续利用当地物产。

在传统食品市场与产业方面，申请城市应具有传统食品市场和食品产业。

在节庆活动方面，申请城市应具有举办美食节、烹饪比赛或其他食品认定方式的传统。

在教育教学方面，申请城市应有烹饪学校并开设地域特色饮食文化保护课程，教育机构开设食品营养推广课程和传统烹饪与保护烹饪方法课程，积极推动公众饮食文化意识的培育和发展。

淮安凭借其独特的地域资源和人文环境及深厚的历史积淀和文化内涵，在申都之路上，既践行了创意城市网络"世界美食之都"的全球理念，又烙上了中国城市建设的特色印迹。

二 淮安入选"世界美食之都"的优势

1.历史悠久的美食文化

淮安美食底蕴深。淮扬美食始于春秋、盛于明清。淮安有考古实证的美食史可追溯到 8000 多年前的青莲岗文化，仅 2018 年黄冈遗址就新发掘了 2000 多件 8100 年前的炊具、餐具、饮具等陶器。淮安市淮扬菜美食文化研究会会长高岱明认为，淮安名菜钦工肉圆和江淮一品，仍完整保存了 2500 多年前周代"八珍"捣珍及鳖羹的传统烹艺。

早在西汉时期，辞赋大家枚乘在其代表作《七发》中盛赞家乡食馔为"天下之至美"："犓牛之腴，菜以笋蒲；肥狗之和，冒以山肤；楚苗之食，安胡之饭，抟之不解，一啜而散。"品读文字，淮安的味道历经千年，依然

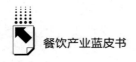

可触、可嗅，令人口舌生津，余味无穷。

历史悠久的淮安美食，在明清时达到鼎盛。随着京杭大运河全线通航，淮安成为漕运指挥、运河治理、漕粮储运、漕船制造、淮盐集散"五大中心"，漕运总督、河道总督两个中央大员的驻节地。雄厚的财力支撑，庞大的市场需求，吸引众多名厨高手汇聚，交流创新，斗奇争胜。据台湾清史专家高阳考证，满汉全席最初即诞生于河道总督署的清晏园。清代掌故遗闻汇编《清稗类钞》中记载，当时最具盛名的五大宴席中，除了满汉全席外，还有淮安全鳝席、清江全羊席，均实名指认出自淮安。

1949 年 10 月 1 日，淮安美食再度迎来高光时刻。为了能做到"兼顾"，"开国第一宴"决定选择口味适中的淮扬菜，宴会除邀请当时北京最有名的淮扬饭庄——玉华台的几位淮扬菜大师前来掌勺，还从淮安抽调了张文显和孙宝仁两位大厨参与。妙契众口的淮扬菜肴让嘉宾们称赞连连，此后淮扬菜就成了国宴的主体菜肴。

2.守正创新的美食技艺

淮安美食善创新。淮安擅长的淮帮菜有烩、炖、煨、焖、焐、烧、炒、熘等近 40 种烹饪技艺，现存的淮扬菜菜点有 1300 余种，其中淮安首创或独创的传统淮帮菜 400 余种。乾隆皇帝赞为"极品"的平桥豆腐和赐其美名"绉纱小馄饨"的淮饺，都是脍炙人口、闻名遐迩的淮安精品菜馔。"文楼蟹黄汤包"经陈海仙三代人艰辛研发而成，甚至到了民国，在北京仍要排队才能购得。著名文学家朱自清在他的散文《说扬州》里写道："北平淮扬馆子出卖的汤包，诚哉是好，在扬州却少见；那实在是淮阴（今江苏淮安）的名字，扬州不该掠美。"①

遵循"传承不守旧、创新不忘本"原则，近年来，淮安菜肴形成了许多新的亮点、新的特色，先后推出了金湖河鲜宴、洪泽湖蟹黄宴、蒲菜宴、西游野菜宴等宴席，极大地提升了淮扬菜系的广度与深度。淮安迎宾馆主厨曹乃荣曾制作淮安运河宴，选用运河里的河鲜、水产，岸边的牛羊肉等作为食

---

① 《朱自清散文精选集》，山西人民出版社，2019，第 147 页。

材，21 个菜肴中，涵盖烧、炒、炸、蒸、熏、熘等各种烹调技法，如虾仁狮子头是烧，软兜长鱼是炒，油爆湖虾是炸，文楼汤包是蒸，烟熏白鱼是熏，松鼠小桂鱼是熘，还兼顾白、黄、红、黑、绿等多种色彩，真正做到色香味俱全。同时，淮安还是传统烹饪技艺列入省级非物质文化遗产保护类别最多的城市。

淮安烹饪相关教育较为发达，共有 10 所院校开设烹饪专业，累计培养了中、高级厨师 10 万余人，中国淮扬菜文化博物馆是全国最大的主题菜系博物馆，也坐落于淮安。此外，淮安还成立了淮扬菜文化产业工作委员会，组建了淮扬菜集团，每年安排专项资金用于淮扬菜文化产业的传承与创新。淮安现有 120 位国家级"烹饪大师"，30 余家烹饪大师工作室、非遗美食工作室。这些都为淮安美食的传承发展奠定了坚实基础。

3. 得天独厚的美食沃土

淮安辖地 1/4 的面积是水域，被誉为"漂浮在水面上的城市"。淮安市原野广袤，四季分明，气候温和，古来就是鱼米之乡，水土物产为淮安人创制美味佳肴提供了物质基础。独特的绿色生态环境产出了一批优质食材。全市四水穿城、五湖镶嵌，耕地水田占 2/3。由于灌溉条件优良，风调雨顺之年，大部分耕地可高产稳产。如今，淮安已成为全国重要的商品粮基地和农副产品深加工基地，有国家地理标志证明商标 120 多件，位居全国设区市前列，是名副其实的鱼米之乡。

得天独厚的自然环境，孕育出百花齐放的淮安美食。盱眙龙虾、洪泽小鱼锅贴、金湖莲藕、涟水捆蹄等，在淮安，几乎每个县、区都有自己的特色美食，这种差异可以精细到镇。以淮安区为例，朱桥镇的甲鱼、博里镇的羊肉、平桥镇的豆腐，各个小镇地理相邻却美食各异，皆自成一派，底蕴深厚。即使食材相同，也能同台竞技，一比高低。如小龙虾，盱眙主打十三香，金湖特色是蒜泥，口味各具特色。

资源丰富，发展均衡，和江苏经济类似，淮安美食颇有些"散装"的味道，这种"散"体现实力，更蕴藏潜力。淮安市委、市政府牢记习近平

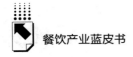

总书记"把周总理的家乡建设好"① 的段段嘱托，坚定贯彻新发展理念，充分运用优良的自然生态环境和丰富的农业资源，乘着政策的东风，大力发展食品优势特色产业，精心培育农产品品牌，集聚规模性食品企业近200家。

如今，坐拥"中国淮扬菜之乡""中国食品名城"等金字招牌的农业大市、食品产业大市淮安，通过多年精心"烹制"，已成为江苏重点打造的"三沿食品产业带"核心板块、"十大食品产业集聚区"重要组成部分，在全省先进制造业集群"13+1"体系中居于重要位置。

4. 蜚声世界的美食品牌

淮安美食聚人和。100余年前内河航运衰败，"运河之都"的繁华逐渐褪去，但那份中心城市的历史荣耀和复兴梦想却始终激荡在一代代淮安人的心中。随着长三角一体化、大运河文化带、淮河生态经济带等国家战略叠加实施，淮安被明确为全国性综合交通枢纽，区位条件和战略优势正在失而复得。

风劲正是扬帆时。新时代的淮安人，正不断发掘美食文化，打响美食品牌。基于此，中国（淮安）国际食品博览会应运而生。如今，中国（淮安）国际食品博览会已成为全省重点培育的唯一食品类国际博览会，成为淮安乃至全省食品企业与国际知名食品企业经贸交流合作的桥梁。

事实上，淮安以"食"为媒早有传统，已成功举办12届淮扬菜美食文化节、21届盱眙国际龙虾节、16届洪泽湖国际大闸蟹节，与数十个国家开展了美食交流、合作。以盱眙国际龙虾节为例，21年来，其已成为经贸节、招商节、旅游节、文化节。盱眙龙虾连续6年蝉联全国地理标志产品区域品牌水产类第一名，品牌价值达215.51亿元。全县拥有龙虾加工企业70余家，从事龙虾相关产业的人员近20万人，全国龙虾餐饮加盟店超2000家，各类相关网上商店约2000家，形成了龙虾饲料、龙虾调料、龙虾香米、龙虾美食四大系列支柱产品，产业规模达百亿元，达到了培育一个品牌、形成一个产业、造福一方百姓的目标。

---

① 《淮安市委书记陈之常：把周总理家乡建设得更加美好》，人民网，2022年1月10日，http://js.people.com.cn/n2/2022/0110/c360300-35088041.html。

展会"引进来",推介"走出去"。近年来,淮安还先后在美国、英国、丹麦、瑞典、日本、朝鲜、约旦等国家以及我国香港、澳门、台湾等地区举办淮扬菜美食文化交流活动,展示淮安美食的魅力与风采。

三　淮安"世界美食之都"的建设实践

传承淮扬菜文化,振兴淮扬菜产业是淮安一直坚持不懈的追求。2002~2014 年,淮安市连续举办 13 届中国淮安·淮扬菜美食文化节,在海内外产生了巨大的影响力。2009 年,中国淮扬菜文化博物馆建成开馆,是全国最大的以菜为主题的文化博物馆。2011 年底,成立全国唯一以八大菜系名称命名的"国字号"集团——中国淮扬菜集团股份有限公司。2012 年,成立淮安市振兴淮扬菜文化产业工作委员会。同年 8 月,建设淮扬菜文化产业园,作为淮扬菜产业发展的平台和基础。2017 年,淮安正式启动申创"世界美食之都",随即成立了申创工作机构,围绕创意城市网络宗旨,坚持"人民美食、人民共享"理念,走过了不懈努力的五年申创历程。

1. 深化国际交流,促进文明互鉴

近年来,淮安市以淮扬美食为媒介,通过"走出去""请进来""云互动"等方式与"世界美食之都"城市深化交流,到 20 多个国家和地区开展美食推介,积极开展国际合作与交流,推动淮扬美食文化跨出国门。淮安市积极承办国家文化和旅游部主办的欢乐春节之行走的年夜饭以及中国饮食文化走进朝鲜、约旦等美食展演品鉴活动。在巴黎举办"中国淮扬菜走进巴黎"美食交流品鉴会,邀请泰国普吉市、瑞典厄斯特松德、哥伦比亚波帕扬等 12个"世界美食之都"和创意城市网络代表齐聚淮安,举办"运河与美食创意城市国际峰会",发表了《淮扬菜国际化淮安宣言》。举行首届 RCEP 成员国食品产业合作圆桌会议,中国国际商会牵头发布食品产业合作淮安倡议。

2. 发展品牌节庆,展示美食魅力

连续举办 4 届中国(淮安)国际食品博览会,专设淮扬菜大师邀请赛等系列活动。2019 年,举办运河与美食创意城市发展论坛,研讨探索"美

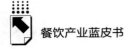

食+"的跨界融合新发展模式，延伸淮扬美食文化链条，提升文化附加值。打造"一县一特"品牌，每年举办盱眙国际龙虾节、洪泽湖国际大闸蟹节等，经《人民日报》、中央电视台、《欧洲时报》、今日头条等50多家境内外媒体传播。

3. 聚焦政策扶持，加快食品产业发展

绿色食品产业是当前淮安市重点发展的主导产业，依托益海嘉里等重特大项目，积极开展产业链招商，以打造千亿级现代食品产业基地为愿景，创建国家级食品产业园。淮安市从政策环境、公共服务平台、资金支持等方面多管齐下，为以美食为核心的文化产业创新发展营造良好环境。相继出台《振兴淮扬菜文化产业计划》《关于进一步加快淮扬菜产业发展的实施意见》等，围绕品牌培育、人才培养、产业转型、宣传推广等重点，制定含金量十足的政策措施。市财政每年安排1000万元，支持引导美食文化的传承创新。累计研发112道创新菜品，推出62家美食名店，建成16条特色美食文化街区。

4. 践行为民理念，推进美食惠民

淮安启动"美食惠民工程"，积极将惠民利民活动同美食产业结合协同发展。2021年，淮安市政府将小餐饮规范提升工程作为民生实事，全年计划规范提升5000家小餐饮经营户。

举办了淮扬菜"创意美食与惠民实践"系列专题展演推广活动，积极分享淮安美食惠民利民的实践经验。举办了盱眙国际龙虾节、金湖荷花节和洪泽湖国际大闸蟹节等节庆活动。着力推动传统美食走上大众餐桌，持续开展"淮扬菜进社区"家庭厨艺大赛、"万人品尝淮扬美食"等活动，增强淮扬菜发展创新带给群众的幸福感和获得感。

推进退渔还湖，以美食就业等方式，实现洪泽湖10万渔民上岸安置。推进龙虾富民，发挥215.51亿元盱眙龙虾品牌价值优势，开设龙虾连锁店3000多家，全市近20万人从事相关产业。推行免费品尝，每年2万多名低收入居民受益。

5. 探索跨界融合，加强协同创新

淮安美食推广积极探索与旅游、影视的跨界融合。设计开发多条美食旅游线路。美食影视作品《泡菜爱上小龙虾》《美食大冒险》等拍摄完成；美食长篇小说《北上》获第十届茅盾文学奖。美食新媒体视频《献给世界的礼物——淮扬美食》，获 2019 迈阿密—美洲·中国电视艺术周短视频金奖"金珍珠奖"。

四 淮安"世界美食之都"的发展建议

1. 充分利用淮安特色资源，构建特色鲜明的"世界美食之都"形象

淮安市政府应着力推动淮安产业间的深度融合，充分释放"世界美食之都"品牌能量，带动相关产业发展。淮安作为文化名城、伟人故里、运河之都、美食之乡，物产丰饶，拥有大体量的文化资源。淮安市政府可抓住自身城市资源特点，发挥特色文化与特色美食的优势，规划淮安特色美食街区，加快建设发展御码头、河下古镇等著名特色传统美食街区，形成一张亮丽的城市名片。此外，淮安特色美食街区的建立，还可促进特色美食全面融入城市发展和居民日常生活当中，推动淮安特色美食文化真正走入大众视野。美食街区的建设和相关饮食文化的传播，提升了淮安市民对饮食文化产业建设的参与度，拉近了人与人之间的距离，促进了人与人之间思想的交流与碰撞，增强了人们的创造能力，为淮安市的创新发展带来了正能量。

2. 鼓励淮安餐饮企业和人才"走出去"，传播"淮安味道"

淮安市政府应鼓励淮安本地美食企业走出国门，将淮扬菜餐饮连锁店开遍世界各地，统一店内布置，凸显淮安依水而生的美食文化。在全球范围内传承和弘扬淮扬菜美食文化，加强与瑞典厄斯特松德、土耳其加济安泰普、厄瓜多尔波托维耶霍、西班牙布尔戈斯等城市的交流，探讨未来建立友好城市关系，进一步提高淮安国际影响力。

3. 多渠道宣传推广，深植"淮安印象"

利用多种媒体渠道进行国内外推广，深入挖掘文学、影视等作品的美食

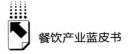

餐饮产业蓝皮书

元素，加快推进美食创意衍生产品的征集制作。淮安市政府应着力利用互联网的强大宣传力宣传淮安"世界美食之都"城市名片，营造浓厚的本地文化氛围，建立淮安"世界美食之都"官网、官方微博和微信公众号。淮安地方媒体积极作为，主动承担塑造推广淮安作为"世界美食之都"的城市形象，向中央级网络媒体推送淮安当地特色美食信息。筹备淮安特色美食纪录片和相关影视作品，讲述淮安人的日常饮食文化，娓娓道来淮安人与美食之间的温馨故事，引起文化共鸣。

参考文献

候兵、杨磊、陈倩：《从文化多样性到创意城市：美食之都的理论逻辑与实践探索》，《美食研究》2021 年第 1 期。

詹一虹、程小敏：《全球创意城市网络"美食之都"：国际标准与本土化实践》，《华中师范读大学学报》（人文社会科学版）2016 年第 6 期。

《喜讯｜淮安成功申创"世界美食之都"》，江苏省餐饮行业协会微信公众号，2021 年 11 月 8 日，https：//mp. weixin. qq. com/s? ＿ ＿ biz ＝ MjM5NDgyNzQ2NA ＝ ＝ &mid ＝ 2651054888&idx ＝ 1&sn ＝ 320e9ab448b9a1bbe1c79cb818b60f00&chksm ＝ bd769e8f8a01179 9015037a28deac19de902613656170bda9d6cd48d2db168d2f0605dba1c12&mpshare ＝ 1&scene ＝ 23&srcid ＝ 11081XTG69WXSK3EGvfpKH0n&sharer ＿ sharetime ＝ 1648896781507&sharer ＿ shareid＝a3b3cbb91ca58828dd737100c72737ba#rd。

《淮安与美食，千年之约!》，淮安发布微信公众号，2021 年 10 月 28 日，https：// mp. weixin. qq. com/s? ＿ ＿ biz ＝ MzAwMzA4MzUyMw ＝ ＝ &mid ＝ 2651684695&idx ＝ 3&sn ＝ a9996f3e26720ce46ebab1e54ec40b7d&chksm ＝ 8139433bb64eca2d72b895b978ba51b43a17e9d 5c6cc9c95cc58014de98c419ce2184f470dbe&mpshare ＝ 1&scene ＝ 23&srcid ＝ 1031egvMlKt82 BUEwwMgUQFV&sharer ＿ sharetime ＝ 1648896770170&sharer ＿ shareid ＝ a3b3cbb91ca58828 dd737100c72737ba#rd。

《请收下我的新名片：淮安，世界美食之都!》，淮安发布微信公众号，2021 年 11 月 8 日， https：//mp. weixin. qq. com/s? ＿ ＿ biz ＝ MzAwMzA4MzUyMw ＝ ＝ &mid ＝ 2651687635&idx ＝ 2&sn ＝ a8c863b5c05f4e836a045f789f79137c&chksm ＝ 8139b6bfb64e3fa 9e02c196d4f97500fb35664a888e25d0dc5e503b7d317745bb56f12e55ff7&mpshare ＝ 1&scene ＝ 23&srcid ＝ 1108ZpzBKawdSS9wUaYRmncC&sharer ＿ sharetime ＝ 1648896756682&sharer ＿ shareid＝a3b3cbb91ca58828dd737100c72737ba#rd。

《【史事正说】千年淮味 征服世界》，目耕缘读书会微信公众号，2021 年 11 月 20 日，https：//mp. weixin. qq. com/s？＿＿biz = MzA3MTIyNzIyNg = = &mid = 2683520199& idx = 4&sn = cb56cd452cb8483f30c8c13bab5b37bc&chksm = 853726f2b240afe479a82318cb400 b8d7d1fd9081d07e006c1f90c2cca96c8ecc35621782e84&mpshare = 1&scene = 23&srcid = 1121i215PthMrQLE7oleE4xA&sharer＿sharetime = 1648896737679&sharer＿shareid = a3b3cbb91ca58828dd737100c72737ba#rd。

B.14
2021年中国线上外卖行业发展报告

安　神*

摘　要： 2021年新冠肺炎疫情持续影响餐饮经营，餐饮行业进入了"黑暗期"的第二年。堂食生意受疫情影响很大，但是外卖却呈现爆发式增长。国家信息中心发布的《中国共享经济发展报告（2022）》数据显示，从居民消费的角度看，2021年在线外卖人均支出在餐饮消费支出中的占比达21.4%，同比提高4.5个百分点。在疫情的冲击下，餐饮企业纷纷投向线上外卖经营的探索，同时花更多精力打造成品、半成品标准化生产，上线"堂食+外卖+外带+零售"等多种销售渠道。

关键词： 外卖　餐饮数字化　中小餐饮商家

　　2021年在新冠肺炎疫情之下，外卖在推动餐饮业线上化、品牌化、数字化发展等方面发挥了重要作用，外卖成为餐饮业业绩增长和模式创新的突破口。疫情之下，2021年外卖用户规模迅速扩大，突破5.44亿人，占网民比例突破50%，2021年外卖行业收入逼近万亿元，占餐饮行业收入的21.4%，同比提高4.5个百分点。2021年我国餐饮外卖的发展整体呈现了数字化率高、连锁化率高、下沉渗透率高、即时物流成熟等多种发展特点。

---

　　* 安神，洪七公外卖课堂、洪七创投创始人，正新鸡排、华莱士、书亦烧仙草外卖顾问。

一 2021年中国餐饮线上外卖整体发展特点

从整个 2021 年的线上外卖大数据来看，中国餐饮线上外卖整体发展呈现以下特点。

（一）疫情之下，2021年外卖用户规模迅速扩大，突破5.44亿人，占网民比例突破50%

据国家统计局的数据，2021 年，全国餐饮收入 46895 亿元，同比增长 18.64%。2021 全国餐饮线上外卖用户规模持续扩大，截至 2021 年 12 月，根据中国互联网络信息中心（CNNIC）发布的第 49 次《中国互联网络发展状况统计报告》，网上外卖用户规模增长率为 29.8%，网上外卖用户规模达 5.44 亿人，同比增长 1.25 亿人，占网民整体的 52.7%，外卖已经成为居民必不可少的日常就餐方式之一（见图 1）。

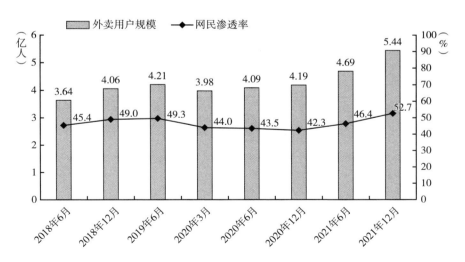

图 1　2018 年 6 月至 2021 年 12 月外卖用户规模与网民渗透率

资料来源：中国互联网络信息中心。

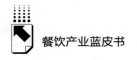

餐饮产业蓝皮书

（二）2021年外卖行业收入逼近万亿元，占餐饮行业收入的21.4%，同比提高4.5个百分点

对比 2020 年整年外卖行业的收入，2021 年整体的外卖行业收入依旧在高速增长。根据国家统计局数据，2021 年中国餐饮市场规模约为 46895 万亿元，较 2020 年增长 7368 亿元。其中，外卖市场规模为 9340 亿元，较 2020 年增长 2694 亿元；线上渗透率 19.92%，较 2020 年增长 3.02 个百分点（见图 2）。国家信息中心发布的《中国共享经济发展报告（2022）》报告指出，共享型服务和消费继续发挥稳增长的重要作用。从共享型服务的发展态势看，2021 年在线外卖收入占全国餐饮业收入比重约为 21.4%，同比提高 4.5 个百分点。

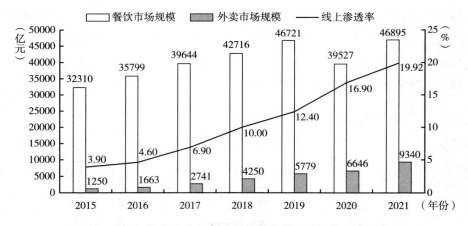

图 2　2015~2021 年中国餐饮及外卖市场规模及线上渗透率

注：由于价格等因素的影响，部分年份增速与实际计算结果不一致，但为了保持数据的完整性，本报告对引用的国家统计局数据不做处理。仅供参考，下同。

资料来源：国家统计局、《中国共享经济发展报告（2022）》。

（三）餐饮连锁化和数字化程度提高，烧烤品类连锁化率增长迅速

2021 年，餐饮业加速连锁化和数字化进程，外卖作为数字化的一种形式，成为餐饮商家的必备能力之一。在激烈的用户端竞争之外，外卖平台尝试通过技术和模式创新赋能餐饮商户端，寻求企业服务市场的新发展机遇。

206

在连锁化方面，中国饮品连锁化率最高，但小吃快餐增速快。

根据美团发布的《2021年新餐饮行业研究报告》，2021年中国餐饮连锁化率18%。其中饮品连锁化率达41.8%；小吃快餐为刚需高频的品类，连锁化率达到了20.4%；烧烤品类连锁化率增长明显，2021年达到14.2%（见图3）。

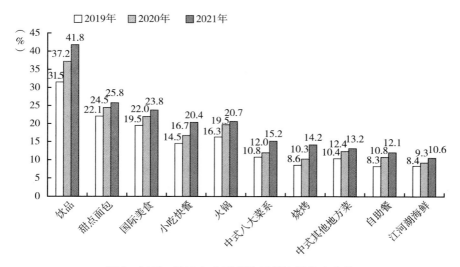

图3 2019~2021年典型餐饮品类连锁化率走势

资料来源：美团。

（四）一线城市外卖交易额增速超40%，五线以下城市增速最高

2021年中国一、二线城市外卖订单量增速高于三、四线城市，其中一线城市外卖交易额同比增速超40%，五线以下城市的同比增速最高，高达44.4%，说明外卖平台对下沉市场的渗透率变得越来越高（见图4）。

（五）受疫情影响较大，外卖平台月销9999单以上的店铺仅突破1000家

截至2021年12月31日，餐饮线上外卖门店月销量普遍较低，意味着受疫情影响，市场上资金流动受到了很大约束，同时意味着餐饮行业商家迎

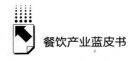
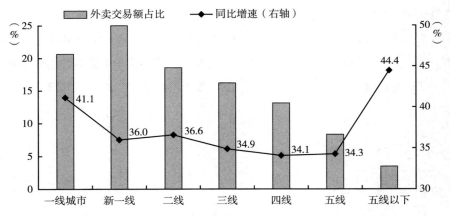

图4 2021年各类城市线外卖交易额占比与同比增速

资料来源：美团。

来了新挑战，外卖运营能力更待进一步提升，疫情下精细化运营或已成常态。单店月销9999单以上的线上外卖店铺刚刚突破1000家，相对于2020年12月，下降了600家，说明疫情对餐饮线上外卖的影响比较大，加上外卖商家的竞争比较激烈，流量更加内卷。

二 2021年中国餐饮线上外卖品类发展特点

总体来说，2021年在外卖平台的流量资源分配机制下，中国餐饮线上外卖高毛利品类和低毛利品类发展都呈现激烈竞争的状态。原来依托堂食的餐饮品牌更加重视外卖，加入外卖的阵营，导致高客单的外卖竞争也越来越激烈。从市场覆盖度来看，外卖行业逐渐下沉到三、四线城市，不仅年轻群体会点外卖，中老年群体也开始逐渐适应这种生活方式。

（一）大众快餐竞争更激烈，饮品和日韩料理细分品类外卖增长迅速

2021年大众快餐品类依旧是整体餐饮线上外卖订单总量最大的品类，大众快餐品类竞争依旧十分激烈。从线上各品类订单增长情况来看，饮品品

类外卖订单量同比增速最高，达到73%，以日韩料理为代表的全球美食订单量同比增速为67%，小吃订单量同比增速达到44%（见图5）。从数据来看，非刚需品类订单量同比增速均超过刚需快餐。

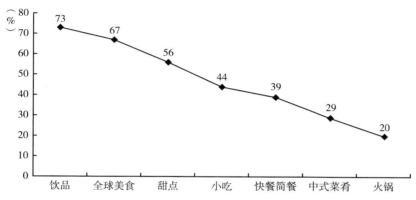

图5　2020~2021年美团外卖餐饮品类订单量同比增速

资料来源：美团。

（二）品类订单下沉市场崛起，县域外卖订单量同比增长35%

除北京、上海等一线城市，外卖行业逐渐下沉到三、四线城市以及县乡镇，不仅年轻群体会点外卖，中老年群体也开始逐渐适应这种生活方式。美团公开数据显示，50岁以上的消费者连续4年线上消费人数增速第一。2021年国庆期间，全国县级区域外卖订单量同比增长35%，增速超过全国Top10城市。在此带动下，2021年第四季度，美团外卖单日峰值订单量突破5000万单。

（三）螺蛳粉增速第二，轻食第三，烧烤潜力巨大

单品特色爆款的整体外卖订单增速更快，其中2019~2021年外卖品类订单量增长率排前列的有螺蛳粉小吃（76.10%）、炸物小吃（37.70%）、轻食健康餐（51.20%）。

2021年外卖品类订单量占比中，烧烤排名持续提升，已位列第七，发展潜力巨大。

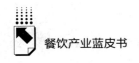

（四）零售板块日订单量峰值创新高，"万物皆可外卖"已经实现

除餐饮外卖以外，药品、鲜花、日用杂货、品牌化妆品和手机等即时零售需求迅速增长，越来越多的消费者希望享受即时零售服务。美团30分钟"万物到家"的服务体验，使得更多消费者开始拥抱即时零售，推动美团闪购日订单量峰值创新高。零售方面，美团继续聚焦提升业务运营效率，通过农产品上行和工业品下乡，进一步助力提升乡村地区消费体验，创造本地就业。美团称，美团优选逐渐过渡到平台主动控量、优化供应链的阶段，持续沉淀、摸索并且完善商业模式，实现长期健康发展。在此带动下，第四季度，美团新业务经营亏损环比下降。

三 2021年各品类线上外卖发展特点

（一）快餐小吃的外卖发展特点

根据美团发布的数据，2021年美团小吃快餐堂食的门店占比超过40%，2021年的外卖门店数占比已经达到40%。

1. **快餐小吃类的订单，刚需品类占比超50%，螺蛳粉增速较快**

2021年小吃快餐品类堂食门店数占比46.8%，外卖交易额占比近六成。从外卖订单量分布来看，刚需类快餐简餐占据销量的一半以上。快餐品类中饭类套餐、汉堡、米粉米线等快餐刚需订单量总体占比超20%。川菜和麻辣烫在整体外卖订单中占比较大，其中按照增速排名，意面比萨增速28.9%，麻辣烫增速27%，冒菜增速26.7%，烤肉拌饭增速24.2%，黄焖鸡增速20.4%。

2021年一、二线城市外卖快餐小吃类的外卖订单的交易额占比较高。螺蛳粉、烤物、卤味小吃等品类下沉明显，二线以下城市交易额占比50%以上（见图6）。

2. **炸鸡类单品外卖销量第一，卤味中鸭脖销量排名第一**

最畅销单品炸鸡排，在2021年美团外卖炸物销售排名中排第一，累计

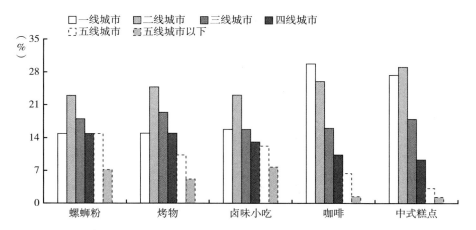

图6　2021年美团餐饮外卖典型品类各城市线交易额分布

注：城市线根据第一财经《2021年城市商业魅力排行榜》划分。
资料来源：美团。

卖出超9600万份；整只炸鸡和无骨炸鸡以较高的客单价紧随其后。在2021年卤味小吃的整体订单交易中，鸭脖类产品全网交易额第一，美团外卖销量超7万份，同比增长30%。

3. 炸物成为小吃第一大品类，订单超6.5亿单

美团发布的数据显示，炸物成为小吃外卖第一大品类，作为小吃的代表性品类，2021年炸物小吃驱动小吃整体订单量、门店数稳步增长。2021年，炸物小吃以超过6.5亿单的订单量，成为小吃第一大品类。从订单的城市分布来看，从北上广深到四、五线城市以及县域，各地方的订单量均呈现稳定增长。

（二）龙虾烧烤、大型正餐的外卖发展特点

2021年第四季度龙虾烧烤、大型正餐的分类中，细分菜系品类整体呈现增长趋势，大型正餐在外卖方面进行独立菜品运营模式的尝试。

1. 整体细分菜系品类整体呈现增长趋势，川菜增速下降

2021年第四季度地方菜分类中，细分菜系品类整体呈现增长趋势，而

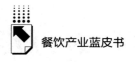

且客单价较高。客单价高于一般纯外卖品牌，主要得益于大型地方菜系在当地经营时间相对较长，具有较强的品牌影响力。在外卖的经营模式探索方面，大型正餐进行独立菜品运营模式的尝试。如解家河南菜开发了独立品牌解家小厨进行外卖探索尝试；曼玉融合菜将爆品独立化，设立纯外卖模式曼玉外卖。

2. 龙虾烧烤订单贡献品牌中，还是以纯外卖为主

随着"宅家生活+夜宵经济"的兴起，龙虾烧烤在品类订单增速排名中处于第 7 名，增速明显，但是竞争也比较激烈。美团外卖的数据显示，外卖小龙虾菜品种类最多的城市是深圳、广州、上海、杭州、佛山；最受欢迎的外卖小龙虾菜品为麻辣小龙虾、香辣小龙虾、蒜蓉小龙虾、香辣油焖小龙虾尾；小龙虾周边热门商品有小龙虾泡面、小龙虾干拌面、速冻小龙虾包子、小龙虾味螺蛳粉、香辣小龙虾味薯片、小龙虾味大米饼。2021 年中国餐饮线上外卖订单排行榜中，外卖订单量排前 3 名的龙虾烧烤品牌分别是串意十足、烧烤研究所、大尚龙虾等，这些品牌的经营方式都是以外卖为主。

（三）茶饮轻食的外卖发展特点

2021 年第四季度奶茶甜品分类中，门店数量最多的茶饮品牌是蜜雪冰城，其次是书亦烧仙草。

1. 高低端市场都存在寡头品牌，奶茶甜品整体内卷比较严重

新式茶饮一跃成为全民关注的爆红品类，市场规模和门店数量一路狂飙猛涨，一批批茶饮品牌表现突出，众多资本争抢着投资。公开披露的资料显示，截至 2021 年 11 月 25 日，2021 年新式茶饮行业共发生融资 32 起，披露总金额超 140 亿元，融资事件数量和所披露融资金额都已经高过 2020 年全年，达到近 10 年来的顶峰（见表 1）。目前整体茶饮市场大体可划分为高中低三个层级。高端市场人均消费在 20 元以上，以喜茶、奈雪的茶、乐乐茶为代表；中端市场人均消费 10~20 元，市场占比最大，代表品牌也最多，比如 1 点点、CoCo 都可、书亦烧仙草、古茗等；低端市场人均消费为 10 元以下，有蜜雪冰城、益禾堂等。

表 1　2021 年 1~11 月茶饮品牌融资时间盘点

品牌	融资时间	融资轮次	融资金额	投资方
茶小空	2021 年 1 月	Pre-A 轮	数千万元	DST Global、五源资本
未来茶浪 WILLCHA	2021 年 1 月	天使轮	数千万元	品品香茶业、小罐茶
丘大叔柠檬茶	2021 年 1 月	战略融资	超亿元	高榕资本、广发信德
蜜雪冰城	2021 年 1 月	战略融资	20 亿元	CPE 源峰、高瓴资本、美团龙珠
茶生活 tea's tone	2021 年 1 月	天使轮	数千万元	同创伟业
椿风	2021 年 3 月	Pre-A 轮	数千万元	南京星纳赫资本
霜王茶姬	2021 年 3 月	A 轮	未披露	XVC、复星
荷田水铺	2021 年 3 月	种子轮	未披露	未披露
茶生活 tea's tone	2021 年 3 月	A 轮	数千万元	个人投资者(曾鸣)、麦星投资
猴子的救兵	2021 年 5 月	并购	3000 万	贵粮集团
Allcoconut 蔻蔻椰	2021 年 6 月	天使轮	千万元	未披露
奈雪的茶	2021 年 6 月	战略融资	58.58 亿港元	瑞银资产管理、广发基金、乾元复兴精选基金、汇添富、南方基金
荷田水铺	2021 年 6 月	天使轮	未披露	梅花创投
水獭吨吨	2021 年 6 月	天使轮	1000 万元	不惑创投
沪上阿姨	2021 年 6 月	A+轮	近亿元	嘉御基金
茶里 ChaLi	2021 年 6 月	战略融资	数亿元	碧桂园创投、微创投、易凯资本、纪源资本
小满茶田	2021 年 6 月	A 轮	数千万元	元禾原点、众源资本、尚承投资
奈雪的茶	2021 年 6 月	IPO	50.94 亿港元	公开发行
茶小空	2021 年 6 月	A 轮	过亿元	动域资本、DSTGlobal、五源资本、光速中国
柠季	2021 年 7 月	A 轮	数千万元	字节跳动
喜茶	2021 年 7 月	D 轮	5 亿美元	红杉基金、日初资本、高领资本、腾讯投资、淡马锡、黑蚁资本 LCatterton
LINLEE	2021 年 7 月	战略融资	数千万元	三七互娱

品牌	融资时间	融资轮次	融资金额	投资方
果呀呀	2021 年 7 月	天使轮	未披露	湖南茶悦文化产业发展集团有限公司
T9tea	2021 年 8 月	Pre-A 轮	数千万元	青锐创投
神小兽	2021 年 9 月	战略融资	50 万元	未披露
丘大叔柠檬茶	2021 年 9 月	Pre-A 轮	超亿元	未披露
哞哞小花牛	2021 年 10 月	天使轮	1000 万元	未披露
广东汇茶	2021 年 10 月	天使轮	未披露	雪王投资有限责任公司
和气桃桃	2021 年 10 月	战略融资	未披露	喜茶（深圳）企业管理有限公司
霸王茶姬	2021 年 10 月	B 轮	超 3 亿元	XVC、琮碧秋实
未来茶浪 WILLCHA	2021 年 11 月	Pre-A 轮	未披露	三七互娱
吾饮良品	2021 年 11 月	天使轮	未被露	广州绝了股权投资基金合伙企业（有限合伙）

资料来源：根据公开资料整理。

2. 延长营业时间续命，奶茶甜品万单店的日营业时间超过14个小时

奶茶店开店范围小，店与店之间的竞争也比较激烈，从 2021 年第四季度的外卖数据来看，月销万单的店铺数量最多的茶饮品牌是茶百道。根据 2021 年第四季度的外卖订单时间分布情况来看，奶茶甜点线上营业时间订单越多，经营时间越长。2021 年第四季度奶茶甜品分类中，客单价主要在 0~20 元，占据了 50%以上。

3. 奶茶用户突破2亿人，柠檬茶成最爆茶饮单品

2021 年美团外卖奶茶品类订单量排名第一，外卖消费者规模接近 2 亿人，近两年用户复合增长率超 40%。美团外卖奶茶品类用户规模持续扩大，交易频次也进一步提升，从人均 5.3 次提升至 6.4 次，年均交易次数在 12 次及以上的占 14.8%。

其中在奶茶爆品中，柠檬茶成 2021 年最火爆单品。2021 年，柠檬茶卖出超 8000 万杯，与上年同比增长超 2.8 倍。

4. 咖啡赛道增速明显，其中午餐时段订单占比最高

咖啡午餐时段订单占比最高，早餐场景增长明显。美团数据显示，咖啡外卖上午 10 点至下午 2 点为主力时段，外卖订单量占比超 40%。与上年相比，2021 年咖啡早餐时段订单量占比上升明显，咖啡冰沙为代表性的特调咖啡饮品，下午茶时段订单量较高，成为场景有效补充（见图 7）。越来越多的精品咖啡品牌选择加入特调咖啡饮品。

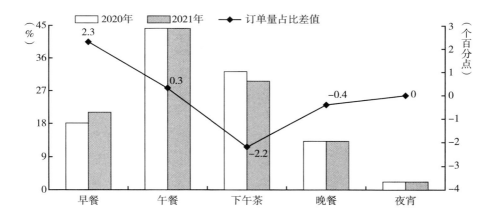

图 7　2020~2021 年美团外卖咖啡不同时段订单量分布

资料来源：美团外卖。

5. 轻食成为增速最快的第三大品类，"好吃"将成为下一个掘金点

根据美团数据，轻食品类已经成为外卖订单增速最快的第三大品类。轻食行业在健康理念下，将逐步衍生出一种绿色消费的文化，形成一种新型的绿色消费趋势。出于轻食市场需求大于供给的现状，传统餐饮、快餐巨头也在抢滩这片"蓝海"，试图改变轻食外卖性价比低的固有印象，在口味和新品上多下功夫，希望开发出既迎合健康理念又好吃的轻食。目前轻食领域的主要代表品牌有沙野、超能鹿战队、睿健卡路里等，

除了品牌，市场中还有聚焦轻食产品研发和培训领域的头部品牌，比如维拉多。

四 2021年中国线上外卖榜单数据分析

2021 年中国线上外卖订单交易榜上，华莱士排第 1 名、蜜雪冰城排第 2 名。2021 年第四季度中国线上外卖订单交易榜上，华莱士排第 1 名，蜜雪冰城排第 2 名，茶百道排第 3 名，前 20 名中，8 个奶茶品牌上榜，7 个炸鸡汉堡品牌上榜。

（一）2021年中国线上外卖订单排行榜 Top20中，7个炸鸡汉堡商家、8个奶茶商家

2021 年中国线上外卖订单排行榜 Top20 上，奶茶、炸鸡汉堡商家占据一半以上。2021 年第四季度，中国线上外卖订单排行榜上，华莱士排第 1 名，蜜雪冰城排第 2 名，茶百道排第 3 名。前 5 名中，奶茶商家占据 3 个名额，分别是蜜雪冰城、茶百道、古茗。华莱士整体订单量多于蜜雪冰城和茶百道的订单量总和。

（二）2021年中国线上外卖万单店，快餐简餐和米面粥店比重超50%

2021 年中国线上外卖万单店排行榜上，江川右·一家有态度的粥店排第 1 名，三米粥铺排第 2 名。2021 年第四季度，中国线上外卖万单店排行榜上，月销 9999 单以上的外卖万单店越多，说明连锁餐饮品牌方的运营能力越强。榜单前 10 名中，粥店品牌占据了 4 个名额，分别是江川右·一家有态度的粥店、三米粥铺、曼玲粥店、三叔粥铺。烧烤研究所是唯一一家入选的烧烤品牌。茶百道是唯一入选 2021 年中国线上外卖万单店排行榜的茶饮品牌（见表 2）。

表2　2021年中国线上外卖万单店排行榜 **Top20**

季度平均	品牌
62	江川右·一家有态度的粥店
35	三米粥铺
43	大先生小碗菜
26	曼玲粥店
22	三叔粥铺
24	小谷姐姐麻辣·拌麻辣烫
20	烧烤研究所
20	冒菜西施·火锅冒菜
20	九索肠粉皇
23	鹿小味的一日三餐
18	汤小鲜和范小满
17	老长沙家常菜
15	阿呆炒饭
16	大尚龙虾
11	茶百道
10	米已成粥
13	江南家小碗菜
15	毛府家宴
10	浆小白
9	粥传

资料来源：美团外卖。

五　2022年中国线上外卖面临的挑战和发展趋势

（一）面临的挑战

1. 线上佣金较高，配送成本较高

以美团外卖、饿了么为主的线上外卖平台的扣点运营费用维持在17%～25%，还处于一个比较高的收费水平，再加上线上外卖平台的付费推广成本

越来越高，餐饮企业在线上外卖的收益偏低。整个外卖平台的配送成本也很高。2021年美团发布的财报显示，2021年，美团外卖实现营收963亿元。同期，美团外卖骑手成本为682亿元，骑手成本占餐饮外卖收入比例达71%。

2. 餐饮商家专业运营能力有待提高

要做好餐饮的线上化，餐饮实体门店一定要设立"外卖运营师"岗位，负责统管外卖平台的经营，如产品创新、品类运营、在线营销、包装设计优化、物流把控、用户互动、平台对接、数据分析等工作。餐饮电商的快速发展，导致针对新型外卖专业运营人才的市场需求处于供不应求的状态。大多数餐饮企业对外卖专业运营人才的需求比较大，但是针对新型外卖专业运营人才的培养和定向输出，没有形成固定的机制。

3. 外卖行业的相关标准需要持续完善

外卖已经成为生活中重要的餐饮形式之一，与外卖相关的行业标准有待快速完善。其中2021年2月，国家市场监督管理总局批准了《外卖餐品信息描述规范》《绿色餐饮经营与管理》两项国家标准，这两项国家标准从6月1日起开始实施，随着相关团体标准和国家标准的出台，餐饮外卖行业正朝着标准化、规范化和健康化的趋势发展。

（二）外卖行业发展趋势

1. 下沉市场竞争小，但是外卖平台渗透率高

目前中国餐饮线上外卖竞争激烈，特别是产品同质化严重，导致价格竞争激烈，利润偏低，除北京、上海等一线城市，外卖行业逐渐下沉到三、四线城市。不仅年轻群体会点外卖，中老年群体也开始逐渐适应这种生活方式。美团外卖、饿了么等外卖平台在三、四线城市等下沉市场的渗透率越来越高，但是商家竞争相对较小，商家存活率更高。

2. 外卖成为标配，"堂食+外卖+零售"已经成为主流

单纯的外卖经营模式正变得越来越困难，目前美团外卖、饿了么等外卖平台的流量成本越来越高。根据测算，每单的付费订单成本约5元。单一的

堂食模式，抗风险能力差，堂食的营收在疫情的影响下，大幅度下滑。

餐饮的竞争早已从单维度的流量竞争，转变到"流量和产品"双驱动的竞争形态，餐饮从单一的经营业态，转变为集"堂食+外卖+零售"于一体的多元化经营业态。

3. 物流即时配送更完善，本地生活电商服务将会全品类扩张

2021年线上外卖增长比较快的品类是生鲜、商超，而解决配送到家的核心点是即时配送，"从送美食，到送万物"正在成为现实，正式掀开中国本地生活电商零售的新篇章。

4. 外卖供应链对外卖的赋能更大，将涌现更多的独角兽

在B2B领域的赛道里，拥有超过万亿级的庞大市场，但是食材供应链领域企业数量多且规模杂，外卖行业目前尚未形成较为完备的体系和标准，是餐饮界公认的"最难啃的骨头"。四川成都的新雅轩就针对外卖产品做了定制，比如预制菜浇头、定制调料等。随着外卖专门产品的开发对供应链企业的要求的提高，未来外卖赛道将会涌现更多针对外卖专门产品的供应链独角兽。

5. 短视频外卖，可见即可点的新型外卖方式将爆发

抖音日活用户已经突破6亿人，随着抖音、快手、B站等短视频平台的发展，消费者点外卖的方式，从单纯的图文模式，向视频和直播模式过渡。2021年抖音就曾试水抖音心动外卖和小程序外卖。2022年随着短视频的发展、消费习惯的改变，通过视频方式点外卖将成为新的外卖消费方式，外卖平台也将从美团外卖、饿了么两家寡头，变成多方角逐的格局。

参考文献

美团点评：《2021年美团财报》，2022年3月。

外卖头条：《2021年Q4中国餐饮线上外卖发展报告》。

世界中餐业联合会、红餐网：《中国餐饮品类与品牌发展报告2021》，中国商业出版社，2021。

B.15
餐饮会员的精细化运营管理研究

微盟智慧餐饮*

摘　要：　新消费时代，经营会员关系已经成为餐饮企业的必修课，餐企应该发挥品牌的流量池价值，积极发力私域运营。本报告围绕餐企会员运营中的关键环节，从会员管理体系、会员营销体系、会员项目管理、会员运营体系以及会员运营带来品牌势能提升等方面进行详细剖析与阐述，同时结合案例，形象地呈现精细化会员运营的实践和成果，为餐饮企业注重数字化建设和强化私域运营提供更加全面、优质的指导，助力餐饮企业可持续发展。

关键词：　餐饮会员　会员管理　企微运营　私域运营

实体卡匹配短信的消息推送能力，打开了早期的私域运营及会员营销的时代。随着时代的变迁，移动互联网支付带来了新变革，微信公众号、小程序逐渐替代了实体卡，公众号推文和微信消息也赋予了品牌传播迅速、成本下降等优势。但是随着信息量的激增，作者精心创作发布一篇文章后，往往阅读量寥寥无几。

虽然会员发展和交易的便捷性得到了解决，但是信息触达率和粉丝稳定

＊　微盟，香港主板上市企业（股票代码：2013. HK），其主旨是为商家打造去中心化的数字化转型 SaaS 产品及服务，微盟智慧餐饮是微盟集团 SaaS 业务重要版图之一，在餐饮私域流量下，通过"三店一体，企微运营"的数字化工具和方法，将"堂食会员、会员外卖、会员商城"的数据和运营进行一体化管理，助力餐饮企业实现开源和节流。执笔人：李琦，微盟智慧餐饮服务产品创新总监，主要研究方向为餐饮会员的精细化运营管理。

性却在日益下滑，因此需要借助新能力有针对性地去解决问题，与时俱进带动行业的创新发展，私域运营用户管理的新概念应运而生。借助企微工具发展好友用户，结合餐饮新会员管理体系，做用户分类、用户分级、用户经营。

一 新的餐饮会员管理体系

（一）会员生命周期

会员的生命周期可以拆分为五个阶段：引流、留存、活跃、转化、裂变。在实际运营中，主要分为三大阶段。

第一阶段：引流阶段。实际上做的是私域流量池的搭建，通过企微好友、公众号粉丝、支付等多个引流渠道，设计匹配品牌特性和营销成本的好友入会礼等权益，建立一套吸引用户加入的入口。

第二阶段：留存、活跃、转化阶段。可通过会员关系建立的基础信息、用户资产、消费动向等建立庞大的会员标签，用来支撑运营过程中的准确分析和用户分类；通过会员等级设计以及不同等级下的会员权益体系，来做会员的差异化及升级管理；同时设计不同类型的会员规则，付费会员、储值会员都是需要重点运营和维护的忠实群体。这样庞大的私域运营结构，再结合以数据驱动、运营驱动、事件驱动的会员营销，为企业提供真正的运营支撑，实现客流、营业额的提升。

第三阶段：裂变阶段。是会员生命周期的重要价值，也就是在维护好忠诚顾客的基础上，开发更多的消费场景并借助用户的社交能力传播转化，打造分销、代言人的概念，让用户成为品牌传播的载体。

一个完整的用户生命周期需要渠道和工具来实现落地，可以借助企微、公众号、小程序、短信、扫码点餐、营销物料等多种渠道和工具来实现。

不同渠道和工具的运营关键点是不同的，企微作为1对1沟通的重要工具，需要考虑推送什么重要信息，在什么时间推送，如何让内容文案更吸引人，如何配置参与规则和入口链接。通过整体的一套方案充分放大企微渠道

的价值。

虽然公众号存在触达率效果不佳和掉粉问题，但这一渠道是品牌官方发言的出口，是品牌形象的代表，还需要保持一定频率的活跃度和出镜率。所以需要尽可能开发公众号的功能性，包括对菜单栏的优化、互动活动的设计，保证图文推送内容对用户的价值感和吸引力，以及用户参与活动的便捷性等都需要公众号运营深度设计。

小程序作为多种应用的集合，可扩展性非常强，首页基础组件的设计，以及页面、功能、风格的设计都可以充分发挥小程序的功能性和便捷性。

短信作为传统的传播方式之一，可以选择在筛选人群时候辅助使用，用极简的短信文案推送重要的品牌内容。

扫码点餐作为到店消费顾客参与度较高的一个环节，可以通过电子菜单布局、产品图片设计、广告位优化等方式凸显需要引导的产品和活动。

营销物料也是线下传播必不可少的宣传媒介，海报的设计、内容文案的策划、动线摆放的规划都是提升顾客关注度的关键因素。

（二）会员标签的建立

从建立用户好友关系开始，就形成了用户在这个餐饮品牌的档案，随着用户的触点增加、消费增加，身份标签不断完善，越来越准确的用户画像随之形成。例如，用户到店消费，通过企微加好友的形式与品牌建立了联系，获取了好友见面礼，在消费的过程中使用了优惠券、支付了当餐消费金额。一个简单的就餐过程，落存了顾客的菜品爱好、消费能力等多项标签。随着消费次数越多，建立起来的标签信息也会越多，为后期的用户分析、用户分类提供准确的数据参考。

会员标签也可以分为静态标签和动态标签。静态标签包括姓名、生日、性别等授权信息，可以用来支撑生日、节日等营销活动人群的筛选；动态标签包括累计消费次数、累计消费金额、距今多少天未消费等，这些信息可用于分析会员的消费能力、消费频次以及流失情况，为商家发起有针对性的提频、提客单、流失唤醒等营销活动提供参考。

（三）会员分级

将会员的等级体系作为一套会员忠诚度管理工具，可以有效激励用户自我成长，是会员忠诚度管理的必备手段。

一套健全的会员等级体系由会员分级、不同分级的加入方式、成长值规则、会员权益以及升级规则构成。会员分级就像企业划分会员的标尺，是会员分类的定义。

较为科学的分级方法是根据顾客历史消费，通过二八法则进行等级间的拆分，根据企业顾客消费能力的跨度，设计 3~5 个等级来满足餐企会员等级管理的需求。在此基础上，还需要设计不同等级的会员行为对应的成长梯度值，根据行为的难易程度，定义单项成长值的数据，如成为企微好友得 5 成长值，每次消费获得 10 成长值等。还可以通过设计成长值的有效期规则，来调解会员的升降级，再通过定义不同级别下的会员权益以及升级奖励的构成，细化会员等级体系，如普通等级的会员可享受入会礼、付费会员可享受会员价、储值会员可享受隐藏菜单等激励。

二　餐饮会员营销体系建设

一套健康科学的会员营销体系，建立在标准化的用户管理基础之上，通过数据驱动、运营驱动、事件驱动构成一套完整的会员营销体系。

数据驱动是基于会员数据模型的智能营销。比较常见的营销方式有生日营销。另外，基于活跃度曲线分析，进行流失拐点唤醒，根据消费次数的变化，发现流失迹象及时挽回；或者通过 RFM 分析解读顾客分层情况，落实针对性营销活动的策划等都属于数据驱动营销的范畴。

运营驱动是基于餐厅业务状况，有针对性地解决营运问题的营销策略，如新店开业、餐厅淡旺季、年夜饭预订等，都属于运营驱动的营销需求。就拿餐厅淡旺季现象来说，淡季主抓的是客流和开台，有了络绎不绝的客流带动翻台，"淡季不淡"自然解决了门店的营业问题，所以在此之前，餐企不

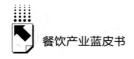
仅可以做旺季铺垫，还可以做淡季引流营销。因此，在旺季也要未雨绸缪，针对高客流做好顾客管理，发展更多的私域会员，积累更多高价值的付费会员、储值会员。在淡季到来之时，便可以基于积累的用户群体和营销环境，有效将目标客群引流到店。这时候的企微好友 1 对 1 推送活动，就能发挥出更好的触达效果了。同时，淡季可借助会员积分兑换、消费有礼等形式提升会员消费频次，引流到店后为短期内的复购做更多的铺垫。

事件驱动是基于事件本身或品牌活动提升知名度的一类营销策略，如中秋节、父亲节、疫情防控常态化时期的健康饮食等。这类活动的特点是事件本身就会发生，品牌可以借助这个主题开展借势营销。每个活动都有不同的传播形式和目标群体，有了明确的营销动向，就需要考虑方案筹备、物料设计、门店培训、宣传渠道、社群互动、活动执行、效果跟踪等。提前规划、目标制定、项目管理在营销阶段尤为重要，门店更有希望在营销执行中获得更大的投入产出比。

三 餐饮会员项目管理方案

一套科学的用户管理体系的落地需要有明确的执行和目标，即明确用户管理体系的重要运营指标。

私域运营体系初始的里程碑就是用户发展数量，所以第一个指标是明确好友会员数、收费会员数、储值会员数的发展目标。好友会员数主要以餐厅客流招待情况为基础设定目标值，收费会员数和储值会员数则以餐厅开台数作为基础来设定目标值。企业在理想的项目执行下，好友发展率可达到50%，收费会员和储值会员发展率均在 20%以上。

第二个指标是会员营销收益，想要达成这个指标就需要细化到每月营销活动的执行数量以及目标顾客群体数量，通过响应率的把控，来实现整体营销收益的增长。这里影响结果的关键点包括活动力度、目标群体以及活动推送渠道。高质量的营销活动选择更有价值的传播渠道，会获得更好的营销收益。

第三个指标是会员价值管理，也就是会员忠诚度计划，如何管理会员的复购、消费频率是这个指标的关键。可以通过会员权益的设计，从初始阶段埋下二次复购的机会，同时结合餐厅的平均消费时长，筛选出超出时间没有二次到店的目标群体，及时推送到店消费的信息，从而把控会员季度、年度甚至更长远的消费频率，保持会员对品牌的长久忠诚度。

四　好友会员运营体系设计

好友会员的运营关键动作可以拆分为品牌 IP 打造、好友会员发展、好友会员营销三个阶段。除企微注册、认证等外，品牌 IP 打造也属于基础搭建部分，一个品牌的企微形象如何设计、门店管理员角色如何定义，是建立好友关系的第一步。举例来说，商务宴请类的餐饮品牌适合选择店长真实姓名及职业照设置管理员形象，在顾客添加管理员好友时，官方背书更能增加顾客的信任度；但以年轻群体为主的创意菜、主题类餐厅明显就不适合这类形象，可以把品牌拟人化、卡通化，例如，某餐饮品牌叫石头火锅，品牌Logo 设计了一款卡通形象，管理员昵称为小石头，从而塑造出了亲切、熟悉的感觉。因此，打造品牌 IP 需要在头像、昵称、签名、好友欢迎语方面下功夫，充分匹配品牌调性以及目标客群特征。

树立好品牌形象后，就进入了渠道引流环节。渠道引流可以分为工具引流和运营引流。工具引流是指主要通过业务引流码覆盖预订、排队、点餐、结账、开发票一整套消费动线，还可以通过服务员佩戴的随身码随时加好友，从而多场景建立企微好友关系的入口。例如，可以通过公众号推文引导、自定义菜单设置，将公众号粉丝转化为企微好友。还可以从个人微信发消息，将用户转化为企微好友，由品牌官方企微统一管理，留存好友会员信息，从而避免会员取关和门店管理者离职导致的会员资产流失。引流渠道的建立形成了好友发展的触点，从多条渠道实现好友会员的转化和流量的基础积累。

基础搭建和好友引流渠道建立起来之后，如何更好地发展好友，以及如

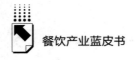

何更好地运营好友是接下来要讨论的话题。如果说引流渠道是工具，那么在此基础上增加好友礼就是促进企微好友增量的加速剂。当企微好友发展到一定数量后，就进入了好友运营阶段，可以通过以下几个方式做好好友关怀、好友互动。

（一）企业消息

企业消息每月支持 4 次发送，主要以品牌活动、会员日、节日活动、品牌宣传为主，统一设置活动规则，并派发到门店管理员进行推送，更有效地传播品牌，提升活动的触达质量。同时，企业消息还支持自定义群体推送，通过筛选目标范围内的好友会员进行定向投放。这不仅能帮助餐企更有效地筛选出目标用户群体，而且企微 1 对 1 触达更能彰显门店管理员的专属邀请，更能保证活动的触达率和接收率，有效提升活动效果。

（二）好友消息

好友消息支持每天 1 条推送，可以设置天气提醒、驾车限号提醒等贴心服务，也可以根据运营需要推送相关活动。同时，好友会员的消息推送具有各门店独特的属性优势，可以由门店管理员根据自己门店的经营现状进行主题消息的设计。

（三）朋友圈消息

管理员朋友圈是一个非常好的品牌传播渠道，可以将品牌不同时期的礼包销售、会员活动进行定期推广宣传，可以起到朋友圈广告的效果又不产生额外费用。

无论选择以上哪种消息触达方式，内容的质量都是非常关键的。企微消息触达是活动传播的优质工具，不仅触达率高，触达体验也非常好。如果想借助企微好友进行有效的消息触达以及活动传播，就需要精心设计活动内容、文案形式以及图文搭配，给好友会员一个高质量的消息推送。这会提升好友会员的关注度，同时提升好友会员的参与度，引导其成功到店消费。

五 会员运营助力餐企品牌势能升级

前文探讨和研究了会员运营以及好友会员的管理升级，追本溯源来说都是为了挖掘会员的价值，提升餐企的私域营销水平，进而优化各自的投入产出关系。除了明显的财务数据正向驱动外，会员还具备另外一个能力，即会员势能，从根本上可以助力餐企品牌势能升级。

（一）会员势能

众所周知，势能是状态量，又称位能，不属于单独个体所有，而是为相互作用的个体所共有。会员势能也同理，唯有具备一定数量的会员积累，对其进行精细化运营将其培养成质量会员，才能更有效地引起会员与会员之间、会员与品牌之间的情感共鸣，从而产生品牌认知纽带，形成一种倾向于品牌的"倾心势能"，这就是所谓的会员势能。

世界上许多事物都隐藏着一些变量，数量的变化会逐步产生质变，影响行业未来的发展趋势。会员势能更是如此，伴随着品牌核心顾客的积累，通过体系化的顾客资源管理，以及会员载体和交互渠道的搭建与运营，品牌就可以以更低的成本反复触达和关怀目标客群。在这种情况下，品牌自我流量的生态开始萌芽成长。

另外，从某种程度上说，线上平台公域的流量、线下商圈私域的客流都可以通过全渠道引流、复购式营销规划、周期性曝光裂变、持续性运营和数据洞察的经营闭环，来深度打造品牌私域流量的生态闭环能力壁垒，进而帮助企业去对抗行业竞争风险，保障营收的稳定性，增强产品或服务的合作议价权、定价权，以及延长品牌核心业务曲线的生命周期等。

（二）会员势能与品牌势能的关系

随着人们生活品质的提升和市场变化的加速，消费者对产品或服务质量的需求变得越来越品牌化、个性化、创意化，并且各项潮流或者趋势的细微

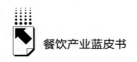
变化越来越多，很多行业的竞争也越来越无边际化。各大餐企加速进军新餐饮、新零售领域，不再局限于堂食经营，逐步开始搭建到店、到家以及到场的三店一体化商业模型。从一个门店的体验交互，变成三个场景的全时全域经营矩阵，从而提高营收，实现提升坪效、位效以及人效的财务目标。

在此情形下，企业对品牌的塑造变得尤为重要，不单单是因为品牌是企业精神和文化的核心载体，更是为了凸显品牌自身的"明星效应"。但是现在大多数企业过多地关注自身的产品或服务以及所谓的业务利润，却忽略了企业品牌自身的无形影响和附加效应。

企业过多地在意自身的知名度，弱化或忽视了品牌的美誉度，但美誉度恰恰关系到品牌自身是否能引领一批核心的用户，并将其转化为品牌会员，产生势能，得以共生共赢，形成品牌势能的源泉。

各大流量平台的新增用户数量明显下滑，流失也越来越明显。可以说互联网的平台流量红利已步入瓶颈期，并慢慢消退。同时，各大平台或者企业自身的获客成本逐年增加，公域流量的投入产出比跳崖式下滑。在此情形下，存量顾客的深度运营、口碑的裂变传播，以及数智化升级，显得尤为突出和必要。特别是面对疫情对全球化的冲击，各大行业被迫或者迫切进行数字化业务升级，餐饮业更不例外，以到店为主的场景模式更备受打击。

那么企业该如何利用公域曝光引流？如何进行私域会员的转化沉淀？如何构建品牌私域流量壁垒？如何塑造品牌与会员的双重势能？如今餐饮行业已进入迫在眉睫的关键期和洗牌期，因此需要企业做好品牌私域发展的长期规划和务实落地。

六　餐企提升会员势能的案例分析

（一）八合里牛肉火锅——连锁门店一体化会员管理系统

服务方：微盟智慧餐饮。

所属行业：餐饮连锁。

案例亮点：八合里牛肉火锅连锁门店一体化会员管理系统累计转化私域会员 500 万人；全渠道、多触点引流私域，会员年增长率超 154%。

1. 搭建一体化会员管理系统，累计转化私域会员500万人

基于良好的品质及大量忠实顾客，从 2017 年开始，八合里牛肉火锅以平均每个月开 3 家店的速度，在深圳、北京、上海、广州等 18 个城市，开了近 200 家门店。随着门店数量的不断增加，只依靠线下堂食运营会员的模式，已无法满足八合里牛肉火锅全国化经营的需求。

基于对会员系统便捷度、稳定性等多方面因素的考量，2019 年，八合里牛肉火锅通过与雅座合作，逐步建立了覆盖 130 家门店的线上线下一体化会员运营管理体系（见图 1），累计转化优质会员近 500 万人。

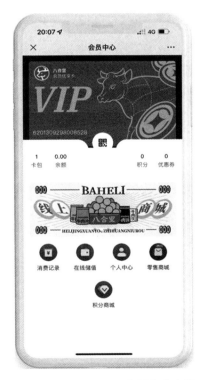

图1　八合里牛肉火锅会员中心及会员储值管理

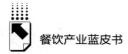
2. 全渠道、多触点引流私域，会员年增长率超154%

新店开业期间，八合里牛肉火锅通过在公众号软文中打出"试营业期间进店享 8 折优惠，正式开业当天可享 5.8 折优惠，后续 5 天还可享受 6.8 折至 7.8 折"的"折扣牌"，结合推文末尾的"储值有礼"限时活动，引流顾客到店消费。

同时，品牌还为所有线下门店建立了对应的微信社群，通过定期开展福利活动，将私域流量牢牢握在了自己手中。顾客进店后，店员将通过提前准备好的标准话术，引导顾客加入粉丝福利社群，并以"30 元新人优惠券"作为新客福利，引导顾客在小程序上一键完成会员开卡操作，成功将堂食顾客转化为线上会员（见图 2）。

图 2　八合里牛肉火锅开业福利及社群引流管理

此外，八合里牛肉火锅在圣诞节、元旦节、情人节等营销节点，以数码产品、演出门票、霸王餐、优惠券包等福利为"诱饵"，引导用户通过公众号、社群等渠道参加储值抽奖、留言抽奖等活动，将用户从线上引流至门店，打造线上线下一体化增长闭环，会员年增长率超 154%。

（二）许爷剁椒鱼头——付费券包多轮次激发会员全渠道复购

服务方：微盟智慧餐饮。

所属行业：餐饮连锁。

案例亮点：许爷剁椒鱼头 3 个月转化会员超 26.5 万人，付费券包单月撬动会员营销收益超 141 万元。

1. 瞄准湘菜细分赛道，打造差异化爆品

首先是选对赛道、找准产品，许爷剁椒鱼头选择深入湘菜细分市场，以湘菜宗师许菊云大师亲授秘方为根基，主打湖南特色菜品剁椒鱼头。剁椒鱼头用材大气、色泽鲜艳、味型香辣咸鲜、吃法丰富多样，更能代表湘菜特色，年年有余、鸿运当头的寓意也深受消费者喜爱。

2. 全渠道会员营销，让好产品开口说话

除了研发出"会说话的好产品"之外，从 2020 年 12 月开始，许爷剁椒鱼头进行数字化探索，与微盟智慧餐饮达成战略合作后，正式上线官方微信小程序（见图 3），实现线上线下全渠道一体化运营。

许爷剁椒鱼头通过微盟智慧餐饮三店一体解决方案，上线"会员活动营"专区，注册会员即送特色菜品券、58 元代金券等会员月度礼券，成功将线下客流转化为私域会员。再通过会员日专享菜品 7 折，牢牢锁定会员复购。同时上线朋友圈集赞送招牌茶油剁椒活动，抢占会员的朋友圈，实现口碑营销、以老带新，充分释放私域会员的价值，3 个月积累转化会员超 26.5 万人。

3. 付费券包，多轮次激发会员全渠道复购

2020 年 12 月，许爷剁椒鱼头通过微盟智慧餐饮三店一体解决方案，上线小程序会员商城，主推备受食客喜爱的调味产品茶油剁椒。配合"6 元升

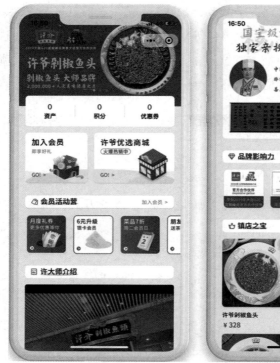

图3　许爷剁椒鱼头官方小程序

级会员得超值券包"活动，即会员到店消费当日购买券包后，当餐即可获得"木瓜桃胶银耳羹券"，次日还将获得一张20元小程序商城专属优惠券。在会员对品牌记忆度正高时推送商城券，更易激发用户的在线消费欲望。

此外，券包中还包含一张"满388元减68元"的大额优惠券，会员在领券消费后，即可触发"券返券"活动，再获得一张"剁椒鱼头券"。"6元升级会员得超值券包"活动单月为品牌带来了近1410000元的营销收益，真金白银买来的优惠券相比免费领到的券，更易激发会员消费，且堂食与商城不同场景、不同额度、不同频次的优惠设置，轻松满足了会员多样化的消费需求（见图4）。

4.企微社群营销，巩固核心粉丝

许爷剁椒鱼头能获得大量自然流量的传播分享，在上海的湖南老乡功不

图 4　许爷剁椒鱼头付费券包售卖管理

可没。开店初期，许爷剁椒鱼头通过搭建核心用户群，向忠实消费者征集餐后反馈，不断调整优化菜品结构和质量，并且不定期举办新品试吃活动，深入消费者，了解真实的需求和反馈，有效避免了新菜品"踩雷"的情况。

2021 年，许爷剁椒鱼头通过与微盟智慧餐饮合作，持续扩大社群规模，并将原微信社群迁移进了企业微信之中，通过微盟智慧餐饮企微后台提供的用户标签，更有针对性地进行社群用户维护与线上活动推送，为品牌快速搭建私域流量池起到了促进作用。

5. 借势商圈抢占广告资源，细节营销吸引自然客流

在店铺选址上，许爷剁椒鱼头选择走进市中心主流商圈的标杆型购物中心，如步行街上的第一百货、长宁来福士、晶品购物中心等。借助商圈势能吸引人气的关键在于利用好商圈内的广告资源，在品牌进驻商场的前几个

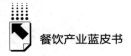

月，许爷剁椒鱼头便占据了商场内的所有吊旗、吊幔、灯箱等广告点位，在正式营业前将品牌成功导入商场高频消费者心中。上海的餐饮竞争远比其他城市激烈，如果不站在品牌的高度做餐饮，很难引起消费者关注。

此外，细节营销也必不可少，许爷剁椒鱼头会在商场人流量较大的周末或者节假日，专门准备品牌特色小礼品，配合特别设计的精美摆盘，引导消费者拍照发朋友圈。看似不起眼的小礼品，却为品牌带来了难得的自然曝光和流量。

《食品安全国家标准　餐饮服务通用
卫生规范》解读

王文江 *

摘　要：　饮食规范是饮食生活、生产与经营的规则基础，包括饮食政策、饮食法律、饮食法规、饮食标准和其他规范等。《食品安全国家标准　餐饮服务通用卫生规范》的出台，对于提升我国餐饮业安全水平，规范餐饮服务经营，提升行业发展质量与适应人民群众日益增长的餐饮消费需求具有重要意义。本报告结合餐饮服务发展实践，从规范意义上对其进行解释，旨在为行业的规范发展提供支持。

关键词：　饮食规范　餐饮服务　食品安全　高质量发展

　　《食品安全国家标准　餐饮服务通用卫生规范》（以下简称《餐饮服务通用卫生规范》）由国家卫生健康委员会、国家市场监督管理总局于2021年2月22日联合发布，2022年2月22日正式实施。这是我国第一次发布餐饮服务类食品安全国家标准。

---

* 王文江，博士，世界中餐业联合会副秘书长兼任行业研究与品牌建设办公室主任，主要研究方向为政策法规、餐饮产业发展、品牌建设、饮食文化传播等。

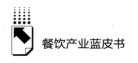

一　标准概况

（一）制定背景

第十一届全国人大常委会第七次会议于 2009 年 2 月 28 日审议通过的《食品安全法》，确立了食品安全风险监测和风险评估制度、食品安全标准制度、食品生产经营行为的基本规范、不安全食品召回制度、食品安全信息发布制度等；明确了各部门职责分工以及相应的食品安全监管体制，为全面加强和改进食品安全工作，实现全程监管、科学监管，提高监管成效、提升食品安全水平，提供了法律制度保障。之后，国务院及相关部委相继出台了《食品安全法实施条例》、《餐饮服务许可管理办法》（现已废止）、《食品经营许可管理办法》、《餐饮服务食品安全操作规范》等一系列规范性文件，餐饮业的食品安全体系已经形成。十多年来，中国餐饮业也随之发生了重大变化，规范化发展达到一个新阶段，市场规模不断扩大，经营方式与业态日益多样，品牌化、标准化建设逐步升级，许多品牌企业开启国际化发展新征程。再加上，人民日益增长的美好生活需要和不平衡不充分的发展之间的矛盾上升为主要矛盾，人们对餐饮业发展也提出了更高要求，中国餐饮业的高质量发展势在必行。因此，从规范管理上，需要更加细化、规范与合理。

（二）《餐饮服务通用卫生规范》性质

根据《标准化法》，标准包括国家标准、行业标准、地方标准和团体标准、企业标准。国家标准分为强制性标准、推荐性标准，行业标准、地方标准是推荐性标准。对于保障人身健康和生命财产安全、国家安全、生态环境安全以及满足经济社会管理基本需要的技术要求，则须要制定强制性国家标准。《餐饮服务通用卫生规范》细化了《食品安全法》《食品安全法实施条例》对餐饮服务的食品安全要求，是与人身健康、经济社会管理等紧密相关事项的技术要求，属于国家标准、强制性标准。

（三）《餐饮服务通用卫生规范》与《餐饮服务食品安全操作规范》的关系

现行的《餐饮服务食品安全操作规范》，是国家市场监督管理总局为指导餐饮服务提供者按照食品安全法律、法规、规章、规范性文件要求，落实食品安全主体责任，规范餐饮经营行为，提升食品安全管理能力，保证餐饮食品安全而制定的规范性文件。该规范于 2018 年 6 月 22 日发布，2018 年 10 月 1 日起施行，适用于餐饮服务提供者包括餐饮服务经营者和单位食堂等主体的餐饮服务经营活动。

《餐饮服务通用卫生规范》与《餐饮服务食品安全操作规范》都是餐饮服务领域的重要规范，但又有不同。第一，前者为强制性国家标准，是根据《食品安全法》规定的职责要求制定的，而后者属于指导性规范。第二，法律后果不同，前者的效力高于后者，未按照前者规定执行是要承担不利法律后果的，而后者是指导性、引导性的，旨在提升餐饮服务食品安全操作水平和发展质量。

二　《餐饮服务通用卫生规范》主要内容

《餐饮服务通用卫生规范》规定了餐饮服务活动中食品采购、贮存、加工、供应、配送和餐（饮）具、食品容器及工具清洗、消毒等环节场所、设施、设备、人员的食品安全要求和管理准则。主要内容如下。

（一）适用范围

《餐饮服务通用卫生规范》适用于餐饮服务经营者、集中用餐单位的食堂从事的各类餐饮服务活动。这里的范围调整的是《食品经营许可管理办法》规定的餐饮服务经营者、单位食堂两类主体业态。而根据省、自治区、直辖市规定，按照小餐饮经营的主体，则不在受调整的范围内，只是作为参照执行。

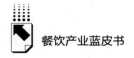

（二）术语和定义

《餐饮服务通用卫生规范》明确了餐饮服务、半成品、食品处理区、餐饮服务场所、专用操作区、易腐食品、餐用具等的含义。其中将餐饮服务明确为"通过即时加工操作、商业销售和服务性劳动等，向消费者提供食品或食品和消费设施的服务活动"。需要注意的是，该规范还规定了"半成品"的概念，指的是"经初步或者部分加工，尚需进一步加工的非直接入口食品"。

（三）场所与布局

《餐饮服务通用卫生规范》对餐饮服务场所选择、设计与布局、建筑内部结构与材料（包括天花板、墙壁、门窗、地面）提出了具体、明确的要求。其中的关键点在于：一是要与经营食品的种类、数量相适应；二是防止污染风险。

（四）设施与设备

《餐饮服务通用卫生规范》规定，餐饮服务场所的供水设施，排水设施，餐用具清洗、消毒和存放设施设备，洗手设施，卫生间，更衣区，照明设施，通风排烟，贮存设施，废弃物存放设施等要齐全并符合具体要求，重点把握环节衔接和过程控制。

（五）原料采购、运输、验收与贮存

《餐饮服务通用卫生规范》规定，应制定并实施食品、食品添加剂及食品相关产品控制要求，采购取得许可资质的供货者生产经营的相关产品，不得采购法律、法规禁止生产经营的食品、食品添加剂与食品相关产品。食品运输、贮存要结合食品自身的特点，应配备保证食品安全所需的温度、湿度等要求。《餐饮服务通用卫生规范》还特别强调了验收的合格证明文件，食品感官性状，标签标识完整、清晰、合规等。

（六）加工过程的食品安全控制

《餐饮服务通用卫生规范》明确了加工过程的基本要求，包括不得加工违禁食品，不得实施违禁行为，应对加工食品进行感官检查，应采取措施避免食品在加工过程中受到污染。另外，对初加工、烹饪、专间和专用操作区操作、食品添加剂使用、冷却、再加热等提出特殊要求。在食品的烹饪与再加热环节，强调了对温度的要求。需要烧熟煮透的食品，加工时食品的中心温度应达到70℃以上，低于70℃加工的应严格控制原料质量安全或者采取其他措施（如延长烹饪时间等）。烹饪后的易腐食品在冷藏温度以上、60℃以下存放 2 小时以上，未发生感官性状变化的，食用前应进行再加热，而再加热时应将食品的中心温度迅速加热至70℃以上。

（七）供餐与配送要求

《餐饮服务通用卫生规范》明确了配送要求：一是要根据食品特点选择适宜的配送工具，必要时应配备保温、冷藏等设施；二是配送的食品应有包装或者盛放在密闭容器中，食品包装和容器应符合食品安全要求并便于清洁；三是配送过程中，原料、半成品、成品、食品包装材料等应使用容器或者独立包装等进行分割；四是配送过程中直接入口和非直接入口食品、需低温保存的食品和热食品应分割；五是鼓励使用外卖包装封签，便于消费者识别配送过程中外卖包装是否开启；六是鼓励外卖配送食品在容器或者包装上标注食用时限等。

《餐饮服务通用卫生规范》除规定了供餐、清洁维护、废弃物处理、有害生物防治、人员健康与卫生、食品安全管理等细化要求外，还增加了生食蔬菜、水果清洗消毒指南，餐用具清洗消毒指南，餐饮服务常用消毒剂及化学消毒注意事项，餐饮服务从业人员洗手消毒指南四项资料性附录，以指导餐饮服务提供者规范开展清洗消毒工作。

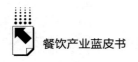

三 《餐饮服务通用卫生规范》实施与相关法律后果

《餐饮服务通用卫生规范》的主要任务是标准的制定、组织实施以及对其制定与实施的监督。

（一）管理体制

国务院标准化行政主管部门统一管理《餐饮服务通用卫生规范》标准化工作。国家卫生健康委员会、国家市场监督管理总局分工管理标准化工作。县级以上地方人民政府标准化行政主管部门统一管理本行政区域内的标准化工作。县级以上地方人民政府有关行政主管部门分工管理本行政区域内本部门、本行业的标准化工作。

（二）法律后果

《餐饮服务通用卫生规范》规定了行为模式与法律后果。违反相关规定，实施生产、经营等行为的，视违反情形和危害程度，分别承担相应的民事责任、行政责任与刑事责任。

1. 民事责任

餐饮服务经营者等相关主体生产、销售、进口产品或者提供服务不符合《餐饮服务通用卫生规范》，依法须承担民事责任。

2. 行政责任与刑事责任

餐饮服务经营者等相关主体生产、销售、进口产品或者提供服务不符合《餐饮服务通用卫生规范》的，视违反情形，依照《产品质量法》《消费者权益保护法》等法律、行政法规的规定查处，记入信用记录，并依照有关法律、行政法规的规定予以公示；情节特别严重，构成犯罪的，依法追究刑事责任。

规范性文件制定后，最为重要的是实施。《餐饮服务通用卫生规范》规定要求的落实，必将会为满足人民群众日益增长的美好餐饮生活需求和实现中国餐饮业的高质量发展注入新动能。

附　　录

Appendix

B.17

团体标准《原创菜品质量技术规范》

原创菜品质量技术规范

目　次

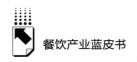

前　言

本文件按照 GB/T 1.1—2020《标准化工作导则第 1 部分：标准化文件的结构和起草规则》的规定起草。

本文件的某些内容可能涉及专利，本文件的发布机构不承担识别专利的责任。

本文件由世界中餐业联合会、重庆商务职业学院、四川旅游学院提出。

本文件由世界中餐业联合会归口。

本文件起草单位：重庆商务职业学院、四川旅游学院、泸州市餐饮行业协会、重庆市渝菜烹饪研究院、重庆市烹饪技术科普基地。

本文件主要起草人：石自彬、周世中、代应林、周占富、韩雨辰、周勤怡。

本文件负责执笔人：石自彬。

本文件由世界中餐业联合会标准化工作部负责最终解释。

本文件为首次发布。

引　言

原创即初创、首创、始创、新创之意。原创菜品是指研发创制人可对其拥有知识产权的创新菜品。由于菜品创新不属于发明创造，依现行《中华人民共和国知识产权保护法》的规定，几乎无法将作为创新菜的原创菜品申请知识产权专利，菜品原创权无法获得法律保护。通过行业协会组织对原创菜品进行认证注册，以实现行业组织行为的知识产权保护目的，较好地弥补因无法从法律层面申请专利而不能进行知识产权保护的困境，实现原创菜品研发创制者的心愿，体现对餐饮行业从业人员原创劳动成果的尊重，有利于本地原创菜品的品牌保护与发展，有利于本地餐饮史料的搜集、整理、保护和传承。

原创菜品的发展，需要从人文视角对其进行文化挖掘，赋予其内涵，使菜品更加富有艺术性和文化性，从而使其更加具有生命力。原创菜品的文化内涵，可从菜品的创制缘由、食材特色、风味特点、行业发展、社会事件等方面进行挖掘、提炼、总结，形成原创菜品具有"一菜一风味，一菜一特色，一菜一文化，一菜一品牌"的整体格局，乃至"一菜一店面，一菜一产业"的地标菜餐饮格局。原创菜品的研发创制，坚持以地标菜概念内涵为导向，注重以本土食材、本土调料、本土技法，创制具有本土味道、本土文化、本土特色的好吃、好看、好卖的"三好菜品"，具备地标菜应有的要素，提升原创菜品的品牌可培育性、文化内涵丰富性和市场竞争力。

为了更好地推进原创菜品通过行业协会组织认证注册方式，实现行业组织行为的知识产权保护，促进原创菜品的质量技术标准化以及知识产权成果转化和市场应用推广，本文件根据《世界中餐业联合会团体标准管理办法》的有关规定编写。

原创菜品质量技术规范

1　范围

本文件规定了原创菜品的定义、原创菜谱的定义、完全原创筵席的定义、原创菜品体系的组成，规定了原创菜品的认证必须具备的依据条件，规定了原创菜品的质量安全、认证管理和市场应用推广。本文件适用于中华人民共和国境内研发创制原创菜品的自然人及具有法人资格的单位团体等。

2　规范性引用文件

下列文件中的内容通过文中的规范性引用而构成本文件必不可少的条款。其中，注日期的引用文件，仅该日期对应的版本适用于本文件；不注日期的引用文件，其最新版本（包括所有的修改单）适用于本文件。

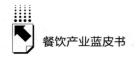

GB/T 19001—2016　质量管理体系要求（ISO 9001：2000IDT）

GB/T 22000—2006　食品安全管理体系食品链中各类组织的要求（ISO 22000：2005 IDT）

GB 16740—2014　食品安全国家标准　保健食品

GB 2762—2017　食品安全国家标准　食品中污染物限量

GB 29921—2021　食品安全国家标准　预包装食品中致病菌限量

GB 2761—2017　食品安全国家标准　食品中真菌毒素限量

GB 2763—2021　食品安全国家标准　食品中农药最大残留限量

GB 31650—2019　食品安全国家标准　食品中兽药最大残留限量

GB 2760—2014　食品安全国家标准　食品添加剂使用标准

GB 2715—2016　食品安全国家标准　粮食

GB 31637—2016　食品安全国家标准　食用淀粉

GB 2713—2015　食品安全国家标准　淀粉制品

GB 7096—2014　食品安全国家标准　食用菌及其制品

GB 2707—2016　食品安全国家标准　鲜（冻）畜、禽产品

GB 2733—2015　食品安全国家标准　鲜、冻动物性水产品

GB 10136—2015　食品安全国家标准　动物性水产制品

GB 2726—2016　食品安全国家标准　熟肉制品

GB 2730—2015　食品安全国家标准　腌腊肉制品

GB 2749—2015　食品安全国家标准　蛋与蛋制品

GB 19300—2014　食品安全国家标准　坚果与籽类食品

GB 2712—2014　食品安全国家标准　豆制品

GB 2711—2014　食品安全国家标准　面筋制品

GB 2714—2015　食品安全国家标准　酱腌菜

GB 7098—2015　食品安全国家标准　罐头食品

GB 19295—2021　食品安全国家标准　速冻面米制品

GB 29938—2020　食品安全国家标准　食品用香料通则

GB 30616—2020　食品安全国家标准　食品用香精

GB 31644—2018　食品安全国家标准　复合调味料

GB 10133—2014　食品安全国家标准　水产调味品

GB 2721—2015　食品安全国家标准　食用盐

GB 2717—2018　食品安全国家标准　酱油

GB 2719—2018　食品安全国家标准　食醋

GB 13104—2014　食品安全国家标准　食糖

GB 2720—2015　食品安全国家标准　味精

SB/T 10371—2003　鸡精调味料

SB/T 10415—2007　鸡粉调味料

GB/T 20560—2006　地理标志产品　郫县豆瓣

GB/T 13662—2018　黄酒

NY/T 432—2021　绿色食品　白酒

GB/T 4927—2008　啤酒

YB/T 4770—2019　绿色设计产品评价技术规范　厨房厨具用不锈钢

QB/T 2174—2006　不锈钢厨具

GB 4806.1—2016　食品安全国家标准　食品接触材料及制品通用安全要求

GB 4806.9—2016　食品安全国家标准　食品接触用金属材料及制品

GB 4806.4—2016　食品安全国家标准　陶瓷制品

GB/T 13484—2011　接触食物搪瓷制品

GB/T 15067.2—2016　不锈钢餐具

GB/T 36787—2018　纸浆模塑餐具

GB 2716—2018　食品安全国家标准　植物油

GB 10146—2015　食品安全国家标准　食用动物油脂

GB 15196—2015　食品安全国家标准　食用油脂制品

GB/T 1536—2021　菜籽油

GB/T 1535—2017　大豆油

GB/T 1534—2017　花生油

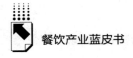
GB/T 19111—2017　玉米油

GB/T 23347—2021　橄榄油、油橄榄果渣油

GB/T 19112—2003　米糠油

GB/T 15680—2009　棕榈油

GB/T 1537—2019　棉籽油

GB/T 24569—2009　地理标志产品　常山山茶油

NY/T 230—2006　椰子油

GB 16798—1997　食品机械安全卫生

GB/T 24001—2016　环境管理体系要求及使用指南（ISO 14001：2004 IDT）

DB32/T 3605—2019　餐饮业安全厨房通用规范

DB31/T 526—2011　餐饮业中餐厨房管理规范

GB 31654—2021　食品安全国家标准　餐饮服务通用卫生规范

GB 31651—2021　食品安全国家标准　餐（饮）具集中消毒卫生规范

GB/T 31285—2014　品牌价值评价　餐饮业

GB/T 11730—1989　农村生活饮用水量卫生标准

GB 5749—2006　生活饮用水卫生标准

GB 19298—2014　食品安全国家标准　包装饮用水

3　术语和定义

下列术语和定义适用于本标准。

3.1　原创菜品　Original Dishes

也称原创菜、原创菜肴、原创美食，是指可具有完全自主知识产权，并具有准确详细的创制人物、创制时间、创制地点、创制缘由及创制过程，菜品具有完整和标准的技术配方、生产工艺、制作技艺、菜式规范，社会价值及市场价值等，在餐饮业界从来没有出现过的自创、首创、新创菜品。

3.2　原创菜品组成体系　Structural System of Original Dishes

原创菜品的种类体系非常丰富，除了常规的原创凉菜、原创热菜以外，还包括原创点心、原创小吃、原创火锅、原创烧烤、原创卤食等。凡是已被本行业公认（通认）的美食种类或饮食样式均属于原创菜品组成体系。

3.3　原创菜谱　Original Menu

由创制人直接或间接参与的，将原创菜品以菜谱文字、图表或音视频数字记录等形式进行规范记载，并妥善保存和传承，即是原创菜谱。若是第一份初始手稿或文字记录原稿，则是原创菜品的原始菜谱。

3.4　完全原创筵席　Absolute Original Banquet

将原创菜品按照一定的数量规格、食材种类、烹饪技法、风味类型、营养搭配、饮食文化等筵席菜品要素进行科学组合成为完整全新的筵席，即是完全原创筵席。若一桌筵席的菜品组成中，既有原创菜品，又有非原创菜品，则只能是原创筵席，而非完全原创筵席。

4　认证依据

4.1　菜品有准确完全自主知识产权

原创菜品不是发明创造，仅是菜品创新，依现行《中华人民共和国知识产权保护法》的规定，基本上无法申请发明专利等知识产权保护。因此，原创菜品是具备自主知识产权的全部要素，属于可具有完全自主知识产权，可视为准自主知识产权的菜品。

4.2　菜品有准确详细的创制人物

4.2.1　创制人物的姓名、性别、民族、籍贯、生卒时间、学历、职称

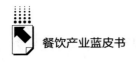

等基本个人信息。

4.2.2　创制人物的工作履历、从业经历、个人成就等基本职业信息。

4.3　菜品有准确详细的创制时间

包括具体的年、月、日或具体日期时间段，日期最低要准确到具体年份。

4.4　菜品有准确详细的创制地点

最小地名无限制，最大地名一般不能超过行政县域级地名，地名需是真实、在使用的现行规范地名。

4.5　菜品有准确详细的创制缘由

即是菜品基于何种原因、事件、灵感等客观或主观因素进行研发创制。

4.6　菜品有准确详细的创制过程

包括研发创制的最初设想、实践过程、改进过程、最终效果等。

4.7　菜品有完整标准的技术配方

包括主料、配料、辅料、调料等所使用原材料的科学名称、标准用量等。

4.8　菜品有完整标准的生产工艺

包括原料选择标准、加工工艺标准、烹调工艺标准、出品工艺标准、设备工艺标准、安全卫生标准等。

4.9　菜品有完整标准的制作技艺

包括原料成型技艺、火候与油温控制、烹调技法运用、调味技法、投料顺序、装盘技法、点缀装饰等。

4.10　菜品有完整标准的菜式规范

包括菜品命名、菜品塑型、菜品味型、菜品特点、菜品文化等，应符合国家相关法律法规和现行政策要求，符合大众饮食健康要求，符合菜品艺术审美要求，符合社会公序良俗要求，具有科学性、艺术性、文化性、规范性的名字等。

4.11　菜品具有较好的社会价值

通过菜品的命名、造型、意境、文化等，突出表达积极健康思想主题、高尚精神文化内涵、传统人文风俗、本土地域特色等。

4.12　菜品具有较好的经济价值

包括有良好市场发展前景，有良好品牌培育和推广价值，有广泛餐饮应用价值，有良好市场认可度，有广泛消费群体等。

4.13　菜品是餐饮业界新创制出现

包括现有能查询到的各类文献资料均没有该菜品的记载历史，餐饮市场之前从来没有出现过，菜品符合创新菜全部应有要素指标。

5　质量安全

5.1　食材质量要求

5.1.1　食材原料及加工再制食材原料，其质量标准应符合《中华人民共和国食品安全法》《中华人民共和国产品质量法》《中华人民共和国食品安全法实施条例》等国家和地方相关规定，应符合 GB/T 19001—2016 和 GB/T 22000—2006 的规定，以及应符合原料相对应的有关国家、行业或地方标准等的规定。

5.1.2　新资源食材，还应符合《新资源食品管理办法》规定。

5.1.3　药食同源和保健食材类，还应符合《关于进一步规范保健食品

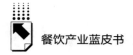

原料管理的通知》对药食同源物品、可用于保健食品的物品和保健食品禁用物品的具体规定，以及 GB 16740—2014 所规定的要求。

5.1.4　食材中的污染物含量，应符合 GB 2762—2017 的规定。

5.1.5　食材中的致病菌含量，应符合 GB 29921—2021 的规定。

5.1.6　食材中的真菌毒素含量，应符合 GB 2761—2017 的规定。

5.1.7　食材中的农药残留量，应符合 GB 2763—2021 的规定。

5.1.8　食材中的兽药残留量，应符合 GB 31650—2019 的规定。

5.1.9　食材中的添加剂使用，应符合 GB 2760—2014 的规定。

5.1.10　食材中的重金属以及其他有害危害物质含量，应符合现行相关政策、国家标准或行业标准等规定，不得对人体生命健康安全产生反向作用和影响。

5.1.11　常用食材种类质量要求

5.1.11.1　粮食应符合 GB 2715—2016 的规定。

5.1.11.2　食用淀粉应符合 GB 31637—2016 的规定。

5.1.11.3　淀粉制品应符合 GB 2713—2015 的规定。

5.1.11.4　食用菌及其制品应符合 GB 7096—2014 的规定。

5.1.11.5　鲜（冻）畜、禽产品应符合 GB 2707—2016 的规定。

5.1.11.6　鲜、冻动物性水产品应符合 GB 2733—2015 的规定。

5.1.11.7　动物性水产制品应符合 GB 10136—2015 的规定。

5.1.11.8　熟肉制品应符合 GB 2726—2016 的规定。

5.1.11.9　腌腊肉制品应符合 GB 2730—2015 的规定。

5.1.11.10　蛋与蛋制品应符合 GB 2749—2015 的规定。

5.1.11.11　坚果与籽类食品应符合 GB 19300—2014 的规定。

5.1.11.12　豆制品应符合 GB 2712—2014 的规定。

5.1.11.13　面筋制品应符合 GB 2711—2014 的规定。

5.1.11.14　酱腌菜应符合 GB 2714—2015 的规定。

5.1.11.15　罐头食品应符合 GB 7098—2015 的规定。

5.1.11.16　速冻面米制品应符合 GB 19295—2021 的规定。

5.2 调料质量要求

5.2.1 所使用调料，含调味品在内，其质量安全标准应符合并遵守《中华人民共和国食品安全法》《中华人民共和国产品质量法》《中华人民共和国食品安全法实施条例》等国家和地方相关法律法规规定，及调料相对应的有关国家标准、行业标准或地方标准等规定。

5.2.2 调料中的食品添加剂，应符合 GB 2760—2014 的规定，以及《食品添加剂生产监督管理规定》（食药总局 2015 第 17 号令）的规定。

5.2.3 调料中的香料，应符合 GB 29938—2020 的规定。

5.2.4 调料中的食用香精，应符合 GB 30616—2020 的规定。

5.2.5 复合调味料应符合 GB 31644—2018 的规定。

5.2.6 水产调味品应符合 GB 10133—2014 的规定。

5.2.7 常用调料种类质量要求

5.2.7.1 食用盐应符合 GB 2721—2015 的规定。

5.2.7.2 酱油应符合 GB 2717—2018 的规定。

5.2.7.3 食醋应符合 GB 2719—2018 的规定。

5.2.7.4 食糖应符合 GB 13104—2014 的规定。

5.2.7.5 味精应符合 GB 2720—2015 的规定。

5.2.7.6 鸡精应符合不低于 SB/T 10371—2003 的规定，或国家、地方其他相关政策文件的规定。

5.2.7.7 鸡粉应符合不低于 SB/T 10415—2007 的规定，或国家、地方其他相关政策文件的规定。

5.2.7.8 豆瓣应符合 GB/T 20560—2006 的规定，或行业、地方、企业等相关标准的规定。

5.2.7.9 黄酒（料酒）应符合 GB/T 13662—2018 的规定，或行业、地方、企业等相关标准的规定。

5.2.7.10 中国白酒应符合不低于 NY/T 432—2021 的规定。

5.2.7.11 啤酒应符合 GB/T 4927—2008 的规定。

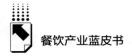
5.2.7.12 其他发酵调味品、固态调味料、半固态调味料、复合调味料等，应符合相应的国家、行业、地方、企业、团体等相关标准的规定，或国家、地方其他相关政策文件的规定。

5.3 食用油质量要求

5.3.1 植物油质量应符合 GB 2716—2018 的规定。

5.3.2 食用动物油脂应符合 GB 10146—2015 的规定。

5.3.3 食用油脂制品应符合 GB 15196—2015 的规定。

5.3.4 常用食用油质量要求

5.3.4.1 菜籽油应符合 GB/T 1536—2021 的规定。

5.3.4.2 大豆油应符合 GB/T 1535—2017 的规定。

5.3.4.3 花生油应符合 GB/T 1534—2017 的规定。

5.3.4.4 玉米油应符合 GB/T 19111—2017 的规定。

5.3.4.5 橄榄油、油橄榄果渣油应符合 GB/T 23347—2021 的规定。

5.3.4.6 米糠油应符合 GB/T 19112—2003 的规定。

5.3.4.7 棕榈油应符合 GB/T 15680—2009 的规定。

5.3.4.8 棉籽油应符合 GB/T 1537—2019 的规定。

5.3.4.9 茶油应符合 GB/T 24569—2009 的规定，或是其他行业、地方、企业标准的规定。

5.3.4.10 椰子油应符合不低于 NY/T 230—2006 的规定，或是其他行业、地方、企业标准的规定。

5.4 饮用水质量卫生要求

5.4.1 生活饮用水质量卫生应符合 GB 5749—2006 的规定。

5.4.2 在非饮用自来水的农村地区生活饮用水质量卫生应符合 GB/T 11730—1989 的规定。

5.4.3 高档烹饪中使用包装饮用水应符合 GB 19298—2014 的规定。

5.5 安全卫生要求

5.5.1 食品机械安全卫生应符合 GB 16798—1997 的规定。

5.5.2 厨房不锈钢用具应符合不低于 YB/T 4770—2019 或 QB/T 2174—2006 的规定，或是其他行业、地方、企业标准的规定。

5.5.3 原料调料接触材料及制品应符合 GB 4806.1—2016 的规定。

5.5.4 原料调料接触用金属材料及制品应符合 GB 4806.9—2016 的规定。

5.5.5 陶瓷制品餐具应符合 GB 4806.4—2016 的规定。

5.5.6 接触食物搪瓷制品应符合 GB/T 13484—2011 的规定。

5.5.7 不锈钢餐具应符合 GB/T 15067.2—2016 的规定。

5.5.8 纸浆模塑餐具应符合 GB/T 36787—2018 的规定。

5.5.9 密胺塑料餐具、聚乳酸注塑餐具、热塑性塑料餐具、抗菌塑料餐具、食品接触用银质餐具等，应符合相应的行业、地方、企业标准的规定。

5.5.10 烹调厨房环境卫生、安全与管理应符合 GB/T 24001—2016 的规定，或是符合不低于 DB32/T 3605—2019 或 DB31/T 526—2011 的规定，以及其他行业、地方、企业标准的规定。

5.5.11 烹调及餐饮从业人员应符合 GB 31654—2021 的规定。

5.5.12 餐（饮）具卫生应符合 GB 31651—2021 的规定。

5.6 成菜质量要求

5.6.1 色彩

菜品色泽自然、清晰、明亮、和谐，无异常色，无斑点杂质，符合美食应有的色彩，具有赏心悦目的色彩视觉效果，秀色可餐，透过色泽能激发消费者食欲。

5.6.2 香气

菜品香气自然、纯正、浓郁或淡雅、清爽、愉悦，无异常气息，符合美食应有的香气，具有闻香知味，通过香气的嗅觉穿透，激起消费者强烈的食

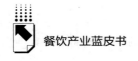

欲渴望。

5.6.3　味道

菜品味道正宗、醇厚、丰富，味感有主次、有层次，味感味觉评定应符合咸而不减，甘而不哝，酸而不酷，辛而不烈，辣而不燥，苦而不涩，麻而不木，鲜而不垢，香而不艳，臭而不恶，醇而不齁，浓而不酽，清而不寡，淡而不薄，纯而不杂，净而不染等常见质量标准要求。有味出味，无味入味，出味全面，入味彻底。余味突出，回味悠长，具有明显风味特色，有正确的味型归属，符合味型特点表述要求。

5.6.4　形态

菜品刀工技艺精湛，造型生动，形态美观，展现菜品烹制精美，主题表达强烈，具有以形入景、以形喻人、以形寓事、以形指物、以形融情、以形点题的意境深度和思想高度。

5.6.5　质地

菜品质感与食材质地、属性完美融合，刀工适合，烹调适当，质地适宜。质地质感的触觉评定应符合肥而不腻，瘦而不柴，软而不塌，糯而不黏，熟而不烂，酥而不碎，脆而不坚，焦而不煳，滑而不溜，嫩而不生，柔而不刚，韧而不硬，松而不散，绵而不断，粉而不沙，筋而不劲，弹而不破，爽而不厌等常见质量标准要求。以良好的质感，激发食欲，增进食用，强化质地表现，加速风味呈现。

5.6.6　器皿

菜品器皿即是菜品盛器，体现美食与美器的绝妙搭配。通过器皿的材质、造型、大小、色彩等关键要素，实现美器与美食的自然组合，浑然相融，天然一体，辅助菜品的主题思想表达，丰富菜品的美学艺术和文化内涵。

5.6.7　营养

菜品营养均衡，无明显缺陷，无明显不足，无明显过剩，满足安全卫生、营养健康需求。通过菜品食用，有效摄入食物中的蛋白质、脂肪、碳水化合物、维生素、矿物质、膳食纤维、水等营养素，提供均衡营养，维持新陈代谢，维持生命健康。

5.6.8 意境

菜品意境是"菜外之意，菜外之境"，是菜品意象的升华，是菜品本身之外所透视出的空灵之美，境界之美。通过菜品的名字、色彩、造型、构图、器皿、装盘、装饰等综合内容，集中突出表达菜品精神情感象征和寓意喻指，情景交融，虚实相生，既生于意外，又蕴于象内，以借菜品表现心境，寓心境于菜品之中，透过菜品能感受自然、感知世界、感慰生活、感悟人生。

5.7 原创筵席质量要求

菜品设计符合筵席主题设计要求，筵席主题表达积极，筵席菜品食材配伍合理，烹饪方法选用恰当，菜品味型组合科学，菜品颜色搭配和谐，筵席安全卫生符合规定，筵席菜品营养均衡有益。

6 认证管理

6.1 认证分类

6.1.1 原创菜品

包括单个菜品、单个点心、单个小吃、单个火锅等，符合原创菜品组成体系要求的新创菜。认证时可根据需要，明确具体亚类次级明细，包括原创点心、原创小吃、原创蒸菜、原创火锅等。

6.1.2 原创筵席

包括原创菜品与非原创菜品组合的一般原创筵席，由全部原创菜品组合的完全原创筵席。认证时可根据需要，明确具体亚类次级明细，包括原创筵席、完全原创筵席、原创小吃宴、原创火锅宴、原创竹笋宴、原创三国宴等。

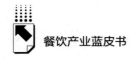

6.2 认证组织

认证机构为世界中餐业联合会,由世界中餐业联合会教育培训部负责原创菜品认证具体工作。

6.3 认证受理

6.3.1 邀请认证

6.3.1.1 由世界中餐业联合会及其二级机构、分支机构等直属部门的各类领导、专家、顾问等具有权威性、学术性、专业性等人士邀请有关原创菜品自然人或具有法人资质的单位进行原创菜品认证。

6.3.1.2 由世界中餐业联合会指定、委托、授权等形式确认的单位、个人等邀请有关原创菜品自然人或具有法人资质的单位进行原创菜品认证,并完善相关必要认证材料。

6.3.2 申请认证

自然人或具有法人资质的单位,根据《原创菜品认证管理办法》等相关文件规定,完善相关必要材料,向世界中餐业联合会提出对自己所创制的原创菜品进行认证,由世界中餐业联合会教育培训部成立专门评审机构,负责具体评审工作。

6.4 认证评审

世界中餐业联合会教育培训部及其专门评审机构负责组织原创菜品认证评审专家,依照本文件及《原创菜品认证管理办法》等相关文件规定,依规对候审菜品及其相关材料进行评审。

6.5 认证公示

对评审出的原创菜品,由评审机构上报世界中餐业联合会教育培训部,并由教育培训部报世界中餐业联合会批注、备案,通过联合会官网等有效途径和形式,向社会进行公示 7 个工作日。

6.6 认证注册

对公示无异议的原创菜品，由评审机构依规注册登记，出具相应原创菜品证明文件，对原创菜品知识产权进行保护，永久有效。

6.7 认证注销

对已认证注册的原创菜品，如有举证为非持有人所原创，经认证机构确认裁定后，撤销其原创菜品的知识产权保护，注销认证，并视弄虚作假认证者由此造成的社会负面影响情况，作出相应适当的惩戒处罚，并向社会公布处理结果。

6.8 原创筵席认证

原创筵席认证管理按照原创菜品同等一致执行。

7 应用推广

7.1 组织机构

为推进原创菜品知识产权成果转化，推动原创菜品品牌价值市场化发展，实现社会效益和经济效益协同发展，由世界中餐业联合会负责原创菜品的品牌价值评估、菜品知识产权转化和市场应用推广，引导和指导原创菜品知识产权的市场化、专业化、规范化、产业化发展。

7.2 菜品品牌价值评估

参照 GB/T 31285—2014 的规定，对原创菜品进行品牌价值评估，评估内容包括菜品实用性、适应性、艺术性、文化性、推广性，以及标准化、市场化、产业化等。

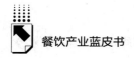

7.3 菜品知识产权转让

世界中餐业联合会根据餐饮业发展现状及需求，适时择机组织和举行认证原创菜品知识产权转让交易活动，协助原创菜品知识产权拥有人与市场需求主体之间进行知识产权市场化转让。

7.4 原创筵席应用推广

原创筵席应用推广按照原创菜品同等一致执行。

参考文献

［1］《中华人民共和国标准化法》。
［2］《中华人民共和国产品质量法》。
［3］《中华人民共和国食品安全法》。
［4］《中华人民共和国食品安全法实施条例》。
［5］《中华人民共和国标准化法实施条例》。
［6］《中华人民共和国知识产权保护法》。
［7］《原创菜品研究、保护及市场应用推广研究》［《美食学刊》（内部资料）2020-11-30］。
［8］《原创菜品研发、保护及推广研究》（《南宁职业技术学院学报》2021-05-30）。
［9］《地标菜概念运用及功能探析》（《江苏调味副食品》2018-03-28）。

Abstract

Since its publication in 2006, *Annual Report on Catering Industry Development of China* (also known as Blue Book of Catering Industry) has consistently focused on the forefront and hot issues in the development of the catering industry, and made in-depth and accurate analysis of the development status of the industry, which has become an important carrier of research results in the catering industry and an important medium for spreading China's catering culture. Upon the review by the Blue Book Publication Review Committee and approval by the Chinese Academy of Social Sciences, *Annual Report on Catering Industry Development of China* has been selected as the "Academic Publishing Funded Project in the Innovation Project of the Chinese Academy of Social Sciences" for many consecutive years. *Annual Report on Catering Industry Development of China* (2022) is divided into four parts, that is, general report, regional development, special reports, and Appendix. In the first general report, a macro analysis is made on the operation of the catering industry in 2021, and it is pointed out that in 2021, despite the challenges brought by the increasingly complex international environment and the far-reaching impact of COVID-19, China's catering industry has gradually recovered thanks to the successful epidemic containment and the resilient economy. In the first half of the year, the catering industry experienced the obvious trend of recovery, with the recovery to RMB 4.69 trillion in terms of market size. In the second half of the year, with the cases infected with COVID-19 still occurring now and then in many places, the control measures became increasingly strict, which led to a sharp decrease in the number of people for travel and dining out, and the food delivery industry increasingly played the leading role. All of this caused the catering industry to move on in a difficult situation, with the weakened trend of recovery. As of

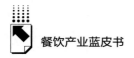

December 31, the total catering revenue of enterprises above designated size reached RMB 1043. 43 billion, a year-on-year increase of 23. 5%, accounting for 110. 48% of that over the same period in 2019. Since 2022, with the increasingly complicated situation of epidemic containment, the catering industry underwent less and less recovery momentum, and has been greatly affected as a whole. According to the data of National Bureau of Statistics, from January to April 2022, the catering revenue totaled RMB 1326. 2 billion, accounting for 9. 6% of the total retail sales of consumer goods, a year-on-year decrease of 5. 1%. As COVID – 19 continues, greater impact is bound to be exerted on the catering industry. The hope for the survival of the catering industry lies in speeding up the development for transformation and innovation, and adapting to the "new normal" under the epidemic containment. Relief measures have been successively introduced in various places to help with the survival and development of the catering industry. China's catering industry needs innovative relief measures, and more importantly, it needs the implementation of specific measures. Only with the help of all sides, can the catering industry accelerate its development for transformation and play an important role in stabilizing employment and people's livelihood. In the second general report, it is believed that in the period of normal epidemic containment, strengthening cultural confidence and seizing transformation opportunities are the premise for the high-quality development of the local characteristic catering industry, and it is pointed out that focusing on the quality of product supply, realizing the structural upgrading of the local characteristic catering industry, making an overall planning of and optimizing the layout of the local characteristic catering industry, placing an emphasis on the development of brand chain enterprises and developing tourism catering are the pathways to promote the high-quality development of the local characteristic catering industry.

The second part of this book relates to regional development, with a focus on the operation data of the catering industry in Beijing, Guangdong, Jiangsu, Shaanxi, Macao and Hainan, making an objective inventory and analysis of the operation characteristics of the catering industry in various places. Based on the surveys on the development of Chinese catering industry in 23 overseas countries and regions, this book presents targeted development proposals according to the problems existing in the development of Chinese catering industry in different regions.

The third part of this book relates to special reports, in which typical local featured catering such as Shaxian Delicacies, Lanzhou Hand-pulled Noodles and Mengzi Crossing-the-Bridge Rice Noodles are selected for analysis, and the future development ideas are presented on the basis of the analysis of their development status. Huai'an was selected as the "World Capital of Gastronomy" by UNESCO Creative Cities Network in 2021, which has attracted the attention of the industry. This book summarizes the experience in its construction practice. In addition, the online food delivery market, the lean operation and management of catering members as well as the promulgation of the National Food Safety Standard-General Hygienic Practices for Catering Services are all hot and frontier issues of concern in the industry, for which in-depth studies are also conducted in this book.

In order to put the concept of innovation-driven development into practice, encourage enterprise originality and cuisine innovation, respect the fruits of labor by cooking staff, and guide catering enterprises to be market-oriented, develop and innovate cuisine and expand market sales, the World Federation of Chinese Catering Industry issued the group standard, Technical Standards of Original Dishes Quality. In order to facilitate readers' access to the document, it is included in the appendix of this book.

Keywords: Chinese Catering Industry; High-quality Development; Standardization; Transformation Development

Contents

I   General Reports

Abstract: In 2021, despite the challenges brought by the increasingly complex international environment and the far-reaching impact of COVID-19, in the first half of the year, China's catering industry experienced the trend of recovery, with the recovery to RMB 4. 69 trillion in terms of market size. In the second half of the year, with the repeated outbreak of COVID-19, the catering industry was greatly challenged, with the weakened trend of recovery. Since the fourth quarter of 2021, with the increasingly complicated situation in epidemic containment, the recovery of the catering industry has been gradually weakened. Since 2022, greater impact has been exerted on the catering industry. According to the data of National Bureau of Statistics, from January to April 2022, the catering revenue totaled RMB 1326. 2 billion, accounting for 9. 6% of the total retail sales of consumer goods, a year-on-year decrease of 5. 1%. As COVID-19 continues, greater impact is bound to be exerted on the catering industry. The hope for the survival of the catering industry lies in speeding up the development for transformation. The recovery of the catering industry needs innovative rescue measures, but more importantly, it needs to speed up the transformation development with the help of all sides.

Keywords: Catering Industry; Food Safety; Economical Catering

B.2 Report on the High-quality Development of the Local
Characteristic Catering Industry *Yu Ganqian, Zhang Liming* / 019

Abstract: The local characteristic catering industry is an important part of the catering economy as well as the local cultural and economic characteristics. During the period for regular epidemic containment, strengthening cultural confidence and seizing the transformation opportunities are the premise for the high-quality development of the local characteristic catering industry. After experiencing twists and turns, the local characteristic catering industry clearly takes the road of characteristic development, with the catering quality and skills guaranteed and improved, all-weather operation and comprehensive integration into local construction are the current development trend of the local characteristic catering industry. Unbalanced and insufficient industrial development, lack of self-confidence in industrial development, weak cultural creativity, few brand chain enterprises with strength and leading ability, weak infrastructure, poor integration of business forms, weakened characteristics and sluggish industrial cultivation are the main problems existing in the development of local characteristic catering. Focusing on the quality of product supply, realizing the optimization and upgrading of the structure, making overall planning of and optimizing the layout of the local characteristic catering industry, focusing on the development of brand chain enterprises, developing tourism catering, empowering the integration of local cultural tourism, promoting digital and intelligent construction of the whole industry chain, encouraging the local catering industry to optimize its characteristics, "go global", and building a public service platform are all the

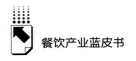
pathways to promote the high-quality development of the local characteristic catering industry.

Keywords: Local Characteristic Catering Industry; Cultural Confidence; High-quality Development

II   Regional Development

B.3   2021 Development Report of the Catering Industry in

Beijing   *Yun Cheng*, *Han Shuo and Zong Zhiwei* / 037

Abstract: At the beginning of the 14th Five-Year Plan Period, the catering industry in Beijing has been forging ahead under the influence of COVID-19. With the gradual recovery of the industry as a whole, the first store economy has injected new vitality into the regional economic development, and the catering industry has presented a new situation of recovery and development. The construction of an international consumer center city, the Winter Olympic Games and the Winter Paralympic Games have provided a brand new opportunity for Beijing's catering to shine on the international stage. The normalized epidemic containment and the change at the demand side under consumption upgrading have become new challenges for the catering industry in Beijing. With the support of policies and digital transformation, in 2022, the catering industry in Beijing will fully focus on the functional positioning of the capital city, make in-depth green and international development of the catering industry, meet the consumption demand, explore new pathways of characteristic industrial development in an innovative way, and promote the high-quality development of the catering industry through digital transformation.

Keywords: Catering Industry; Winter Olympic Games; High-quality Development; Beijing

B.4　2021 Development Report of the Catering Industry

　　in Guangdong Province　　　　　　　*Cheng Gang* / 051

Abstract: With the effectiveness in the fight against COVID-19, supported by relevant government policies and the measures for promoting consumption, the catering industry in Guangdong Province has gradually recovered. In 2021, with the total revenue of RMB 476.1 billion, an increase of 15.4%, the catering industry in Guangdong steadily ranked top at the provincial level with a market share of 1/10 of the national catering industry. The registration and stock of catering business entities remained high, and the top 100 catering enterprises and time-honored enterprises made steady progress. After undergoing the outbreak of COVID-19, the catering industry in Guangdong actively explored the development of industrial chain integration, gradually upgraded industrial transformation, and further improved supply quality; The process of digitalization and intellectualization has been further accelerated, and the digital catering economy has enjoyed vigorous development. The catering industry in Guangdong is facing new opportunities and challenges of the times. In the increasingly uncertain market environment, that is, how to practice the internal skills of lean operation, enhance its own anti-vulnerability, and rationally and prudently choose and control new technologies, new equipment and new models in the increasingly uncertain market environment.

Keywords: Catering Industry; Digital Catering Economy; Catering Industrial Chain; Guangdong

B.5　2021 Development Report of the Catering Industry in

　　Jiangsu Province　　　　　　　　　*Yu Xuerong* / 069

Abstract: In 2021, the catering industry in Jiangsu calmly responded to the outbreak of COVID-19, accelerated the restructuring of the catering industry and made innovation in its business model. The catering industry of the whole province

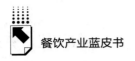

forged ahead with heavy loads, overcoming difficulties with strong determination, firm will and wisdom, demonstrating that catering staff are loyal to the country, serve the people, and showing the social value and industrial value of the catering industry. In 2021, the catering industry in Jiangsu conscientiously implemented the decisions and arrangements of the central government, the provincial CPC committee and the provincial government, adhered to the general tone of seeking progress while maintaining stability, realizing the catering service income of the province back to RMB 300 billion in 2021, and the catering service income above the quota of RMB 99.36 billion, an increase of 21.5%. With the rapid development of rural leisure catering, the rapid recovery of catering in districts and counties, accelerated integration of catering supply chain, the promotion of the standardized, intensified and distinctive process of catering, a good start of the "14th Five-Year Plan" has been achieved.

Keywords: Catering Industry; Digital Catering; Jiangsu

B.6 2021 Development Report of the Catering Industry in

Shaanxi Province   *Wang Xiqing, Han Jie and Zhang Yan* / 078

Abstract: Based on the basic data of the development of the catering industry in Shaanxi Province, this report makes an analysis of the survival status and development trend of the catering market in Shaanxi Province under the background of regular COVID − 19 containment. Through the horizontal and vertical comparison of the catering operation data, study is made on the spatial composition and business layout of the catering industry market in Shaanxi. The evaluation and analysis is made on the innovative practice of the catering industry in Shaanxi in terms of product development, catering environment, operation mode and brand communication. It is concluded that the catering industry in Shaanxi still needs enterprises to open source for self-help, the government support policy is inclined to catering, and the demand for "home" catering will continue to drive the food delivery business. Under the regular epidemic containment, standardization and safety have become the rigid constraints to catering enterprises, the scene combination mode has become a new idea for the development of catering, and the process of digital intelligence transformation of catering enterprises will be further accelerated.

Keywords: Catering Industry; Green Catering; Shaanxi Province

B.7 2021 Development Report of the Catering Industry in Macao

Tang Jizong / 100

Abstract: The global catering market is recovering from the recession in 2020, and the transformation and upgrading of catering enterprises is being accelerated. The outbreak of COVID－19 has accelerated and deepened the economic cycle and structural adjustment of Macao SAR, and has become one of the main interferences in the development of Macao's catering market in 2021. With the repeated outbreak of COVID－19 in the main customer markets, the industry is not optimistic about the market prospect. However, it is believed that with the construction of the world tourism and leisure center and the growing middle-level consumer groups in Mainland China, the catering market in Macao will continue to grow after the adjustment.

Keywords: Catering Industry; City of Gastronomy; World Tourism and Leisure Center; Macao SAR

B.8 2021 Development Report of the Catering Industry in

Hainan Province *Chen Heng* / 118

Abstract: With the unique historical opportunity, the government support policies, the positive adjustment and promotion of enterprises, as well as the coordination and integration of industry associations have yielded obvious

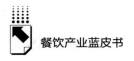
results. The development of the catering industry has shown an overall development trend from low to high, and the goal of rapid recovery has been basically achieved. However, there are still some problems such as inadequate exploration of catering culture, insufficient construction of catering brands, insufficient innovation of catering products, low level of catering services, difficulty in the employment of the catering industry, and inadequate catering support policies. In the future, great efforts should be made to conduct the development plan of the catering industry in Hainan, initiate the standardized construction systematically, implement the "big brand" strategy, speed up the intelligent development of the catering industry, implement the talent construction project systematically, innovate the management mechanism, carry out the three-dimensional marketing strategy, release and implement the industry support policies.

Keywords: Catering Industry; Free Trade Port; Brand; Hainan

B.9 Research on the Development of Chinese Catering Industry in Hong Kong, Macao, Taiwan and Overseas Regions

Research Group of the World Federation of Chinese Catering Industry

on the Development of Chinese Catering Industry in Hong Kong,

Macao, Taiwan and Overseas Regions / 141

Abstract: In order to promote the prosperous development of Chinese cuisine around the world, the World Federation of Chinese Catering Industry has set up a research group on the development of Chinese catering industry in Hong Kong, Macao, Taiwan and overseas regions to conduct special research on the development of Chinese catering in multiple countries and regions, so as to get aware of the current situation and difficulties in the development of Chinese cuisine in various countries under the impact of COVID-19, and on this basis, put forward targeted development suggestions according to the problems existing in the development of Chinese catering in different regions. For example, it is proposed that the key to the development of Chinese catering in the United States is to promote the image of Chinese catering culture through the continuous and effective dissemination of Chinese catering culture. In Europe, promoting the standardization, transformation and upgrading of Chinese catering is the key to development. The research group believes that the rapid implementation of these measures will further enhance the competitiveness of Chinese catering and further expand the influence of Chinese catering culture in the process of spreading Chinese cuisine.

Keywords: Chinese Catering; Catering Brand; Cuisine; Standardization

III Special Reports

B.10 Research on the Transformation and Upgrading of
　　　Shaxian Snack Industry　　　　　　　*Qiu Zezhong* / 151

Abstract: Shaxian snacks feature a long history and profound heritage. In the new era, Shaxian snacks are faced with difficulties and challenges such as small scale of production and processing enterprises, incomplete supply chain system of the whole industry, and insufficient food R&D, promotion and dissemination. In the future, people engaged in Shaxian snack industry should keep in mind what General Secretary Xin Jinping guided, continue to learn and understand it in an in-depth way, and promote the integrated development of three industries to help with rural revitalization, take the promotion of healthy food safety as the mission, and win over public reputation, and take it as the goal to create a snack tourism and leisure resort, and make a brilliant city card.

Keywords: Shaxian Snack Industry; Transformation and Upgrading; Food Safety

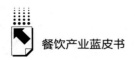
B.11   2021 Development Report of Lanzhou Hand-pulled

Noodles Industry   *Liang Shunjian* / 165

Abstract: Lanzhou Hand-pulled Noodles, as a city card of Lanzhou, Gansu Province, has a development history of nearly 100 years, and "going global" is also the development goal of Lanzhou Hand-pulled Noodles in recent years. The establishment of the supply chain system has greatly reduced the operating procedures and shortened time. In addition, with the development and support of export service trade in recent years, the development of Hand-pulled Noodles with Beef has especially obtained great help. Through the supply chain e-commerce platform, all-round services from the initial design to decoration, equipment, personnel, seasoning, logistics and distribution are made available, which provides a reliable service guarantee for the international development of Lanzhou hand-pulled noodles industry.

Keywords: Lanzhou Hand-pulled Noodles; Chinese Fast Food; Supply Chain; Industrial Chain

B.12   Cultural Implication and Brand Promotion of Mengzi

Crossing-the-Bridge Rice Noodles   *Zhang Liming* / 177

Abstract: Mengzi Crossing-the-Bridge Rice Noodles is the product of the long-term integration of the dietary customs of Han, Yi and other ethnic groups with the border culture and the Central Plains culture. For hundreds of years, practitioners have been exploring the road of cultural construction and cultural brand building of crossing-the-bridge rice noodles. Crossing-the-bridge rice noodles is the inheritance of ancient Chinese dietary culture, for which the ingredients, category names, and the sense of ritual of eating all show the symbolic cultural implication full of regional characteristics. The beauty of daily life and the virtues of life are all highlighted in a bowl of rice noodles. Individual operators should consider the core value of their own brands; The whole industry should form a brand family distributed in large and medium-sized cities throughout China; Small and micro enterprises engaged in the production of rice noodles should have their own brand personality and series of sub-brands to drive the construction of the whole industry chain with the brands. The brand Mengzi Crossing-the-Bridge Rice Noodles should highlight the agglomeration effect. There is a symbiotic relationship between the food streets, towns and the crossing-the-bridge rice noodles, which can create a landscape economy and the brand can also grow in agglomeration production. The brand Mengzi Crossing-the-Bridge Rice Noodles should reflect a certain scale effect, adapt to the cultural needs of different groups and market needs of different levels, realize the development of rice noodles industry on a large scale, and form a production and marketing system operated with supermarkets and chain enterprises under different market forms. The crossing-the-bridge rice noodles culture is an important part of urban cultural and economic construction in Mengzi, as well as the brand image of Mengzi to go global.

Keywords: Mengzi; Crossing-the-bridge Rice Noodles; Brand Promotion

B.13　Research on the Construction of Huai'an as

　　　"City of Gastronomy"

Zhang Li, Ding Yuyong, Wang Xuhua and Cai Tieying / 194

Abstract: On November 8, 2021, Huai'an City was successfully selected as the "City of World Cuisine". Previously, Chengdu, Shunde, Macao and Yangzhou were selected as the "City of World Cuisine". The evaluation criteria of "City of World Cuisine" covers five major items in eight aspects, namely, catering cultural tradition, food ingredients and cooking skills, traditional food market and industry, festival activities and education & teaching, which constitute the theoretical basis for creating a city of gastronomy. To sum up the application process of Huai'an as the "City of World Cuisine" can provide reference for other

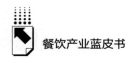
餐饮产业蓝皮书

regions to apply for the Creative City Network, and also provide a certain basis for the future construction planning of Huai'an as the "City of World Cuisine".

Keywords: City of Gastronomy; Huaiyang Cuisine; Huai'an

B.14 2021 China Online Food Delivery Industry
Development Report *An Shen* / 204

Abstract: In 2021, the COVID－19 pandemic continued to affect the catering business, making the catering industry enter the second year as the "dark period". While the restaurant business has been greatly affected by the pandemic, food delivery has seen explosive growth. According to the data from the Report on the Development of China's Sharing Economy (2022) released by the State Information Center, from the perspective of household consumption, per capita expenditures on online food delivery accounted for 21.4% in the food and beverage consumption expenditure in 2021, a year-on-year increase of 4.5 percentage points. Under the impact of COVID－19, catering enterprises have all turned to the exploration of online food delivery business, and spent more energy in making standardized production of finished products and semi-finished products, and launched various sales channels such as "restaurant food ＋ food delivery ＋ takeout ＋ retail".

Keywords: Food Delivery; Catering Digitization; Small and Medium-sized Catering Businesses

B.15 Research on Lean Operation and Management of
Catering Membership *Weimob Smart Catering* / 220

Abstract: In the new era of consumption, to handle membership relations has become a compulsory course for catering enterprises. Catering enterprises should fully make use of the value of the brand flow pool and actively develop private domain operation. This report focuses on the key links in the membership operation of catering enterprises, and analyzes and expounds in detail the membership management system, the membership marketing system, the membership project management, the membership operation system and the brand potential improvement brought by membership operation. In addition, combined with cases, the practice and results of lean membership operation are vividly presented, providing more comprehensive and high-quality guidance for catering enterprises to focus on digital construction and strengthen private domain operation, and helping with the sustainable development of catering enterprises.

Keywords: Catering Membership; Membership Management; Corporate Weimob Operation; Private Domain Operation

B. 16　Interpretation of the National Food Safety Standard–General

　　　　Hygienic Practices for Catering Services　　*Wang Wenjiang* / 235

Abstract: Dietary norms are the rules and basis of dietary life, production and operation, including policies on diet, laws on diet, regulations on diet, standards for diet and other norms. The promulgation of the National Food Safety Standard–General Hygienic Practices for Catering Services is of great significance for improving the safety level of the catering industry in China, regulating the operation of catering services, improving the industry development quality and adapting to growing consumer demand for catering. This report combines the development practice of catering services and makes interpretation in a normative sense, aiming to provide support for the normative development of the industry.

Keywords: Norms For Diet; Catering Service; Food Safety; High-quality Development

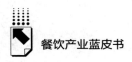
IV Appendix

权威报告·连续出版·独家资源

皮书数据库
ANNUAL REPORT(YEARBOOK)
DATABASE

分析解读当下中国发展变迁的高端智库平台

所获荣誉

- 2020年，入选全国新闻出版深度融合发展创新案例
- 2019年，入选国家新闻出版署数字出版精品遴选推荐计划
- 2016年，入选"十三五"国家重点电子出版物出版规划骨干工程
- 2013年，荣获"中国出版政府奖·网络出版物奖"提名奖
- 连续多年荣获中国数字出版博览会"数字出版·优秀品牌"奖

皮书数据库　　"社科数托邦"
微信公众号

成为会员

登录网址www.pishu.com.cn访问皮书数据库网站或下载皮书数据库APP，通过手机号码验证或邮箱验证即可成为皮书数据库会员。

会员福利

- 已注册用户购书后可免费获赠100元皮书数据库充值卡。刮开充值卡涂层获取充值密码，登录并进入"会员中心"—"在线充值"—"充值卡充值"，充值成功即可购买和查看数据库内容。
- 会员福利最终解释权归社会科学文献出版社所有。

数据库服务热线：400-008-6695
数据库服务QQ：2475522410
数据库服务邮箱：database@ssap.cn
图书销售热线：010-59367070/7028
图书服务QQ：1265056568
图书服务邮箱：duzhe@ssap.cn

S 基本子库
SUB DATABASE

中国社会发展数据库（下设 12 个专题子库）

　　紧扣人口、政治、外交、法律、教育、医疗卫生、资源环境等 12 个社会发展领域的前沿和热点，全面整合专业著作、智库报告、学术资讯、调研数据等类型资源，帮助用户追踪中国社会发展动态、研究社会发展战略与政策、了解社会热点问题、分析社会发展趋势。

中国经济发展数据库（下设 12 专题子库）

　　内容涵盖宏观经济、产业经济、工业经济、农业经济、财政金融、房地产经济、城市经济、商业贸易等 12 个重点经济领域，为把握经济运行态势、洞察经济发展规律、研判经济发展趋势、进行经济调控决策提供参考和依据。

中国行业发展数据库（下设 17 个专题子库）

　　以中国国民经济行业分类为依据，覆盖金融业、旅游业、交通运输业、能源矿产业、制造业等 100 多个行业，跟踪分析国民经济相关行业市场运行状况和政策导向，汇集行业发展前沿资讯，为投资、从业及各种经济决策提供理论支撑和实践指导。

中国区域发展数据库（下设 4 个专题子库）

　　对中国特定区域内的经济、社会、文化等领域现状与发展情况进行深度分析和预测，涉及省级行政区、城市群、城市、农村等不同维度，研究层级至县及县以下行政区，为学者研究地方经济社会宏观态势、经验模式、发展案例提供支撑，为地方政府决策提供参考。

中国文化传媒数据库（下设 18 个专题子库）

　　内容覆盖文化产业、新闻传播、电影娱乐、文学艺术、群众文化、图书情报等 18 个重点研究领域，聚焦文化传媒领域发展前沿、热点话题、行业实践，服务用户的教学科研、文化投资、企业规划等需要。

世界经济与国际关系数据库（下设 6 个专题子库）

　　整合世界经济、国际政治、世界文化与科技、全球性问题、国际组织与国际法、区域研究 6 大领域研究成果，对世界经济形势、国际形势进行连续性深度分析，对年度热点问题进行专题解读，为研判全球发展趋势提供事实和数据支持。

法律声明

　　"皮书系列"（含蓝皮书、绿皮书、黄皮书）之品牌由社会科学文献出版社最早使用并持续至今，现已被中国图书行业所熟知。"皮书系列"的相关商标已在国家商标管理部门商标局注册，包括但不限于 LOGO（▨）、皮书、Pishu、经济蓝皮书、社会蓝皮书等。"皮书系列"图书的注册商标专用权及封面设计、版式设计的著作权均为社会科学文献出版社所有。未经社会科学文献出版社书面授权许可，任何使用与"皮书系列"图书注册商标、封面设计、版式设计相同或者近似的文字、图形或其组合的行为均系侵权行为。

　　经作者授权，本书的专有出版权及信息网络传播权等为社会科学文献出版社享有。未经社会科学文献出版社书面授权许可，任何就本书内容的复制、发行或以数字形式进行网络传播的行为均系侵权行为。

　　社会科学文献出版社将通过法律途径追究上述侵权行为的法律责任，维护自身合法权益。

　　欢迎社会各界人士对侵犯社会科学文献出版社上述权利的侵权行为进行举报。电话：010-59367121，电子邮箱：fawubu@ssap.cn。

社会科学文献出版社